高等院校英语专业课程思政系列教材

高等院校英语师范
教育实践类课程案例与分析

宋学东　卢　敏　主编

国家级一流本科专业建设项目成果

（上海师范大学外语专业，项目编号：304–AC9103–21–368011110）

WUHAN UNIVERSITY PRESS
武汉大学出版社

图书在版编目(CIP)数据

高等院校英语师范教育实践类课程案例与分析/宋学东,卢敏主编.
—武汉:武汉大学出版社,2023.4(2024.4 重印)
高等院校英语专业课程思政系列教材
ISBN 978-7-307-23573-1

Ⅰ.高…　Ⅱ.①宋…　②卢…　Ⅲ.英语课—教学法—师范大学—教材
Ⅳ.G633.412

中国国家版本馆 CIP 数据核字(2023)第 015781 号

责任编辑:邓　喆　　责任校对:鄢春梅　　整体设计:韩闻锦

出版发行:**武汉大学出版社**　(430072　武昌　珞珈山)
　　　　　(电子邮箱:cbs22@ whu.edu.cn　网址:www.wdp.com.cn)
印刷:武汉邮科印务有限公司
开本:787×1092　1/16　印张:17　字数:358 千字　插页:2
版次:2023 年 4 月第 1 版　　2024 年 4 月第 2 次印刷
ISBN 978-7-307-23573-1　　定价:45.00 元

作 者 简 介

宋学东，上海师范大学外国语学院副院长，副教授，硕士生导师，上海市教育学会中小学外语教学专业委员会理事，华东师范大学外语教学研究中心常务理事，美国加州州立大学北岭分校访问学者。从事英语教学近三十年，具有丰富的教学经验，为上海师范大学英语师范专业教学团队核心成员。国家级一流本科在线课程"英语语音"参与者，上海高校市级重点课程"英语语音训练"主持人。主持长三角生态绿色一体化发展示范区中学英语教师研修基地项目并主编《新时代核心素养理念下的初中英语教学研究》。长期从事英语语音教学研究工作，在核心学术期刊上发表相关研究论文，出版学术专著《英语语音变异及其语用蕴涵》，主持并完成上海市教委科研创新项目，参与教育部产学研合作协同育人项目等。曾获"第二届上海高校优秀青年教师"称号。

卢敏，博士，上海师范大学外国语学院三级教授，国家社科基金重大项目"非洲英语文学史"（19ZDA296）子项目"东部非洲卷"负责人，上海市世界文学多样性与文明互鉴创新团队骨干成员，主持完成国家社科基金项目"贝西·黑德文学艺术思想研究"，主要研究方向为中西文学比较研究，在《外国文学评论》《外国文学研究》《当代外国文学》《国外文学》《文艺理论与批评》《当代作家评论》等期刊发表论文60多篇，出版专著2部，译著1部，教材6部，文集1部。

前　　言

新时代我国教育方针的重要价值导向是实践育人。习近平总书记在北京大学师生座谈会发言中多次引用明代思想家王阳明的学生在《传习录》中记载的导师教诲"知者行之始，行者知之成"来强调实践的重要性，并结合当代社会具体实例阐明知行合一、知行互促的辩证关系。2017年2月24日，中共中央、国务院印发的《关于加强和改进新形势下高校思想政治工作的意见》明确提出，"要强化社会实践育人，提高实践教学比重，组织师生参加社会实践活动，完善科教融合、校企联合等协同育人模式，加强实践教学基地建设"。这对高等师范院校来说，是从新的高度对教育实践提出更加具体的要求，传统的教育实习也需要重新设计和打造，以实现高层次的实践育人的目的。上海师范大学英语师范专业积极响应国家实践育人号召，并从国际化大都市对高素质师范人才的需求出发，进行实践类课程改革。经过多年的不断修改和完善，我们打造了具有专业特色的实践类课程体系，并做到了课程化、项目化、基地化、网络化、社会化和多元化，取得了显著的成果。

一、英语实践类课程体系

实践课程是高校人才培养体系的重要组成部分。高校应该坚持"从实践中来，到实践中去"，围绕"受教育、长才干、作贡献"的宗旨，探索构建中国特色社会主义新时代背景下实践育人的创新模式，促进学生社会实践向课程化、项目化、基地化、网络化、社会化和多元化方向转变，使大学生社会实践与学校人才培养大局和"三全育人"的大思政格局实现有机融合（杨志成、齐成龙，2021：6）。上海师范大学英语师范专业秉持"坚持立德树人、做强一流本科、建设一流专业、培养一流师范人才"的理念，以英语教学技能实践类课程为核心，英语专业应用性与研究探索性课程为两翼的教学模块，拓展英语教学实践课程，形成以实习为依托，教学竞赛、社会实践为助推的体系化循环发展的英语师范实践类课程体系。该实践类课程体系有以下三大特点：

1. 课程、实践、竞赛、讲堂和成果展示"五位一体"的英语实践类课程体系

实践类课程体系由师范生教师教育类课程板块、英语教育类课程系列、教育实践类课程板块、人工智能与英语教学课程板块、暑假实践周项目类课程、英语综合实践技能训练

六大板块构成，形成课程、实践、竞赛、讲堂和成果展示"五位一体"的实践类课程体系，通过展板、微信推文、媒体报道、论文著作等方式展示成果，增强英语实践教学效能，达成高质量师资培养的目标。

英语师范专业实践类课程体系

板块或系列	课程名称	学分	课程性质与毕业学分要求	开课时间	授课语言
师范生教师教育类课程板块	教育学原理	2	必修共7学分	二上	汉语
	中学生心理学	2		二上	
	学校教育改革专题	2		二下	
	中学教育心理学	1		二下	
英语教育类课程系列	英语课程与教学论	2	专业主干必修共6学分	三上	英语
	中小学英语课程标准	2		三上	
	外语教学理论与实践	2		三下	
	英语语音训练	2	专业方向选修达8学分即可	不限	
	教师语言与演讲	2			
	教学活动设计	2			
	英语试题设计	2			
	二语习得研究	2			
教育实践类课程板块	教育见习	2	必修共15学分	二、三年级	英语
	教育实习	6		四上	
	教育研习	1		四下	
	毕业论文	6		四年级	
人工智能与英语教学课程板块	现代教育技术	2	专业拓展课选修达4学分即可	不限	英汉双语
	语料库语言学与英语教学	2			
	英语学习软件应用与二次开发	1			
	人工智能辅助英语教学	1			
	机器翻译及译后编辑	1			

板块或系列	课程名称	学分	课程性质与毕业学分要求	开课时间	授课语言
暑假实践周项目类课程	爱心学校班级管理与教学实践	2	选修达6学分即可	暑假实践周	英汉双语
	三笔字	1			
	微格教学	1			
	学科竞赛	2			
	国际交流活动	1			
	社会实践	1			
	综合育人品牌活动	2			
	大学生创新创业能力提升课程	2			
英语综合实践技能训练板块	综合英语2	2/4	专业基础课，一半学时学分用于实践，共8学分	一下	英语
	综合英语3-4	4/8		二年级	
	英语演讲与辩论1-2	2/4		二年级	

该课程体系在培养方案中一目了然，所需毕业学分要求为56学分，占总学分（155学分）的36%，凸显了上海师范大学英语师范培养注重"课程思政、新文科和卓越教师"的特色，得到同行专家的充分肯定。

2. "国内外联合"的英语教学实践支撑平台

英语师范专业实践基地覆盖国内外，包括上海125所中小学、120所暑假爱心学校，新疆、西藏、贵州等地20余所中小学，以及美国、英国、新西兰的一些中小学，为英语教学实践提供支撑平台。

3. 海内外"多元协同"的英语教学实践育人机制

联合美国北卡罗来纳大学、美国塞基诺州立大学、英国约翰摩尔大学、新西兰怀卡托大学，引入国际优质英语教学实践资源，并与上海各区中小学共建英语教研平台，组建教育专家咨询委员会、导师库，共同开展育人机制的研究。

该课程体系凸显了英语师范专业重教学实践系统化的培养特色，十年的实践及其相关数据显示英语师范生具有切身的国际交流经验，对国内外英语教学法和课堂教学情况熟悉，能够综合采用适合中国英语教学语境的教学方法，教师资格证获得率、毕业率、就业率、从教率及教学实践能力明显高于上海市和其他省市同类高校的学生，说明了该实践课程体系的显著效果。

二、主要解决的教学问题及其方法

上海师范大学英语师范专业创办于 1956 年，已有 66 年历史，是上海市属院校中唯一以"英语师范"冠名的专业。1982 年获批英语语言文学硕士学位点，2005 年被评为上海市本科教育高地，2008 年入选上海市卓越教师培养计划，2010 年获批外国语言文学一级硕士学位点，2019 年入选上海市一流本科专业，2020 年入选国家级一流本科专业建设点，2021 年通过教育部二级专业认证。上海师范大学英语师范专业历年招生为提前批录取，录取高考分数居全校各专业榜首，被誉为上海师范大学"最受学生欢迎"的专业。

本专业地处上海国际化大都市，受海派文化浸染，形成了深厚的英语师范传统和育人经验。本专业享有地域优势、文化优势、生源优势、就业优势。在"面向基础教育、服务基层学校"的过程中，不断增强为上海国际化大都市培养卓越中小学英语师资的能力。本专业毕业生以"语言水平高、教学技能强、国际交流广"的明显优势成为市内教师教育的"领头羊"。

但在专业发展过程中，尤其是实践育人方面，本专业也遇到以下三个问题：

1. 如何优化培养方案，多层面构建实践类课程体系

英语师范专业传统培养方案中，以教育见习、实习、研习和毕业论文为主体的实践类课程总占比不足 10%，必须优化培养方案，增强实践教学环节，科学构建宏观、中观、微观多层面的实践课程体系。

2. 如何拓展教育实践培养平台，建构国内外多元协调培养机制

英语教育实践基地若仅限于上海，无法满足外地生源需求，无法体现教育实践国际化。通过教育实践课程体系化、课程化、多元化、国际化，拓展国内外教育实践平台，推动构建国内外多元协调培养平台和机制。

3. 如何制定统一管理标准，形成教育实践质量监控闭环

教育见实习基地学校分散，部分为海外见实习学校，教育实践质量难免参差不齐。制定统一管理标准，形成质量监控闭环将极大提高管理效率和实践教育质量。

经过多年的探索和实践，本专业通过扩大实践类课程教研团队、广泛深入的理论学习和实地调研、重构培养方案中的实践类课程体系、联合国内外教育见实习基地、利用现代信息技术创造实践类课程教学案例数据库，以及制定《上海师范大学英语师范实践类课程

标准》等多条途径、多种思路，较好地解决了上述问题，这些方法可概括为以下四点：

1. "课程体系—实践型教学—教学竞赛" 相互支撑

以"激发育人意识、注重教学实践能力、多元化培养、个性化发展"为导向，拓展教育实践类课程，重构英语师范专业人才培养的课程体系，建构完善的教育实践类课程结构，将英语师范专业实践类课程所占比例由原先不足总学分的 10% 提高到 36%。组织学生积极参加全国、长三角、上海市、本校师范生教学技能竞赛，参与师范生书法、演讲、礼仪、才艺、班级管理、心理辅导等多种类型的比赛，拓展应用性训练，提高师范性技能，形成"课程体系—实践型教学—教学竞赛"相互支撑的实践导向的循环支撑系统。

2. "大创项目—学科竞赛—导师课题" 相互衔接

通过"大创项目—学科竞赛—导师课题"相互衔接，鼓励学生进行英语学科教育研究的实践，以学生成长为中心，建立和实施了以"实践驱动、能力提升"为主线的英语教学研究与实践能力培养提高的路径。通过国家级、上海市、校级大学生创新创业训练计划项目的申报答辩、调研、论文写作、论文发表、结项等，以及全国英语演讲、写作、辩论、韩素音国际翻译大赛，参与导师课题，以及参加高层涉外社会实践志愿者活动，了解熟知英语学科教育教学研究的全过程，以提升英语师范生英语学科教育教学的综合素质和基本技能。

3. "国际化教学团队—海外教学实践—多模态实践教学" 相互协同

拓展美国、英国、新西兰等海外教学实践基地，建立美国北卡罗来纳大学格林斯堡分校、美国塞基诺州立大学、英国约翰摩尔大学、新西兰怀卡托大学的国际化实践教学团队，引导和鼓励学生从国际化教学实践中获得有益的教学方法和教学理念。线上线下混合式教学实践，通过 Zoom、腾讯、微信等多模态网络信息交流平台开展跨国间的教学实践研讨和交流，相互切磋教学理念和教学方法，沟通相互之间的教学经验和心得。

4. "课程标准—非标准化评价—质量监控" 全方位保障

制定《上海师范大学英语师范实践类课程标准》，规定教学大纲、评价方式、课程目标达成度报告等教学工作要求。采用非标准化评价和标准化评价相融合的《过程性评价手册》，从形式和制度上确保学生的听课量、教研活动量、授课量、班主任工作等教学实践达到国家要求，通过教案设计、公开课、导师评语等确保实践课的质量达标。以超星学习通实践类课程"英语师范教学基本功"平台大数据为质量监控依据，要求学生上传见习、实习、研习手册，公开课录像、课件、教师指导学生照片等为佐证材料，进行闭环质量监控。2022年9月，上海师范大学正式启用教师教育服务平台，此平台涵盖教育见习、教育实习、教育研习、微格教学、三笔字书画等一系列教育实践活动。

三、实践类课程体系的创新点

英语师范专业人才培养成果显著。本专业十年来培养了1000多名优秀毕业生，为教育单位输送了优质人才。毕业生中，有70%成长为上海市基础教育领域英语骨干教师、中层以上教育管理人员和教研人员。用人单位对毕业生的满意度为100%。毕业生在各级教学比赛中屡获大奖，有3~5年工作经验的毕业生多担任年级组长、备课组长、校团委书记等重任。多名毕业生参与上海市教委"空中课堂"英语教学视频录制。这些成果得益于实践类课程体系的创新理念、教学团队和质量监管机制。

1. 从英语学科应用性特点出发，创新教师教育实践理念

准确把握英语学科应用性的特点，形成在实践中操练、检验、提升学生英语能力的英语教师教育理念。以"全方位育人"为指导思想，深挖教育实践的丰富内涵，拓展英语教育实践类课程的比例，构建实践类课程体系，以清晰具体的模块名称和课程名称将教育实践内涵显性化，使教师和学生对教育实践的新内涵和新要求一目了然。结合英语学科的人文性特点，培养学生进行第二课堂教学和非学科课外辅导的能力，对英语师范生的培养和选拔超越单纯的语言能力训练，要求具备"跨学科、多才能、强实践"的高阶综合能力，以满足人工智能时代中国社会发展对高质量英语师资的需求。

2. 创建国内外多元协调的实践教学基地和国际化实践教学团队

利用和发挥上海国际化大都市的优势，通过国内外多元协调，与上海市125所中小学、120所暑假爱心学校，新疆、西藏、贵州等地的20余所中小学，美国、英国、新西兰等多所中小学创建实践教学基地，同时创建国际化实践教学团队，包括美国北卡罗来纳大学 Marlon Relles 教授、美国塞基诺州立大学 Brain Thomas 教授、英国约翰摩尔大学 Joanna Croft 教授与 Bella Adams 教授、新西兰怀卡托大学 Don Albert Klinger 教授等加盟的国际化实践教学团队，形成开放互动的国际化实践教学环境和氛围。

3. 多层面创建实践类课程质量监控环环相扣机制

在师范认证"一践行、三学会"毕业要求统领下，在高校层面，创建以"培养方案—教学大纲—（见习、实习、研习）手册及毕业论文—课程达成度评价报告—教学视频库/毕业论文库"为一体的质量监控机制。在用人单位层面，聘用基地学校优秀教师担任带教老师，严格执行"双导师"制，并实施实习生和毕业生用人单位满意度调查机制。在质量评价层面，研制实践类课程过程性评价手册，构建包括教学实践、教研活动、社会活动为主体的评价指标体系，形成具有建构性、体悟性、交互性的评价机制。这三个层面环环相扣的质量监控机制切实有效，可为兄弟院校提供借鉴和参照。

四、本书的特色

上海师范大学英语师范专业通过贯通式、体系化、课程化的实践类课程实施，在实践教学和师范人才培养中取得了显著的成效，教学成果"师范院校英语师范专业实践类课程体系拓展与创新实践"获得 2021 年上海市教学成果二等奖，为新一轮专业发展和学科建设奠定了扎实的基础。在实践教学过程中，师生之间形成了良好而温暖的学习共同体（learning community）。

本书针对英语师范专业实践类课程体系中教育实践类课程板块和实践项目类课程缺乏系统性教学参考书而编写，共分七章，涉及教育见习课程板块、教育实习课程板块、教育研习课程板块、毕业论文课程板块、综合育人活动课程板块、大学生创新创业项目板块、学生成长档案板块。第一章至第五章，即教育见习、实习、研习、毕业论文和综合育人活动课程板块这五章，基本上是由本章概述、教学大纲设计、教学内容设计、评分量表设计、教学案例及点评、课程目标达成度报告样例六部分构成。这六部分的结构框架在整体上具有模式化、标准化特点，是本专业在学校相关要求基础上专业化后形成的模板，相关课程负责教师及团队成员又根据各自课程特点进行了创造性微调，以体现教学团队的主体性。

第一章至第五章中的教学大纲、评分量表和课程目标达成度报告是在 2017 年师范认证理念推动下对标重构的产物，具有革新意义。2017 年 10 月 26 日，教育部印发了《普通高等学校师范类专业认证实施办法（暂行）》（以下简称《认证办法》），这是教师教育发展的重大改革举措，标志着我国师范类专业认证的国家标准正式确立，体现了新时代国家对高校师范生培育规格的新要求，为英语师范生的培养提供了重要依据和有力支撑。《认证办法》指出师范类专业认证的理念为"学生中心、产出导向、持续改进"。"学生中心"强调学生的中心地位，一切从学生需求出发，改变传统的"以教师中心"的教学模式；"产出导向"主要包括三大产出机制，即培养目标合理性评价机制、毕业要求达成度评价机制和课程目标达成度评价机制，评价理念从评教向评学转变；"持续改进"表明了师范类专业认证以评促建、以评促改、以评促强的"评价—反馈—改进—评价"的闭环思路。

英语师范专业实践类课程教学大纲设计充分体现了《认证办法》中规定的"三大支撑"：培养目标中要有毕业要求的支撑，毕业要求要有课程体系和课程目标的支撑，课程目标要有教学内容、方法及考核的支撑。同时《高等学校英语专业教学大纲（新版）》以改革创新为基调，立足于现阶段我国外语教育的教学规律、各院校英语专业非均衡发展的普遍现实、社会多元的人才需求和多变的发展态势以及国家相关战略的实施要求，为我国英语专业人才的培养提供清晰的指向（蒋洪新、谢敏敏，2017）。依据上述文件精神，本专业确定英语师范实践类课程教学大纲模板由课程简介、课程目标（含课程目标与毕业要求对应关系）、教学内容与进度（含课程教学目标与教学内容和方法对应关系）、考核方案（含课程教学目标与考核方式及成绩评定的关系）、课程资源等方面构成。

评分量表（rubric）是针对学生而言的，是"一种描述性教学评价方法，一种评分工具，能够针对学习成果表现列出相应的标准，并详细描述从优到差的每一个标准的水平"。（Goodrich，1997）由教师或评价者开发出的描述性的评分量表，目的是分析学生学习结果，包括学习作品和学习过程（Moskal，2000）。评分量表规定了学生应当具备的能力目标，并根据学生的不同水平和能力做了不同层次的要求，将学习目标具体化为若干量化指标，能够指导学生有效地学习，学生可将评分量表内化为学习的标准和目标，作为学习和自评的工具，从而促进学习能力的提高。英语师范实践类课程评分表由课程目标、考核内容、评价依据构成，尽可能从评价文字描述（定性）和具体分值（定量）两方面来清晰地评定学生实践类课程的学习状况。

课程目标达成度评价是针对教师而言的，是确保和衡量课程教学效果的重要环节。通过对课程目标达成度的分析，教师可以有针对性地对教学内容和教学方法进行持续改进，进而提高课程教学质量，达到课程目标和专业培养目标规定的要求。课程目标是课程的具体价值和任务指标，是课程实施和评价的依据。达成度指目标实现的程度，课程目标达成度评价是高校衡量产出导向的课程目标达成与否的关键指标（蒋成香，2022）。教学目标达成度是教育评价的一部分，对于教师而言，这是对其教学行为达到何种效率的一种最基本反馈（钟启泉，2008）。课程目标达成度评价方式可以包括基于课程的考核结果评价、形成性评价体系，以及定性与定量结合的评价。反馈与改进是课程目标达成度评价的继续和延伸，可根据达成度的结果对课程目标的合理性、课程教学与课程目标的匹配性等进行改进和完善。

第六章、第七章与前五章结构不同，是对前五章的拓展和补充，以期更充分地展示英语师范专业在实践教学各板块的不断创新和探索。第六章所探讨的大学生创新创业项目板块虽然已经课程化，但受益学生仍以优秀拔尖学生为主，成果涉及领域较广，尚未形成统一量化的评分量表、课程目标达成度评价，对学生成果的评价主要是定性评价。这也体现了择优性质的项目类课程与基础性质的实践类课程的不同之处。第七章学生成长档案板块有三个作用：一是为后学者提供学习的榜样，二是概括出师范学子成长的相似轨迹，三是作为支撑本专业培养目标合理性的重要佐证材料之一。

教学案例及点评是本书的重点、亮点和创新部分，通过学生真实的实践作业来反映实践教学的效果，并通过教师的点评呈现教学评价的指标点，使学生认识到自己的优缺点，从而不断进步改善。教学案例不但能起到教学相长的作用，而且可以达到同辈教育（peer education）的效果，因此选择的案例多为比较优秀的案例，起着榜样、示范、启发的作用。当然，即使是优秀的案例，以挑剔的眼光去看，也总是有瑕疵的。然而教育的目的不是挑刺，而是发现亮点，因此，我们希望读者以欣赏的眼光来看待这些案例，以取长补短的方式来分析这些案例，最终实现为我所用、提升自我的目的。个别情况下，也会选择一些中等的案例，以起到对比的作用，这也能更真实地反映教学一线的复杂情况。优秀案例永远是教师的骄傲和职业的动力，但实际教学过程中，教师会将更多的精力用在一般和较弱的学生身上，他们的成长需要更多的耐心和时间，此所谓静等花开。

本书提供的大量实践教学案例，选题新颖，紧扣时代脉搏，彰显出我国当代师范生的精神风貌、道德情操、家国情怀、思辨力和创新能力，具有很强的实践性和可操作性，对师范生师德践行能力、教学实践能力、综合育人能力和自主发展能力培养有切实可行的指导意义。本书主要目标对象是广大高等院校英语师范专业本科生及任课教师，以及非师范方向，但立志要从事英语教育的广大英语专业本科生及研究生，还有广大中小学英语教育实践基地的实习带教教师。本著作为上海经验先行之作，对英语师范实践类课程教学及研究有重要参考价值。

本书是上海师范大学外国语学院英语师范专业实践类课程体系教研团队多年教学研究的成果，是集体智慧的结晶。本书撰写者是教研团队的核心成员，具有丰富的海内外实践教学经验、丰硕的科研成果，并承担学院和专业的重要管理职责。外国语学院副院长宋学东副教授和英语师范专业负责人卢敏教授负责全书策划和统稿。具体撰写任务分工如下：沈继红讲师负责第一章，蒋宇红教授负责第二章，朱伊革教授负责第三章，宋梅砚副教授负责第四章，吕晓红副教授负责第五章，卢敏负责第六章，卢敏、宋学东负责第七章。参与案例点评的教师有顾翡讲师、李四清副教授，以及各章负责人员，具体情况见每个教学案例点评后的教师署名。

本书所选的学生案例均出自本教研团队创建的若干个课程案例电子数据库。该数据库汇集了近十年千余个案例，在此精挑细选出有代表性的 37 个案例作为分析的重点，所选案例都得到学生本人的同意，在案例中均以"姓氏+同学"方式称呼；案例中关涉的实践学校都是上海师范大学创建的实践教育基地，以"××学校"指代。在此对参与本书案例的已毕业或在读的学生表示诚挚的感谢，他们是朱诗佳、顾烨、凤蝶、陆臻逸、潘哲敏、陶雨垚、王珏琪、金悦、楼欣怡、杨萌、黄郦明、李歆奕、王子凌、翁圆方、吴旖凡、金思婧、施苏倩、胡竟元、黄语琛、潘峥妍、黄陈涛、富星跃、顾家桦、郭一炜、王佳艺、周煜超、顾滢霏、童玙霖、钱婧妍、江钰蕾、姜振骅、李腾蛟、张沈惊、余汇杰、徐子凯、顾梦馨。

上海师范大学英语专业于 2020 年入选国家级一流本科专业建设点，本书受国家级一流本科专业建设项目资助。本书的付梓得到上海师范大学教务处和外国语学院的鼎力支持。上海师范大学外国语学院院长高航教授对本教研团队的工作给予大力支持，上海师范大学在上海市及各省市以及美国、英国、新西兰的教育实习基地的领导和带教老师对实习生的指导使他们快速成长、受益匪浅，在此一并表示感谢。

尽管作者们做了很大努力，书中错讹之处一定仍有不少，敬请各位专家、学者、读者等拨冗不吝指教。

卢敏

2022 年 9 月于上海

目　　录

第一章　教育见习课程板块

从师范教育传统来说，教育见习是师范院校的一个不可或缺的教学环节。根据《教育大辞典》的定义，教育见习指"学生在教师指导下，对中小学和幼儿园的教育、教学及学校生活各方面工作及其设施进行观察和分析，一般不参加实际工作。教育见习一般分散在各学年或在实习前结合教育课程集中进行。教育见习的目的是丰富学生的感性认识，加深学生对理论的理解，启发学生热爱教育工作的思想感情，培养学生的观察和分析能力"（顾明远，1990：27）。自 2017 年教育部实施师范专业认证以来，实践类教学环节课程化被提上议程，课程化对实践类教学环节提出更高的要求。一旦作为一门课程，与之相关的一系列课程设计、执行和管理就必须跟上，相应的课程教学大纲、教学内容、评价方式、课程目标达成度等工作都需要按照课程要求完成。但是教育见习的实践性特征又不同于一般理论课程，教育见习需要探索一套与实践特征相匹配并且行之有效的教学大纲模板、教学内容框架、评价方式、课程目标达成度评价报告结构等，从而切实推行实践类教学课程化。

第一节　教育见习课程概论

教育见习是高等师范院校培养师范生的重要环节。《教育部关于大力推进教师教育课程改革的意见》（教师〔2011〕6 号）指出："要强化实践环节，加强师德修养和教育教学能力训练。"《教师教育课程标准（试行）》规定：师范生必须具有观摩教育实践的经历与体验，通过"观摩中学课堂教学，了解中学课堂教学的规范与过程，感受不同的教学风格；深入班级或其他学生组织，了解中学班级管理的内容和要求，获得与学生直接交往的体验；深入中学，了解中学的组织结构与运作机制"。教育部印发的《普通高等学校师范类专业认证实施办法（暂行）》（教师〔2017〕13 号）对师范生的教育实践也提出了明确的要求，指出"要把师范生的专业实践和教育实践有机结合在一起，让教育见习、教育实习和教育研习融会贯通"。

教育见习是教育实习的准备，旨在为师范生提供机会，感受教师职业生活，增强其职业意识。通过接触中学教学的常规工作，师范生深入了解班主任工作；通过观察学生行为特点，学习了解和研究学生的工作方法；同时通过观课和评课，熟悉学科教学内容与教学方法，培养交流和反思能力，在知识和能力等方面为今后的教育实习和未来教师工作的顺利进行奠定基础。

　　培养师范生的从教信念是教师职前培养的重要任务，教育见习有助于增强师范生的职业意识和从教信念，强化师范生的敬业精神。教育见习过程中，师范生通过观察教师的日常教学工作以及班级管理工作，设身处地地感受教师的职业生活及其表现出的职业态度和职业品质。教育见习会促使师范生感受教师的职业工作生活，激发其对教师职业的热情和兴趣，增强职业信心和责任感，并为教师综合职业品质的形成和良好专业理念的树立打下基础。

　　教育见习过程中，师范生通过观察课内、课外学生行为，可以进一步了解中小学生的年龄特征和认知发展特点、学习方式特点，以及学科学习的情况，增加其对学生的理解程度，有助于熟悉教育的一般规律，理解以学定教和因材施教，同时也有助于提高与学生的沟通、交往能力，更好地开展育人工作。

　　教育见习过程中，师范生通过亲自进入教学现场或者观看教学视频及创设的教学情境活动，"听"教师授课，"看"课堂具体表现，"思"课堂展示出来的效果和价值。通过与授课教师、指导教师及同伴的交流互动与反思，围绕课堂事实和现象，解决听课过程中产生的困惑和问题，最终达到了解和领悟的目的。这种观课与评课一体的研修活动对师范生内化习得知识具有积极意义。

　　总之，在教育见习中，师范生能够形成对教育活动和教育教学现象的感性认识，初步体验教育教学规律的运用，积累教育教学实践经验，提高教育教学理论与实践相结合的意识。见习过程中师范生一般不参加实际工作，以观察、了解、反思、交流为主。

第二节　教学大纲设计

2.1　课程简介

　　教育见习课程是师范生教师教育课程模块教育实践类课程，教育见习也是师范生理论与实践相结合，初步接触和学习教育教学实践知识，积累教育教学经验的宝贵机会。学生在教师的指导下，通过了解中学英语教师教育教学实践活动的环境以及教育、教学工作的基本工作程序与要求，运用所学的教育教学理论对教育见习工作中的有关问题等进行分析、探讨和研究，更好地理解教师职业的含义和特点，提高反思能力和研究能力，为教育实习做准备。本节描述和探讨的教育见习课程教学大纲及《教育见习手册》是由上海师范大学外国语学院英语师范专业多年研发、修订的，多数内容来自 2020 年版。2022 年版是在 2020 年版的基础上新修订的，从 2021 级英语师范教育见习开始使用。

2.2 课程目标

"教育见习"课程的基本目的在于为师范生提供机会，帮助师范生接触中小学教育教学的常规工作，增强职业意识，培养从教信念，强化敬业精神。同时通过教育见习中的观课和评课活动，培养师范生的交流和反思能力，在知识和能力等方面为其日后的教育实习和未来教师工作奠定基础。在《中学教育专业认证标准（第二级）》"一践行、三学会"的毕业要求基础上，结合《上海师范大学英语师范专业培养方案（2021 级版）》中提出的毕业要求，"教育见习"课程将践行师德、学会教学、学会育人三方面作为对毕业要求的高支撑，具体目标分解如下：

（1）通过阅读学习和组内交流，提高师范生职业感悟与师德修养水平，增强其热爱教育事业、热爱学生和为人师表的自觉性，强化师范生从教信念。（支撑毕业要求 1［师德规范］、毕业要求 2［教育情怀］）

（2）通过观课和评议课堂教学，培养师范生交流和反思的能力，在与指导教师及同伴的互动中内化习得知识。（支撑毕业要求 4［教学能力］、毕业要求 7［学会反思］）

（3）通过阅读学习和观察体验，深入学习优秀班主任应具备的素质，同时进一步了解班主任工作的具体内容，了解学生心理特点。（支撑毕业要求 5［班级指导］、毕业要求 6［综合育人］）

课程目标与毕业要求指标高支撑的对应关系表

毕业要求	分解指标点	课程目标
践行师德	1［师德规范］认同中国特色社会主义思想，践行社会主义核心价值观，遵守中小学教师职业道德规范，立德树人，做"四有"好老师。 2［教育情怀］具有从教意愿，认同教师工作的意义和专业性，人文底蕴和科学精神有机结合，尊重学生人格，做学生成长的引路人。	课程目标 1
学会教学	4［教学能力］在教育实践中，能够依据中小学英语课程标准，针对中小学生身心发展和学科认知特点，运用英语学科的理论教学，结合现代信息技术，进行教学设计、实施和评价，获得教学体验，具备基本的教学技能，形成初步的教学能力和一定的教学研究能力。 7［学会反思］初步掌握反思方法和技能，具有一定的创新意识，能够运用批判性思维方法，分析和解决教育教学问题。	课程目标 2

毕业要求	分解指标点	课程目标
学会育人	5［班级指导］树立德育为先的理念并了解中小学德育的原理和方法。能够掌握班级组织与建设的工作规律和基本方法，并运用于班主任工作实践。参与组织、指导德及心理健康等教育活动，获得积极体验。 6［综合育人］了解中小学生身心发展和养成教育规律。了解学校文化和教育活动的育人内涵和方法，参与组织主题教育和跨文化社团活动，对中小学生进行教育和引导。	课程目标3

2.3 课程教学设计

课程教学设计主要涉及教学内容和教学方法。自2020年新冠疫情爆发以来，全国范围内线上教学成为一种重要教学方式；2022年新冠疫情再次在全国各地散点爆发，线上教学再次凸显了其存在的价值、优势。当然，线下课堂教学的优点也变得更加清晰，因此线上教学和线下课堂面授有机结合，将是未来教学的大趋势。由此上海师范大学教务处提出，课程教学设计应包括两方面内容：(1)教学方法包括学生在线自主学习和线下课堂面授；(2)线下课堂教学要注重对学生知识整合、审辨思维、创新思维等高阶思维能力的培养，恰当运用案例教学、探究教学、体验教学等方式，合理应用信息技术，提高学生学习效果。在此基础上，"教育见习"课程教学设计如下表。

课程目标与教学内容和教学方法的对应关系表

课程目标	教学内容	教学方法
课程目标1：通过阅读学习和组内交流，提高师范生职业感悟与师德修养水平，增强其热爱教育事业、热爱学生和为人师表的自觉性，强化师范生从教信念。	教师职业道德规范	自主学习师德规范，同伴交流； 与见习学校优秀教师座谈； 见习学校教师行为观察
课程目标2：通过观课和评议课堂教学，培养师范生交流和反思的能力，在与指导教师及同伴的互动中内化习得知识。	学科课程标准 教学组织与管理 学科教学能力	课标自主学习，同伴交流； 见习学校课堂教学观摩，与授课教师互动，同伴交流； 名师课堂(教学录像)学习，同伴交流
课程目标3：通过阅读学习和观察体验，深入学习优秀班主任应具备的素质，同时进一步了解班主任工作的具体内容，了解学生心理特点。	班主任工作	自主学习名师，同伴交流； 与见习学校优秀教师座谈； 见习学校教师行为观察； 学生行为观察

2.4　教学进度安排

上海师范大学教务处统一将教学见习安排在大二和大三，共 4 个学期，每学期见习一周，占 0.5 学分，总计 2 学分。英语师范专业的见习进度由此分为 4 次，每次见习内容不完全相同，而是根据学生成长，以循序渐进的方式安排见习内容，具体如下。

第一次见习（大二上）

(1) 课时数：一周

(2) 见习培训内容：教师职业道德规范、学科课程标准、教学组织与管理、学科教学能力、班主任工作

(3) 教学方法：自主学习，同伴交流；课堂观察；与见习学校优秀教师座谈；教师行为观察；学生行为观察；名师课堂学习

(4) 学生学习任务：

① 学习《中小学教师职业道德规范》，写一份学习心得，完成见习手册表 1。

② 通读《义务教育英语课程标准》(2022 年版) 或《普通高中英语课程标准》(2017 年版，2020 年修订)，写一份学习交流发言稿，完成见习手册表 2。

③ 线下观摩英语课堂，填写课堂观察记录表，完成见习手册表 3、表 4。

④ 阅读一本关于班主任工作的书，深入学习班主任的工作内容和工作方法，写一份学习心得，完成见习手册表 5。

第二次见习（大二下）

(1) 课时数：一周

(2) 见习培训内容：教师职业道德规范、教学组织与管理、学科教学能力、班主任工作

(3) 教学方法：自主学习，同伴交流；课堂观察；与见习学校优秀教师座谈；教师行为观察；学生行为观察；名师课堂学习

(4) 学生学习任务：

① 阅读一本师德修养方面的书，写一份读书心得，完成见习手册表 6。

② 线下观摩英语课堂，填写课堂观察记录表，完成见习手册表 7、表 8。

③ 观摩名师教学录像或赏析经典课例(不同课型)，进行课例分析与反思，完成见习手册表 9。

④ 学习优秀班主任的典型事例，写一份心得体会，完成见习手册表 10。

第三次见习(大三上)

(1)课时数：一周

(2)见习培训内容：教师职业道德规范、学科课程标准、教学组织与管理、学科教学能力、班主任工作

(3)教学方法：自主学习，同伴交流；课堂观察；与见习学校优秀教师座谈；教师行为观察；学生行为观察；名师课堂学习

(4)学生学习任务：

① 学习师德模范典型事例，感悟师德的践行魅力，完成见习手册表11。

② 通读《义务教育英语课程标准》(2022年版)或《普通高中英语课程标准》(2017年版，2020年修订)，写一份学习交流发言稿，完成见习手册表12。

③ 线下观摩英语课堂，填写课堂观察记录表，完成见习手册表13、表14。

④ 观摩名师教学录像或赏析经典课例(不同课型)，进行课例分析与反思，完成见习手册表15。

⑤ 设计并录制一节5分钟左右的微课(新知识点教学)，完成见习手册表16。

⑥ 观摩一次班(团)活动(视频)，设计召开一次主题班(团)活动的方案，完成见习手册表17。

第四次见习(大三下)

(1)课时数：一周

(2)见习培训内容：教师职业道德规范、教学组织与管理、学科教学能力、班主任工作

(3)教学方法：自主学习，同伴交流；课堂观察；与见习学校优秀教师座谈；教师行为观察；学生行为观察；名师课堂学习

(4)学生学习任务：

① 关注与师德有关的典型社会事件，进行深度思考和讨论，完成见习手册表18。

② 线下观摩英语课堂，填写课堂观察记录表，完成见习手册表19、表20。

③ 观摩名师教学录像或赏析经典课例(不同课型)，进行课例分析与反思，完成见习手册表21。

④ 设计1份教学设计，完成见习手册表22。

⑤ 完成一次说课，完成见习手册表23。

⑥ 访谈一位中/小学生，观察、记录学生情况，完成见习手册表24。

2.5 考核方案

学生课程学习的最终成绩由学院指导老师对学生见习手册的完成情况综合打分决定。

课程目标、考核内容和评价依据对应表

课程目标	考核内容	考核形式	评价标准
课程目标1：通过阅读学习和组内交流，提高师范生职业感悟与师德修养水平，增强其热爱教育事业、热爱学生和为人师表的自觉性，强化师范生从教信念。	教师职业道德规范；师德感悟	完成见习手册表1、表6、表11、表18；	（详见见习手册相关评分标准）
课程目标2：通过观课和评议课堂教学，培养师范生交流和反思的能力，在与指导教师及同伴的互动中内化习得知识。	学科课程标准；教学组织与管理；学科教学能力	完成见习手册表2~4、表7~9、表12~16、表19~23	（详见见习手册相关评分标准）
课程目标3：通过阅读学习和观察体验，深入学习优秀班主任应具备的素质，同时进一步了解班主任工作的具体内容，了解学生心理特点。	班主任工作	完成见习手册表5、表10、表17、表24	（详见见习手册相关评分标准）

（1）课程的成绩评定方法

见习手册完成情况×100%。其中"践行师德"（课程目标1）相关表格完成情况占25%，"学会教学"（课程目标2）相关表格完成情况占50%，"学会育人"（课程目标3）相关表格完成情况占25%。

（2）记分方式

A：优秀（100~90），B：良好（89~80），C：中等（79~70），D：合格（69~60），E：不合格（<60）。

（3）评分依据

▶ "践行师德"相关表格评分依据：

内容充实，语句通顺，师德学习和感悟发自内心，不是简单的拷贝，有自己的认识和思考，感悟有深度。

▶ "学会教学"相关表格评分依据：

内容充实，语句通顺，观课记录完整清晰，对观摩课堂教师活动设计的认识准确，教学反思有深度，微课及教案设计完成质量高。

▶ "学会育人"相关表格评分依据：

内容充实，语句通顺，对班主任工作的认识和感悟发自内心，不是简单的拷贝，有自己的认识和思考，感悟有深度。

2.6　课程阅读资源

[1] 陈孔国. 师德养成读本[M]. 长沙：湖南大学出版社，2010.
[2] 魏书生. 班主任工作漫谈[M]. 北京：文化艺术出版社，2011.
[3] 中华人民共和国教育部. 义务教育英语课程标准：2022 年版[M]. 北京：北京师范大学出版社，2022.
[4] 中华人民共和国教育部. 普通高中英语课程标准：2017 年版 2020 年修订[M]. 北京：人民教育出版社，2020.

第三节　教学内容设计

不同于一般理论性课程，实践类课程"教"和"学"的关系中教师的"教"为辅，学生的"学"为主，学生是通过完成具体任务的方式学习的，遇到问题随时向教师提出，师生共同解决问题。而教学内容的设计也是教师从教师职业特点出发，根据职业培训要求，为学生搭建好一个个任务框架，提出具体学习任务要求，然后由学生去完成。这些任务框架按照主次分明、循序渐进的方式组合在一起，就构成了《教育见习手册》。《教育见习手册》从学生角度明确了"教育见习"课程的内容纲要，为学生有条不紊地进行见习提供了清晰的框架和思路。每个学生最终完成的《教育见习手册》是不同的，也没有标准答案。"教育见习"课程共 2 学分，分 4 个学期完成：大学第 3 学期(大二上)、第 4 学期(大二下)、第 5 学期(大三上)、第 6 学期(大三下)。每学期安排一周的中小学见习活动，学生同时完成相应《教育见习手册》规定的学习任务，填写相关表格，获得 0.5 学分。

3.1　《教育见习手册》内容纲要

"教育见习"课程以践行师德、学会教学、学会育人为重点，课程目标 1 支撑毕业要求 1[师德规范]、毕业要求 2[教育情怀]；课程目标 2 支撑毕业要求 4[教学能力]、毕业要求 7[学会反思]；课程目标 3 支撑毕业要求 5[班级指导]、毕业要求 6[综合育人]。见习教学内容(培训任务)设计如下，下文将按课程目标逐条说明。

教育见习教学(培训)内容

课程目标	培 训 内 容	记录表单
践行师德	学习《中小学教师职业道德规范》,写一份学习心得。(第3学期)	表1
	阅读一本师德修养方面的书,写一份读书心得。(第4学期)	表6
	学习师德模范典型事例,感悟师德的践行魅力。(第5学期)	表11
	关注与师德有关的典型社会事件,进行深度思考和讨论。(第6学期)	表18
学会教学	通读《义务教育英语课程标准》(2022年版)或《普通高中英语课程标准》(2017年版2020年修订),写一份学习交流发言稿并展开组内交流。(第3学期、第5学期)	表2(第3学期) 表12(第5学期)
	线下观摩英语课堂,填写观课报告。(第3学期、第4学期、第5学期、第6学期)	表3、表4(第3学期) 表7、表8(第4学期) 表13、表14(第5学期) 表19、表20(第6学期)
	观摩名师教学录像或赏析经典课例(不同课型),进行课例分析与反思。(第4学期、第5学期、第6学期)	表9(第4学期) 表15(第5学期) 表21(第6学期)
	设计并录制一节5分钟左右的微课(新知呈现)。(第5学期)	表16
	完成1份教学设计。(第6学期)	表22
	完成一次说课。(第6学期)	表23
学会育人	阅读一本关于班主任工作的书,深入学习班主任的工作内容和工作方法,写一份学习心得并开展组内交流。(第3学期)	表5
	学习优秀班主任的典型事例,写一份心得体会。(第4学期)	表10
	观摩一次主题班会活动,设计召开一次主题班会的方案。(第5学期)	表17
	访谈一位中/小学生,观察、记录学生情况,学会了解学生的心理特点与思想动向,尝试走进学生的心灵世界。(第6学期)	表24

注:本《教育见习手册》包含二、三年级第3~6学期的见习教学任务

3.2 课程目标1相关教学内容

课程目标1:通过阅读学习和组内交流,提高师范生职业感悟与师德修养水平,增强

其热爱教育事业、热爱学生和为人师表的自觉性，强化师范生从教信念。

师德是教师职业人生的根本标志，是教师职业行为的精神基础。师范生在入职之前，首要任务是认识师德，理解师德的内涵与内容。《教育部关于进一步加强和改进师德建设的意见》把师德提升到前所未有的高度，明确指出：教师的思想政治素质和职业道德水平直接关系到中小学德育工作和亿万青少年的健康成长，关系到国家的前途命运和民族的未来。2008年9月教育部、教育总工会颁发了修订的《中小学教师职业道德规范》，其六条基本内容体现了教师职业特点对师德的本质要求和时代特征。师范生应在认识师德、理解师德内涵与内容的基础上感悟师德，进而提升师德认同、升华师德情感、强化师德责任、坚强师德意志。

师德见习在于师德感悟。本专业师范生见习"践行师德"需要完成见习手册表1(第3学期)、表6(第4学期)、表11(第5学期)、表18(第6学期)。表1要求师范生学习《中小学教师职业道德规范》，写一份学习心得。表6要求师范生阅读一本师德修养方面的书，写一份读书心得。表11要求师范生学习师德模范典型事例，感悟师德的践行魅力。表18要求师范生关注与师德有关的典型社会实践，进行深度思考和讨论。四份表格的学习与感悟贯穿四个学期整个教育见习。师范生通过多种方式感悟师德，逐步把社会所要求的职业道德规范变成个人自觉的行为。

3.3　课程目标2相关教学内容

课程目标2：通过观课和评议课堂教学，培养师范生交流和反思的能力，在与指导教师及同伴的互动中内化习得知识。

课堂观察指通过观察对课堂活动进行记录、分析和研究。师范生在教育见习时观察课堂的主要目的在于体验课堂、学会教学、促进专业成长。带有明确目的的课中观察和课后评议能加深师范生对课堂教学的认识，他们必须凭借自身感官及有关辅助工具，如观察表、录音录像设备，从课堂上搜集资料，并依据资料做相应的分析和研究，从成功课堂中发现有效教学策略，从失败课例中吸取教学教训，培养自身分析、归纳、交流和反思的能力，形成初步的教学研究能力，服务于其今后的课堂实践。

英语师范专业学生见习"学会教学"需要完成见习手册表2，表3、表4(第3学期)，表7、表8、表9(第4学期)，表12、表13、表14、表15、表16(第5学期)，表19、表20、表21、表22、表23(第6学期)。

表2和表12要求师范生通读《义务教育英语课程标准》(2022年版)或《普通高中英语课程标准》(2017年版2020年修订)，写一份学习交流发言稿并开展组内交流。表2的填写主要基于自主学习认识，表12是对本专业"中小学英语课程标准解读"课程学习后更深入的理解。

四个学期教育见习都有课堂观察和名师课堂观摩安排，旨在帮助师范生通过观察学习，提高教学组织与管理能力和学科教学能力，但课堂观察的目的、观察内容和侧重点都各有要求。第3学期，师范生需完成表3、表4两份(线下)课堂观察记录表，重点观察课堂教学的结构和课堂管理、教师教态和课堂互动、授课教师教学策略的运用。第4学期，师范生需完成表7、表8两份(线下)课堂观察记录表和表9一份名师课堂(录像)观察记录表，重点观察教师课堂话语和教师课堂角色、教学策略的运用。第5学期，师范生需完成表13、表14两份(线下)课堂观察记录表和表15一份名师课堂(录像)观察记录表，重点观察教学目标的设定和目标达成、教学重点难点的把握、教学情境的创设、教学活动设计、教学策略的运用。第6学期，师范生需完成表19、表20两份(线下)课堂观察记录表和表21一份名师课堂(录像)观察记录表，重点观察教学目标的设定和目标达成、教学重点难点的把握、教学情境的创设、教学活动设计、教学策略的运用。

尽管教育见习过程中师范生是旁观者的身份，并未真正参与课堂教学中，但师范生学科教学实践能力的培养也是教育见习的一部分。第5学期师范生被要求设计并录制一节5分钟左右的微课，完成表16，通过微课形式夯实其学科专业知识，掌握新知呈现方法。第6学期师范生需完成一份教学设计并开展一次说课，完成表22、表23，进一步锻炼其学科教学实践能力，形成初步的学科教学设计能力。

3.4　课程目标3相关教学内容

课程目标3：通过阅读学习和观察体验，深入学习优秀班主任应具备的素质，同时进一步了解班主任工作的具体内容，了解学生心理特点。

教师的育人职能，一方面通过教学活动来完成，另一方面则通过班级管理得以实现。班主任是班级的组织者和指导者，是帮助学生形成良好品德、正确人生观和世界观的引导者，班主任素质的高低直接影响着一个班的教育质量以及班风和校风。师范生进行教育见习时，需要了解班主任在班级工作中应具备的思想素养、道德素养、知识素养、能力素养、心理素养，还要了解班主任工作的内容、过程、方法和规律，体会班主任工作的意义和作用，同时学习如何全面、正确地了解和研究学生。

本专业师范生见习"学会育人"需要完成见习手册表5(第3学期)、表10(第4学期)、表17(第5学期)、表24(第6学期)。表5要求师范生阅读一本关于班主任工作的书，深入学习班主任的工作内容和工作方法，写一份学习心得并开展组内交流。表10要求师范生学习优秀班主任的典型事例，写一份心得体会。表17要求师范生观摩一次班(团)活动(视频)，设计召开一次主题班(团)活动的方案。表24要求师范生访谈一位中/小学生，观察、记录学生情况，学会了解学生的心理特点与思想动向，体会教师谈话技巧，尝试走进学生的心灵世界。

第四节　《教育见习手册》填写指南

　　《教育见习手册》是英语师范生第一次接触到的实践类课程作业，其形式与传统学术作业完全不同。同时，由于大二还没有开设专门的英语教学法课程，很多学生拿到《教育见习手册》时感到措手不及，不知如何下笔。还有部分学生对见习没有清晰的认识，认为到中小学看一看、遛一遛就完成了见习任务，不需要完成作业。《教育见习手册》的设计正是要解决这些问题，让师范生带着具体任务和观察点进入中小学，改变学生身份、心理和视角，以老师的身份、心理和视角来看学校、看学生、看老师，看完之后还要回顾、反思所见所闻，并将其与现有知识、理论结合起来，填写《教育见习手册》。在多年设计、修订、评阅师范生《教育见习手册》经验的基础上，我们编写了本部分的填写指南，以期对师范生有明确的指导。

4.1　"践行师德"相关表格填写指南

　　"践行师德"相关表格共4份。要求内容充实，语句通顺，师德学习和感悟发自内心，不是简单的拷贝，有自己的认识和思考，感悟有深度。具体填写指南如下：

　　表1：

　　对《中小学教师职业道德规范》的学习认识应涵盖六条基本内容：爱国守法、爱岗敬业、关爱学生、教书育人、为人师表、终身学习。学习心得体会应包括对教师职责和义务的理解、教师对学生应持有的态度的理解、对教育本质及育人目标的理解、对教师职业操守的理解、对教师专业发展的理解。要求语句通顺，学习和感悟发自内心，不是简单的拷贝，有自己的认识和思考。

　　表2：

　　认真阅读中外大师、名师师德风范经典故事。从为人师表、关爱学生、教书育人、治学研究、识才重才、自警自励等，思考教师应该具有的人文品格以及人文情怀，认识到师德是教师素质的核心构成要素，师德修养应贯穿教师专业发展的全过程。要求语句通顺，学习和感悟发自内心，不是简单的拷贝，有自己的认识和思考。

　　表3：

　　学习师德模范典型事例，学习优秀教师坚定的教育信念和对教育事业的信心和热情，认识到具有高尚情操、渊博学识和人格魅力的教师会对其学生产生一辈子的影响，从而进一步认识教师的责任感和使命感。能深刻认识"师爱为魂、学高为师、身正为范"的崇高师德并努力践行。要求语句通顺，学习和感悟发自内心，不是简单的拷贝，有自己的认识和思考。

表4：

选择与师德有关的典型社会事件，关注事件发展以及事件引发的社会争论，进行深度思考和讨论。立足学校，放眼社会，了解现实学校中教师行为是怎样的，进一步思考教师的职业道德行为可能是怎样的，掌握教师的职业道德行为应该是怎样的，在思考与讨论中体验师德的发展。

4.2 "学会教学"相关表格填写指南

"学会教学"相关表格共16份。要求内容充实，语句通顺，观课记录完整清晰，对观摩课堂教师活动设计的认识准确，教学反思有深度，微课及教案设计完成质量高。具体填写指南如下：

表2、表12：

正确解读学习《义务教育英语课程标准》（2022年版）或《普通高中英语课程标准》（2017年版2020年修订）。以新版《义务教育英语课程标准》为例，可围绕以下问题交流认识：新版《义务教育英语课程标准》的课程内容由哪些要素构成？体现了什么样的价值观和结构观？与2011年版《义务教育英语课程标准》相比，新版中课程内容的最大变化是什么？对六要素各自的功能和关系应如何理解？新版《义务教育英语课程标准》的课程内容具体包含什么要求？新版《义务教育英语课程标准》在具体课程内容的选取上是如何体现义务教育课程特点和学生学习需求的？新版《义务教育英语课程标准》是否对课程内容的衔接给出了建议？在提升教师专业化水平方面给出了哪些有意义和有价值的建议？等等。

表3~4，表7~9，表13~15，表19~21：

每学期（线下）课堂观察的重点应按要求有不同侧重。

表3~4（大二上）重点观察课堂教学的结构（环节）和课堂管理、教师教态、课堂互动、以及教学策略的运用，可围绕以下问题分析课堂教学：本节课由哪些环节构成？是否围绕教学目标展开？不同环节（或活动）的时间是怎么分配的？是否合理？课堂有哪些互动行为？课堂互动能否为目标达成提供帮助？课堂上老师是如何处理一些突发事件的？课堂活动是否面向所有学生？学优生、学困生是否都得到了关注？老师使用的课堂教学策略中哪些给你留下了深刻印象？你认为本课时中最成功的地方是什么？

表7~9（大二下）重点观察教师课堂话语和教师课堂角色、教学策略的运用，可围绕以下问题分析课堂教学：老师课堂话语的数量、时间怎样？老师是怎样讲解新知的？采用了何种新知呈现方式？讲解是否清晰、透彻？语言表达是否准确、规范？老师课堂提问的对象、提问次数、问题类型、问题认知难度、候答时间怎样？有效性如何？学生回答后老师的理答方式和内容如何？有效性如何？除了知识讲解者、课堂组织者，老师还扮演了什么

角色？老师使用的课堂教学策略中哪些给你留下了深刻印象？你认为本课时中最成功的地方是什么？表7、表8是线下课堂观察记录表，表9是名师课堂(录像)观察记录表，师范生可以根据实际课堂情况，参考以上问题开展观察记录与交流。

表13~15(大三上)、表19~21(大三下)重点观察教学目标的设定和目标的达成、教学重点难点的把握、教学情境的创设、教学活动设计、教学策略的运用，可围绕以下问题分析课堂教学：本课时的教学目标是什么？达成度如何？老师是通过哪些途径帮助学生达成学习目标的？又是如何检测学生学习目标是否达成的？本课时的教学重点和教学难点是什么？老师采取了怎样的教学方法突出重点、突破难点？教学情境是通过何种手段创设的？有效性如何？教学活动的安排是否从教学目标出发，是否有针对性？老师使用的课堂教学策略中哪些给你留下了深刻印象？你认为本课时中最成功的地方是什么？

表16：

五分钟微课设计和微课视频的教学内容要求是新知识的教授，应重点思考新知(一个小的知识点)的呈现内容和呈现方式。采用何种新知呈现方式？创设怎样的语境能自然引出新语言项目，有助于学生在语境中感知新知？如何体现目标语言的新授性，明确适合学生的目标语言的新授层次？如何有效、准确、规范地讲解新知？如何提供更多场景帮助学生操练和巩固新授语言项目，充分发挥学生的主观能动性？可自行选择常用微课制作形式，如PPT录屏式微课制作、摄像式微课制作、使用专业动画制作软件或视频特效软件制作，应做到视频画面清晰、音频质量高，新知讲解到位，重点和难点把握得当，授课语言表达流畅且准确。时间分配合理，把控精准。

表22：

教学设计可以从以下几个方面入手：教学目标的分析与确定、教学内容的理解与处理、教学情境的分析与创设、教学活动的分析与设计、教学策略的选择与运用。教学目标要明确、具体，可测、可操作且具有层次性。要充分理解教材的编写意图，深入挖掘教学内容的学科知识和人文内涵。情境创设应尽可能真实，要从学生的生活经验出发。活动设计要合理、形式丰富，注意活动间的相关性、层次性，活动切换要自然。选择运用多种教学策略帮助完成特定教学目标。教学设计不仅要考虑有关的教学内容和方法，还要考虑教学对象、教学媒体、教学评价等因素，考虑学生"如何学"，以及课堂互动。

表23：

说课是在备课的基础上针对具体课题，采用讲述为主的方式，系统地分析教材和学生，并阐述自己的教学设想及理论依据。说课不仅要解答教什么、怎么教的问题，还要解答为什么这么教的问题。首先要对教学内容进行分析，分析教学重点，陈述预期学习目标；然后要结合学情分析，可以围绕学生先前的知识技能和学习动机、学生思维认知、学习困难，说明自己如何教、学生怎样学。运用教材及相关教育科学理论，阐述自己的教学构想，对选择运用的教学方法和手段、教学交互活动设计进行分析，介绍课堂组织措施及板书设计。说课要做到内容充实、结构清晰，说主不说次、说大不说小、说精不说粗。

4.3 "学会育人"相关表格填写指南

"学会育人"相关表格共 4 份。要求内容充实、语句通顺，对班主任工作的认识和感悟发自内心，不是简单的拷贝，有自己的认识和思考，感悟有深度。具体填写指南如下：

表 5：

充分认识班主任工作的重要性，从思想素养、道德素养、知识素养、能力素养和心理素养五方面对班主任应具备的基本品质开展学习和交流。对班主任工作的内容、过程、方法和规律的了解要全面，体会班主任工作的意义和作用。同时反思与自己所学的教育学、心理学、班级管理等专业理论的差距和今后应努力的方向。要求语句通顺，学习和感悟发自内心，不是简单的拷贝，有自己的认识和思考。

表 10：

进一步学习优秀班主任为人师表和无私奉献的精神及其强烈的责任感，重点学习、总结他们的德育工作经验和教育策略，比如：优秀班主任是如何开展班集体建设促进良好班风学风的形成？优秀班主任在班级常规纪律管理和学习管理方面运用的工作策略有哪些？优秀班主任是如何解读学生的？对学生问题行为的辅导他们遵循的原则是什么？个别教育的方法和策略有哪些？碰到某些班级突发事件时他们是如何应对的？等等。反思与自己所学的教育学、心理学、班级管理等专业理论的差距和今后应努力的方向。要求语句通顺，学习和感悟发自内心，不是简单的拷贝，有自己的认识和思考。

表 17：

班(团)活动设计方案一般包括以下内容：活动名称、活动目的、活动班级、活动时间、活动地点、主持人、参与人、活动内容与形式、活动步骤与过程。班(团)活动内容要切实面对学生身心发展特点和思想发展水平、班级存在的实际问题，或针对学校或社会上各种有影响的现象，要有明确的教育性。采取灵活多样、新颖活泼的形式，要符合学生年龄特点。设计、动员、准备、实施、总结等环节都要做细致安排，最大限度地调动全体学生的积极性。

表 24：

访谈对象可以是见习学校的学生，也可以是帮助辅导的学生。可以结合使用观察法、谈话法、书面资料分析法，了解学生的特点、优缺点、学习态度、情绪、表达能力与注意力，弄清他们对各科学习的兴趣，对待分数及学习中成功与失败的态度，了解学生的思想情况、情感、社会性发展等。介绍了解学生的方法和简单经过，描述了解的结果。对发现的问题要有分析，以及列举可以采取的相应帮助。尊重学生、爱护学生，学会了解学生的心理特点与思想动向，体会教师谈话技巧，尝试走进学生的心灵世界。

第五节　教学案例及点评

英语师范生填写的《教育见习手册》的质量好坏是评价师范生教育见习课程最终成绩的重要依据。《教育见习手册》作为评价依据，杜绝了师范生见习点卯充数的弊端。《教育见习手册》填写情况不仅能反映出学生对待见习课程的态度，还能反映出学生各方面的基本素质，如中英文表达能力、阅读的广泛度、对教师职业的认同感、道德价值观、观察能力、思考深度、理论结合实际的能力等。在此选取 10 个案例，包括《中小学教师职业道德规范》学习心得、教师角色体验感悟、英语课程标准学习发言、教学理论学习心得、学习名师心得体会、课堂观察记录、教案设计、说课设计、微课设计、海外见习小结各一份，来展示近几年部分优秀学生的见习学习成果，文后均有教师点评，以期对后学者和兄弟院校英语师范专业的师生有所启迪和帮助。

5.1　学生教师职业道德规范学习心得及教师点评

《中小学教师职业道德规范》学习心得

朱同学

《师说》有云："师者，所以传道、授业、解惑也。"教书育人是对教师职责最好的概括。

教书，是教师最基本的职责。首先，教师不仅需要掌握大量的学科知识，更需要具有教育理念、具备职业道德。一方面，教师要热爱自己的职业，树立符合教育教学规律和社会发展要求的教育理念，并对其有自己的研究和思考；另一方面，教师要热爱自己的学生，做到遵循教育规律，实施素质教育，循循善诱，诲人不倦，因材施教。其次，教师在教书的过程中要注重启发引导，培养学生学习的兴趣，使学生产生内在的学习自觉，并引导学生养成自主学习和独立思考的能力，最大限度地发展自己。

而育人，则是教师最重要的职责。教师不应甘为"教书匠"，而应该成为人类灵魂的"工程师"。除了向学生传授学科知识与先进文化，教师还承担着塑造灵魂、塑造生命、塑造人的时代重任。帮助学生树立正确的世界观、人生观和价值观，进而完善学生人格，让学生拥有正确的为人处世态度，最终成长为一个对社会有所贡献的人是教师义不容辞的责任和使命。

教与学，是相辅相成、相互促进又相互制约的两个活动。教即教师授教，但学分为两种：一种是学生的"学"，另一种则是教师的"学"。教师的"教"受学生的"学"所制约。教师必须遵循学生认知发展规律、了解学生身心发展特点，以学生"学"的成果为参照合理地改善教学方法，做到最大限度的授教。而教师的"学"则能促进教师的"教"。终身学习不仅能帮助教师更好地解决工作中遇到的新问题、满足其生存和发展的需求，还能使教师得到更大的发展空间，从而更好地实现自身价值。

对于未来的教学工作，我抱有积极的态度。与初次站上讲台相比，现在的我获取了更多的教学理念与教育经验，因而对未来也更有信心。从学生时代走来，我能体会学生们的心情。对待学生我认为应该做到公平公正、关心爱护全体学生、尊重学生人格，不以分数成绩作为评价学生的唯一标准。以我的学习经历为例。在高二选课的时候，面对考试从来没有及格过的我突然表示想选历史，我的老师并没有否定我，而是告诉我说："你虽然成绩不好，但是态度认真，保持这个态度继续下去一定可以取得好成绩。"是老师的鼓励给予了我选择历史的信心，是老师的期望让我拥有了努力学习的动力，也是老师的支持使我最终以满意的成绩作为回报。这才是一名真正的老师。成绩不是评价学生的唯一标准，教师更应看到学生的成长和发展。我想成为我的历史老师那样的教师，尊重每一位学生，做学生的良师益友。

世界上没有两片完全相同的叶子，世界上也不可能有两个完全相同的人。面对班级里性格迥异、各有所长的学生，教师应该做到因材施教，根据学生不同的个性进行针对性、创新性的培养，正确发挥学生的身心优势和特长，并帮助学生克服自己的身心弱势，使每个学生都能扬长避短，获得最佳发展。

总之，教师职业道德规范是帮助师范生成为一名优秀教师的阶梯。作为一名英语师范专业的学生，我会认真学习教师职业道德规范，通过对专业课程的学习和教育实践提升自己的能力，恪守教师的职业操守，努力成为一名受学生喜爱的良师益友。

☞ **教师点评：**

朱同学的《中小学教师职业道德规范》学习心得脱颖而出，给人留下深刻的印象。该学习心得没有简单地板起面孔抄写《中小学教师职业道德规范》中的字句，而是将其内化，然后用自己的流畅通达的文字表达出来，给人以春风拂面的感觉。朱同学以《师说》引文为开篇，体现了良好的古文功底，表达了中国教育深厚的传统底蕴。通过对"教书匠"和"人类灵魂的工程师"的对比，朱同学提出教师自身道德修养和教书育人的重要性，并对"教"和"学"的关系作了清晰的辨析，进而提出教师自身不仅要"教"，还要终身学习、不断发展的重要性。朱同学还结合自身经验，列举了对自己产生重要影响的中学历史老师的故事。这个例子说明教育需要走心，教育不是简单的知识传递，而是精神、信念和爱的传递。朱同学还通过"没有两片相同的叶子"来说明人的个体差异与个性化教育的重要性。《中小学教师职业道德规范》是对教师从业者的道德规范的底线要求，而优秀的教师一定要从更高的境界来展示教师的职业操守和道德情操。朱同学的学习心得展示了一位对教师职业有较深刻认识，并立志成为卓越教师的优秀师范生的思想和道德精神境界。

（点评教师：卢敏）

5.2　学生教师角色体验感悟及教师点评

教师角色体验感悟
顾同学

提到教师的角色，从古至今有过很多的经典描述，既有"蜡烛、春蚕、园丁、人梯"等传统美誉，也有"导师、母亲、朋友、合作者"等崭新形象。为了完成教育使命，我们的教师角色越来越多，并且越来越丰富。

1. 由"权威"向"非权威"转变

我们应该允许在某些知识领域有不懂的问题而不是绝对的权威。教师可以向学生学习，可以向学生承认自己不懂的问题，可以请学生帮助老师解决教学中的疑难，让学生消除学习的"神秘感"。教师不应该以"知识的权威"自居，而应该与学生建立一种平等的师生关系，让学生感受到学习是一种平等的交流，是一种享受，是一种生命的呼唤。

2. 由"指导者"向"促进者"转变

教师要成为学生学习的促进者，而不仅仅是指导者，要变"牵着学生走"为"推着学生走"，要变"给学生压力"为"给学生动力"，用鞭策、激励、赏识等手段促进学生自主发展。

3. 由"导师"向"学友"转变

我们倡导专家型教师，但不提倡教师站在专家的高度去要求学生。教师要有甘当小学生的勇气，与学生共建课堂，与学生一起学习，一起快乐，一起分享，一起成长。教师不仅要成为学生的良师，更要成为学生的学友。

4. 由"灵魂工程师"向"精神教练"转变

长期以来，人们把教师比作"人类灵魂的工程师"。其实教师不应该做学生灵魂的设计者，而应该做学生灵魂的铸造者、净化者。教师要成为学生"心智的激励唤醒者"而不是"灵魂的预设者"，要成为学生的"精神教练"。

5. 由"信息源"向"信息平台"转变

在传统的教学中，教师成为学生取之不尽的"知识源泉"，缺乏师生互动，更缺乏生生互动。在新课程中，教师不仅要输出信息，而且要交换信息，更要接受学生输出的信息。教师要促成课堂中信息的双向或多向交流，因而教师要成为课堂中信息交换的平台。

6. 由"一桶水"向"生生不息的奔河"转变

我们曾经认可教师要教给学生一碗水自己就必须有一桶水的观点。然而随着时代的变化，知识经济时代已经到来，教师原来的一桶水可能已经过时，这就需要教师的知识随着时代的变化而不断更新，需要教师成为"生生不息的奔河"，需要教师引导学生去"挖泉"，即挖掘探寻，以寻到知识的甘泉。

7. 由"挑战者"向"应战者"转变

新的课堂不能仅仅是教师向学生提出一系列的问题，让学生解决问题。它要求教师引导学生自己去提出问题，因为提出问题比解决问题更重要。学生向教师提出问题，便是对教师的挑战。开放的课堂中教师随时可能接受学生的挑战，而成为应战者。

8. 由"蜡烛"向"果树"转变

中国的传统文化把教师比作"春蚕""蜡烛"。不管是春蚕还是蜡烛，它们总是作为奉献的客体而毁灭掉主体。新时代的教师不能再做"春蚕"或"蜡烛"，在照亮了世界或吐尽了芳丝后就毁灭掉自己；而应该在向社会奉献的同时不断地补充营养，成为常青的"果树"。

9. 由"园丁"向"人生的引路人"转变

"园丁"是令人尊敬的。但"园丁"又是令人遗憾的，因为园丁把花木视作"另类生命"。园丁在给花木"浇水、施肥"的同时，还要给它们"修枝""造型"，他们是按照自己的审美标准把花木塑造出来供人们欣赏。在园丁看来不合自己情趣的"歪枝""残枝"是可以被"判死刑"的，他们可以随意"修剪"，可以培育出以曲为美的"病梅"。然而教师与学生的生命同源，教师应该允许学生的缺点存在，应该允许奇才、偏才、怪才、狂才的发展。教师应该给学生的成长引路，给学生的人生导向，而不是限制学生的发展空间，更不能给不服自己管教的学生或有某种缺陷的学生"判死刑"。教师应该多一些爱心，多一些对"问题学生"的理解与关怀，将学生的缺点当作财富而施教，因为它可能使你成为教育家——没有任何一个教育家不是因为对问题学生的教育获得成功而成为真正的教育家的。

☞ **教师点评：**

顾同学的教师角色体验感悟令人耳目一新。顾同学结合现代社会特点和人才培养新要求，大胆提出教师角色9大转变思路：由"权威"向"非权威"转变、由"指导者"向"促进者"转变、由"导师"向"学友"转变、由"灵魂工程师"向"精神教练"转变、由"信息源"向"信息平台"转变、由"一桶水"向"生生不息的奔河"转变、由"挑战者"向"应战者"转变、由"蜡烛"向"果树"转变、由"园丁"向"人生的引路人"转变，不禁令人赞叹。中国具有古老的文明和深厚的教育传统，中国社会向来尊师重教，但是总体而言，教师都是奉献、清贫的形象。然而随着现代社会的发展，教师的形象和社会地位已发生了重大变化，做"幸福的教师"是当代社会对教师职业的新描述和新期盼。顾同学提出的教师角色9大转变思路无疑呼应了这点，其转变的阐述尤其令人为之一振，对"病梅"的批评具有重要惊醒意义。随着人工智能的发展，传统的教育方式和培养人才理念的弊端逐渐显露，如工业产品一般规格整齐的人才将被机器所替代，而掌握冷门绝学的人才才是社会急需人才。同时教师职业不被机器所代替的关键在于教师具备机器无法拥有的情感、创造力和批判性思维。

（点评教师：卢敏）

5.3 学生英语课程标准学习发言提纲及教师点评

英语课程标准学习发言提纲
凤同学

我认真学习了《普通高中英语课程标准》(2017年版)，我的发言将围绕学科四项核心素养的含义和相互关系、《普通高中英语课程标准》修订的三大变化、构成课程标准的六要素的具体内容和相互关系、指向核心素养的活动观和学业质量标准的内涵展开。

一、学科四项核心素养的含义和相互关系

学科核心素养是学科育人价值的集中体现，是学生通过学科学习而逐步形成的正确价值观、必备品格和关键能力。英语学科核心素养主要包括语言能力、文化意识、思维品质和学习能力。

语言能力指在社会情境中，以听、说、读、看(viewing)、写等方式理解和表达意义的能力，以及在学习和使用语言的过程中形成的语言意识和语感。英语语言能力构成英语学科核心素养的基础要素。英语语言能力的提高包括文化意识、思维品质和学习能力的提升，有助于学生拓展国际视野和思维方式，开展跨文化交流。

文化意识指对中外文化的理解和对优秀文化的认同，是学生在全球化背景下表现出的跨文化认知、态度和行为取向。文化意识体现英语学科核心素养的价值取向。文化意识的培育有助于学生增强国家认同和家国情怀，坚定文化自信，树立人类命运共同体意识，学会做人做事，成长为有文明素养和社会责任感的人。

思维品质指思维在逻辑性、批判性、创新性等方面所表现出的能力和水平。思维品质体现英语学科核心素养的心智特征。思维品质的发展有助于提升学生分析和解决问题的能力，使他们能够从跨文化视角观察和认识世界，对事物做出正确的价值判断。

学习能力指学生积极运用和主动调适英语学习策略、拓宽英语学习渠道、努力提升英语学习效率的意识和能力。学习能力构成英语学科核心素养的发展条件。学习能力的培养有助于学生做好英语学习的自我管理，养成良好的学习习惯，多渠道获取学习资源，自主、高效地开展学习。

四大核心素养是互相影响、互相促进的整体，其中语言能力是基础要素，文化品格是价值取向，思维品质是心智保障，学习能力是发展条件。英语学科核心素养的形成，要将培养的总目标从强调培养学科知识与技能的综合运用能力转为培养具有中国情怀、国际视野和跨文化沟通能力的社会主义建设者和接班人。

二、《普通高中英语课程标准》修订的三大变化

1. 课程宗旨的变化

近年来，国际和国内社会、经济、科技及信息技术和文化教育的快速发展对未来人才培养提出了新要求。特别是核心素养概念的提出，反映了未来人才培养的共识。基础教育作为国家基石性教育，首先要回答的是培养什么人和如何培养人的问题；真正高质量的教育是培养学生适应终身发展和未来社会所需要的正确的价值观念、必备品格和关键能力，即核心素养。新时期的教育目标不是培养应试能力，也不是单纯的学科知识和技能，而是培养具有人文底蕴、科学精神的文化基础，学会学习、健康生活的自主发展能力和有责任担当、实践创新的社会参与意识。培养核心素养的目的是为个体一生的发展打基础，为社会所需各类人才的培养打基础。

《普通高中英语课程标准》(2017 年版) 以立德树人为宗旨，力求构建并优化与其协调一致的课程目标、课程结构、课程内容、教学方式和课程评价，以确保学科育人计划能够有效落地，基础教育课程的使命也才得以完成。

2. 课程目标的变化

修订后的高中英语课程目标，从"综合语言运用能力"转向了英语学科核心素养。在"课标实验版"中，综合语言运用能力由五个要素构成，即语言技能、语言知识、情感态度、学习策略和文化意识。这五个要素共同对综合语言运用能力形成影响。但是，这一目标未能脱离学科本位的思路，各要素如何协同对综合语言运用能力产生影响并不清晰，"课标实验版"也未能提供具体且可操作的实施途径。《普通高中英语课程标准》(2017 年版)基于国际、国内有关核心素养研究的最新研究成果，结合我国课程改革的现状和问题，重新优化整合了原有的课程目标，提出了由语言能力、文化意识、思维品质和学习能力四要素构成的英语学科核心素养目标。在这一目标中，语言能力的发展带动并渗透对文化意识、思维品质和学习能力的发展，而文化意识、思维品质和学习能力的发展又反过来促进语言能力的进一步提升。

英语学科核心素养超越了综合语言运用能力的局限，将语言、文化和思维有机地融合起来，为实现立德树人和学科育人构建了具体可行的学科目标。在英语学科核心素养的四个要素中，语言能力构成英语学科核心素养的基础要素，文化意识体现英语学科核心素养的价值取向，思维品质体现英语学科核心素养发展的心智特征，学习能力构成英语学科核心素养发展的重要条件和保障。核心素养目标的确定，为学科育人指明了方向。但是课程改革是一个系统工程，目标的实现需要依托合理的课程结构、精选的课程内容、有效的实施途径和系统、可操作的评价模式。

3. 课程结构的变化

发展学生的英语学科核心素养需要科学合理的课程结构作为保障。课程结构设计来自两个依据：其一是修订后的《普通高中课程方案》(2017 年版)对高中课程的定位，其二是对十几年来高中英语课程改革的现状和课程实施中的问题的分析。

《普通高中课程方案》(2017 年版)，对高中教育的定位是"在义务教育基础上进一步提高国民素质、面向大众的基础教育，任务是促进学生全面而有个性地发展，为学生适应社会生活、高等教育和职业发展做准备，为学生的终身发展奠定基础"。从高中课程的发展现状看，经过十几年的努力，高中英语已经普及，但各地英语教育资源不均衡，导致区域间学生英语水平差异较大。此外，英语学习需求多元化，单一的课程结构和统一的学业要求已无法满足学生的个性发展需求。要解决以上问题，课程结构的设计需要考虑如何在确保学生形成共同基础的同时，有效促进其个性的发展。为此，《普通高中英语课程标准》(2017 年版)提出要优化课程结构与学分要求，减少必修学分，合理控制必修课程学习难度，适当增加选择性必修学分，以满足高中生多元发展的需求，实现轻负增效。此外，根据国家和教育发展的需要，《普通高中课程方案》(2017 年版)还重新规划了外语语种。在英语、日语、俄语的基础上，增加了德语、法语和西班牙语，鼓励学校在确保开好一门外语的基础上，创造条件开设两种或多种外语供学生选择。

三、构成课程标准的六要素的具体内容和相互关系

英语课程内容是发展学生英语学科核心素养的基础，包含六个要素：主题语境、语篇类型、语言知识、文化知识、语言技能和学习策略。主题语境涵盖人与自我、人与社会和人与自然，涉及人文社会科学和自然科学领域等内容，为学科育人提供话题和语境。语篇类型包括口头和书面语篇以及不同的文体形式，如记叙文、说明文、议论文、应用文、访谈、对话等连续性文本，以及图表、图示、网页、广告、漫画等非连续性文本，为语言学习提供文体素材；语言知识涵盖语音知识、词汇知识、语法知识、语篇知识和语用知识，是构成语言能力的重要基础。语言技能分为理解性技能和表达性技能，具体包括听、说、读、看、写等，学生基于语篇所开展的学习活动即基于这些语言技能，理解

语篇和对语篇做出回应的活动。文化知识指中外优秀人文和科学知识，既包含物质文明知识，也包含精神文明知识，是学生形成跨文化意识、培养人文和科学精神、坚定文化自信的知识源泉。学习策略包括元认知策路、认知策略、交际策略情感策略等，有效选择和使用策略是帮助理解和表达、提高学习效率的手段，是学生形成自主学习和终身学习能力的必备条件。

课程内容的六个要素是一个相互关联的有机整体。具体而言，所有的语言学习活动都应该在一定的主题语境下进行，即学生围绕某一具体的主题语境，基于不同类型的语篇，在解决问题的过程中，运用语言技能获取、梳理、整合语言知识和文化知识，深化对语言的理解，重视对语篇的赏析，比较和探究文化内涵，汲取文化精华。同时，尝试运用所学语言创造性地表达个人意图、观点和态度，并通过运用各种学习策略，提高理解和表达的效果，由此构成六要素整合、指向学科核心素养发展的英语学习活动观。

四、指向核心素养的活动观

英语学习活动的设计应以促进学生英语学科核心素养的发展为目标，围绕主题语境，基于口头和书面等多模态形式的语篇，通过学习理解、应用实践、迁移创新等层层递进的语言、思维、文化相融合的活动，引导学生加深对主题意义的理解，帮助学生在活动中习得语言知识，运用语言技能，阐释文化内涵，比较文化异同，评析语篇意义，形成正确的价值观和积极的情感态度，进而尝试在新的语境中运用所学语言和文化知识，分析问题、解决问题，创造性地表达个人观点、情感和态度。

具体而言，学习理解类活动主要包括感知与注意、获取与梳理、概括与整合等基于语篇的学习活动，如：教师围绕主题创设情境，激活学生已有的知识和经验，铺垫必要的语言和文化背景知识，引出要解决的问题。在此基础上，以解决问题为目的，鼓励学生从语篇中获得新知，通过梳理、概括、整合信息，建立信息间的关联，形成新的知识结构，感知并理解语言所表达的意义和语篇所承载的文化价值取向。

应用实践类活动主要包括描述与阐释、分析与判断、内化与运用等深入语篇的学习活动，即在学习理解类活动的基础上，教师引导学生围绕主题和所形成的新的知识结构开展描述、解释、分析、判断等交流活动，逐步实现对语言知识和文化知识的内化，巩固新知识结构，促进语言运用的自动化，助力学生将知识转化为能力。迁移创新类活动主要包括推理与论证、批判与评价、想象与创造等超越语篇的学习活动，即教师引导学生针对语篇背后的价值取向或作者态度进行推理与论证，赏析语篇的文体特征与修辞手法，探讨其与主题意义的关联，批判、评价作者的观点，加深对主题意义的理解，进而使学生在新的语境中，基于新的知识结构，通过自主、合作、探究的学习方式，综合运用语言技能，进行多元思维，创造性地解决陌生情境中的问题，理性表达观点、情感和态度，体现正确的价值观，实现深度学习，促进能力向素养的转化。

英语学习活动的设计应注意以下几个问题：(1)情境创设要尽量真实，注意与学生已有的知识和经验建立紧密联系，力求直接、简洁、有效；(2)教师要善于利用多种工具和手段，如思维导图或信息结构图，引导学生通过自主与合作相结合的方式，完成对信息的获取与梳理、概括与整合、内化与运用，教会学生在零散的信息和新旧知识之间建立关联，归纳和提炼基于主题的新知识结构；(3)教师要善于提出从理解到应用、从分析到评价等有层次的问题，引导学生的思维由低阶向高阶稳步发展，同时，教师要启发学生积极参与针对语篇内容和形式的讨论和反思，鼓励学生围绕有争议的话题有理有据地表达个人的情感与观点；(4)在情境创设中，教师要考虑地点、场合、交际对象、人物关系和交际目的等，提示学生有意识地根据语境，选择恰当的语言形式，确保交际得体有效；(5)教师要根据所学主题内容、学习目标和学生经验等，选择和组织不同层次的英语学习活动。

五、学业质量标准的内涵

学业质量是学生在完成本学科课程学习后的学业成就表现。学业质量标准是以本学科核心素养及其表现水平为主要维度，结合课程内容，对学生学业成就表现的总体刻画。依据不同水平学业成就表现的关键特征，学业质量标准明确将学业质量划分为不同水平，并描述了不同水平学习结果的具体表现。高中英语学业质量以学生在语言能力、文化意识、思维品质和学习能力等方面的核心素养为基础，结合高中英语课程的内容以及高中学生英语学习的进阶情况，重点描述了高中学生在特定问题情境中运用英语解决问题的能力和表现。

高中英语学业质量标准既是指导教师开展日常教学的依据，也是阶段性评价、学业水平考试和高考命题的重要依据。比如，高中英语学业质量水平中，水平一主要用于检测必修课程的学习结果，是高中学生在英语学科应达到的合格要求，也是高中英语学业水平考试命题的主要依据。

努力发挥学生的主观能动性，让他们得到更多的实践机会去加深对于外语文化的了解，提高他们的综合实力。我相信这样下去中国的英语教育会变得越来越好！

☞ **教师点评：**

凤同学对 2017 年版《普通高中英语课程标准》的学习非常深入细致。这篇发言提纲已经不再是纲要，而是发言全文，从存档的角度来说，非常完整地再现了小组或班级会议讨论时的发言内容，值得提倡。凤同学从学科四项核心素养的含义和相互关系、《普通高中英语课程标准》(2017年版)的修订、构成课程标准的六要素的具体内容和相互关系、指向核心素养的活动观和学业质量标准的内涵五方面阐释了他对2017年版课标的把握和理解，重点突出、理解到位，并体现了较强的逻辑思维能力。凤同学的发言稿有两大优点：

第一，对课程标准的作用和意义的理解到位。课程标准是国家根据课程计划以纲要的形式编定的有关某门学科的内容及其实施、评价的指导性文件，其作用是教材编写、教学、评价和考试命题的依据，是国家管理和评价课程的基础，对教师工作有直接的指导意义。因此学习课程标准，首先要熟练掌握课程标准中的术语，并正确运用，以此体现出对课程标准的作用和意义的理解和把握准确、到位。

第二，从课程宗旨、课程目标和课程结构三方面认真梳理了2017年版课标的更新和修订之处，通过对比的方式，发现高中英语教学与时俱进、不断自我修正完善的特点，而这些变化与全球格局变化、强调中国立场、发挥英语学科育人价值等密切相关，打开了语言学习和教育的新视野，值得师范生认真体悟并运用到自己的学习和教学实践中去。

发言不足之处是学业质量标准的内涵部分仓促结束，可能是考虑到发言时间有限，也可能是尚无真正的教学经验，对学业质量标准内涵无法进行更深入的挖掘。相信凤同学在未来的教学实践中会在此方面进行更深入的研究。

（点评教师：卢敏）

5.4　学生教学理念学习心得及教师点评

教学理念学习心得

陆同学

我学习到的教学理念是要以学生的进步和发展为宗旨，"以生为本"教学有效与否，要通过学生来体现。新一轮课程改革提出，要转变以往以教师为主体进行知识传授的模式，改为"以学生为本"或"以学生为主体"，教师为主导的模式，充分体现对学生这一群体的重视，这是确保教学目标实现的前提。

人本学派强调人的尊严、价值、创造力和自我实现，把人的本性的自我实现归结为潜能的发挥，而潜能是一种类似本能的性质。人本主义最大的贡献是看到了人的心理与人的本质的一致性，主张心理学必须从人的本性出发研究人的心理。

"以学生为本"或"以学生为主体"，是在教学活动中以学生为主，教师的作用是负责组织、引导、帮助和监控，引导学生学会认知、学会做事，让学生经历获取知识的过程，关注学生各种能力的发展，促进其知识与技能、过程与方法、情感态度与价值观的全面发展，建立学生自主探索、合作学习的课堂模式，创设和谐、宽松、民主的课堂环境。

　　教师必须树立学生的主体地位，应该在教学中有效地关注学生的发展，树立一切为了学生发展的思想，在教学活动中促进学生全面发展、主动发展和个性发展。因此，教学活动必须建立在学生的认知发展水平和已有的知识经验及生活经验的基础上，教学活动的素材应有利于激发学生的学习积极性，同时，通过有效的教学活动的开展，向学生提供充分使用英语进行活动的机会，帮助他们在自主探索和合作交流的过程中真正理解和掌握基本的英语知识与技能、英语学习方法，获得广泛的英语活动经验。

　　人本主义的实质就是让人领悟自己的本性，不再倚重外来的价值观念，让人重新信赖、依靠机体估价过程来处理经验，消除外界环境通过内化而强加给他的价值观，让人可以自由表达自己的思想和感情，由性地健康发展。

　　教师应当将追求学习结果转向追求学习过程，真正把学生当成获取知识、发展自我的主人。"一切为了学生，为了学生的一切，为了一切学生"，切实构建"以学生为中心"的主体观。

　　以学生为本，以学生的全面发展为本，以全体学生的全面发展为本，其核心是解决好培养什么人、怎样培养人的重大问题，重点是面向全体学生，促进学生全面发展，着力提高学生服务国家服务人民的社会责任感、勇于探索的创新精神和善于解决问题的实践能力。

　　初中英语学科教学是初中阶段整体教育中的重要组成，升学考试对于英语学科成绩的关注也导致英语教学质量提升的紧迫感极为明显。素质教育的提出以及新课改的不断深入虽然为初中英语教学改革和创新提供了有效契机，但初中英语教学整体质量偏低，教学模式僵化等问题尚未得到明显解决。生本教育理念与时下基础教育阶段教学活动间可以进行较好融合，如何将生本教育理念融入初中英语教学之中自然是值得思考的现实问题。

　　情境教学是当前较为新颖的一种创新教学法，生本教育理念在初中英语教学中的应用也适用于情境教学法，并可借助特定教学情景的创设帮助学生更好进行自主学习。课堂教学期间，教师可以创设相对轻松的教学环境，从而使得学生能够在相对轻松的环境下学习英语知识。例如，教师可以借助多媒体教学设备进行教学情境的创设，并依托社交情境进行口语会话知识的讲授。在阅读与写作相关知识讲授中，教师则可以在课堂教学中创设自主学习的环境，并要求学生在框架内进行阅读和写作尝试，进而不断挖掘出学生在英语知识学习上的积极性和自主性。

　　单纯依托教材对初中生进行英语教学带有明显的局限性。生本教育理念下，初中教师有必要让学生接触到更多的英语知识。英语本身是一种应用属性极为明显的语言类型，学生越了解英美文化以及英语表达习惯等课外知识，其进行英语知识学习的难度就越低，初中阶段英语教师进行英语课外知识的普及和讲解也能为学生在未来时间里接受更高层级的教育打下基础。因此，在顺利推进常规教学计划的基础上，初中英语教师需要在课堂教学时间内进行一定程度的课外知识引申，从而让学生对英美文化等基础性课外知识有更好掌握。

初中英语教师在教学中对于整体教学的影响不容小觑。教师需要加深对生本教育理念的了解，并积极地将生本教育理念融入实际教学之中。值得注意的是，初中不同年级在英语教育教学上的状况不尽相同，生本教育理念在初中英语教学中的运用也需要遵从教育教学实际。只有将生本教育理念融入初中英语教学实践活动之中，生本教育理念对于初中英语教学发展的积极影响和作用才能更为淋漓尽致地发挥出来。

☞ **教师点评：**

陆同学对"以生为本"的教学理念有了初步的了解，对"以生为本"的教学理念作了一定的阐述，并且结合初中英语教学，提出了一些能具体体现"以生为本"教学理念的方法，如情景教学和文化知识教学，并倡导英语教师将生本教育融入自己的教学中。

陆同学对"以生为本"教育理念的理论学习还需要加强，需要阅读"以生为本"教育思想家的原著，厘清"以生为本"教育理念的发展脉络，如杜威（John Dewey，1859—1952）和人本主义心理学家的思想和观点等。"以生为本"即以学生为中心，其思想源于美国教育家杜威的"以儿童为中心"的教育理念。杜威反对在教育工作中采用以教师为中心的做法，主张以儿童为中心组织实施教学，发挥儿童学习主体的主观能动作用，提倡在"做中学"。人本主义代表人物是亚伯拉罕·马斯洛（Abraham Harold Maslow，1908—1970）、卡尔·罗杰斯（Carl Ransom Rogers，1902—1987）和罗洛·梅（Rollo May，1909—1994），他们都是从心理学的角度来探讨有效的教育观念和方法。杜威的思想和人本主义代表人物的思想有很多契合和呼应之处。

"教师为中心"和"学生为中心"是古今中外教育问题中的一个跷跷板式的辩题，至今没有绝对答案，它随着社会和时代的发展，表现出某一头高某一头低的情况。老师和学生是教学相长的学习共同体。相信陆同学在今后系统的教育理念学习过程中，会懂得理论学习的重要性，教育理论原著阅读的重要性和理论指导教学实践的重要性，在未来的教学工作中挖掘和探索更多行之有效的"以生为本"的英语教学方法。

（点评教师：卢敏）

5.5　学生学习名师心得体会及教师点评

学习名师心得体会

陶同学

何亚男老师，从 1965 年就开始参加教育工作，是上海市英语特级教师、特级校长，获全国中小学外语教师园丁奖，被评为上海市劳动模范、上海市三八红旗手、上海市建国六十年百名杰出女教师。通过搜集资料，我惊喜地发现她也是上海师范大学的校友之一，从她的故事中，我看到了一位骨干教师从零开始的慢慢蜕变，这也正是我们师范生从现在开始到真正站上三尺讲台需要经历的，也给我带来了极大的鼓舞和启发。

一、努力融入教师角色

何亚男老师第一次上讲台时，她夹着备课本站在教室门口，看着全班的学生就是迈不开脚步。后来她站在讲台前，努力克服内心的胆怯，45 分钟的课只花了一刻钟就讲完了，只得让学生一遍又一遍地读课文，直至下课。

在第一节课之后，她开始跟着老教师听课学习。她自己学着备课，学着从教师的角度去审视教材，设计 45 分钟的课堂教学活动，学着在黑板上写大大的字体，学着在讲台上大声地讲课，学着批改作业，学着做班主任，学着家访，学着组织班级活动，学着处理班级中的各种问题。

从学生到老师的转变，绝不是一蹴而就的，在身份转变的那一刻起，在面对局促和茫然时，我们唯一能做的就是全身心地学习如何成为一名老师，努力融入教师角色。刚开始从事教学时，何老师报名参加了大学英语四级辅导的助教志愿者活动，在线上给来自其他学院的大一新生补习英语。没有任何教学经验的她是紧张的、茫然的，也是充满怀疑的。上第一节课时，语速也是不自觉地加快，频繁让同学们在聊天区里扣 1 来舒缓她心中的不安。几周后，她学习放慢语速，合理安排，让一节 90 分钟的课过得充实，了解同学们的学习需求，努力融入一个小老师的角色。

二、不断提升英语水平

何亚男老师自己购买最新的英语词典和英语书籍，如饥似渴地自学教材。为了能做一名合格的教师，她先后在上海教育学院半脱产完成专科学业，在上海师范大学"中师班"完成本科学习。因为记忆力已远不如班级中的年轻人，她每天听课时努力地记笔记，课后整理笔记，做好预复习，认真地练习写作文，反复模仿磁带录音完成语音作业，上床后还要再读几遍。她还抓住了一切可能的机会进修，提高口语能力，比如多次利用暑假参加英语口语班，参加上海教育学院举办的主要由外籍教师任教的"华夏班"——英籍教师教英语阅读与写作，美籍教师教英语口语。

三、拓宽自身国际视野

何亚男老师在 47 岁时除了参加美国华盛顿州 Puyallup 学区的教师交流合作项目，完成两个班级的上课任务以外，她还抓紧时间观摩学习。这些文化交流活动使她了解了美国的基础教育，开阔了视野，对她日后进行英语教学的探索和学校课程的建设，都起到了重要的作用。

　　如果可能，作为大学生的我们，也非常希望能参加类似的交流项目。处于这样的环境中，我们不仅能够切实提高英语交际能力，极大地拓宽视野，还能够学会以开放的头脑和积极的态度看待人生和世界，学会沟通与交流。作为英语教师，不仅要将教科书上的内容传授给学生，更需要尽自己所能，带领他们领略语言的魅力和文化的不同，培养他们的全球胜任力。

☞ **教师点评：**

　　陶同学的学习名师心得体会真切细微，内容较充实，全文结构清晰，表达流畅。首先简要介绍何老师的经历，再联系自身谈感想，有自己独立的思考和认识体会，为未来职业发展确定更清晰的方向和目标。何亚男老师致力于英语教学研究四十余年，严谨睿智、求真务实，是中学英语教学的领军人物。何老师的成长经历，也是从青涩走向成熟的，并非高不可攀，这一学习心得减轻了她初为人师的现实冲击所带来的茫然和怀疑，有助于培养职业认同感。另外，何老师孜孜不倦的学习钻研精神激励着陶同学，增强了其学习专业知识的信心和动力。此外，陶同学还明白了拓宽国际视野的重要性，表达了参加国际交流项目的意愿。学习名师的方法很多，除了搜集资料，还可以听名师讲座和访谈，看优秀课例录像，认真体会名师的理想信念、教育理念和模式，领会名师成长的内因和外力。建议陶同学多渠道学习名师，获取"新知识"，补足"短板"，不断完善自我，不断提升各方面的能力水平，做一名合格的人民教师。

（点评教师：顾翡）

5.6　学生课堂观察记录表及教师点评

潘同学课堂观察记录表

执教教师	卢璐	观察年级	八年级	观课时间	2022.5.15
课题	Module 1　　Nature and environment Unit 1　Pollution fighters（1）			课型	阅读课
教学时间 （24分钟）	教学内容与师生活动 **1. Lead-in** Task 1：Label the different parts of a tree.（Word box：leaf, branch, trunk, root, fruit）			随感 1. 利用一个简单配对任务作为导入，通过 visual aids 让学生了解树的结构。	

执教教师	卢璐	观察年级	八年级	观课时间	2022. 5. 15

| 教学时间
(24分钟) | **2. Pre-reading**

1) Think in mind：

　What are these people doing in the picture?

　What job does Dr. Ray probably do?

2) Predict：Guess the meaning of "fighter" in the title.

3. While-reading

1) Read for general ideas（1 min）：

　What does "pollution fighters" refer to?

　What are they mainly talking about?

2) Read for details（Introduction）（20s）：

　Who might be the readers of Judy's project?

　What does Judy want to get from Dr. Ray?

　Can she get all the information she wants from Dr. Ray? Why do you think so?

3) Read for details（Interview）（2 mins）：

　Why is Dr. Ray so interested in trees?

　What information does Judy get from Ray?

　Explain the new words：good（ *n.* ）, communicate with, one another.

　Divide the passage into three parts.

4) Read the interview from Line 1 to Line 24 and tell（1.5 mins）：

　What do trees do for us?

5) Read the interview from line 25 to the end and tell（1 min）：

　What do trees do with one another?

　Why are trees in great danger?

　What do people do to the trees?

　Explain the new words：nasty, chemical, burn, destroy.

4. Post-reading

Homework：

● Copy the new words and phrases you learned in today's lesson. Then read them aloud after the recording and memorize them.

● Complete the sentences with proper words you learned.

● Read the interview aloud after the recording.

● Complete Exercises D1 and D2 on Pages 4 and 5, Student Book. | 2. 通过展示图片来让学生快速了解课文主要人物与话题。

3. 展示词典上单词的多种含义，再讲解标题中单词的含义。

4. 引导学生带着问题进行阅读，在阅读中寻找答案。每一遍阅读时思考的问题逐层深入，带着学生一步步挖掘文章内容。

5. 在回答第二个细节问题的同时进行生词讲解，运用举例该单词在生活情境句子中的用法，用近义词或者直接给定义的方式来进行解释。

6. 锻炼学生的归纳总结能力。

7. 展示答案的同时结合图片来学习新词。 |

续表

执教教师	卢璐	观察年级	八年级	观课时间	2022. 5. 15
板书记录	Interview What information does Judy get from Dr. Ray? ⎰ What good are trees?　★ ⎨ Trees are communicating with one another. ⎱ Trees are in great danger. What good are trees? = How useful are trees? communicate with = share information with one another = each other				板书十分清晰地将课文划分为 three facts about trees。
评课记录	Unit 1 阅读课共分为三讲进行教学，本节课是阅读课的第一讲。卢老师准确把握本节课的教学目标，完成了教学任务。面对一篇新课文的第一讲，卢老师通过布置小任务以及图片展示的方式来活跃学生思维，快速了解课文主题。在带领学生阅读文章这一重要环节上，卢老师每次阅读时都会给出不同问题，通过问题引导学生思考，逐层深入，一步步挖掘文章内容。在分析文章的过程中也运用多种方式进行了生词讲解。最后呼吁同学们要保护树木、保护环境，达到了情感与价值观的引领。				
个人感悟	新课文的引入和导读是至关重要的一步，在带领文章阅读的过程中，如何合理设置问题启发学生思考又是一个关键性问题。要根据学生理解的逐步深入来加深问题的层次，在回答时要通过追问和补问来扎实学生对课文的理解。同时配合新课文的生词教学，要采用多种方式相结合，如使用图片辅助、结合学生已有知识等。				

☞ **教师点评：**

　　由于疫情影响，无法入校见习，潘同学选择观看学习《牛津英语·8B》(牛津上海版) Unit 1 第一课时的空中课堂，由卢老师执教。本节阅读课课堂观察记录完成良好，内容充实，教学环节记录有层次，教学内容具体明确，板书完整，课后总结反思有一定的针对性，但还需更深刻的思考分析。从本观察记录表中可以看出，潘同学抱着欣赏、学习、探究的态度观摩空中课堂，她比较关注卢璐老师的课堂教学设计，能重点观察分析一些有意义的片段，如情境创设、主题导入、词汇教学策略、阅读教学策略、思维品质培养、情感体验和价值观引领。在个人感悟部分，潘同学从教师和学生不同角度积极思考如何促进课堂教学，教师精心设问追问，帮助学生学习理解，更好发挥学生学习的主体作用。建议潘同学观课前认真解读教材，关注单元整体设计以及本节课的教学目标，在记录教学步骤和问题的基础上进一步分析思考：活动问题链设计与目标如何保持一致？表中记录的提问分几类？从读前图片提问到读中、读后问题的设计，卢老师一步步培养了学生怎样的思维能力？同时，还要观察记录卢老师的课堂话语，她是如何做到清晰讲解并启发引导学生阅读思考的？她的语言魅力和教学风格有没有值得学习的地方？空中课堂是优质的教育资源，只有仔细观察记录，认真研磨反思，真实抒写所思所悟，才能为未来的教学实践打下坚实的基础。

（点评教师：顾翡）

5.7　学生教案及教师点评

王同学教案设计

课题	Ideas about the future of our school （《牛津英语·7B》U8）	课型	Listening and speaking	课时	1
教学目标	1. Develop note-taking strategy in listening by drawing a mind map; 2. Use adjectives like "possible/impossible" and "it would be… to… to" make suggestions; 3. Improve speaking skill of giving opinions by illustrating an idea with a reason; 4. Encourage students to think of possible changes in their school for the better.				
教学重点难点	Teaching focus: 1. Achieving listening comprehension through note-taking; 2. Making suggestions by using sentence patterns like "it would be possible/impossible to…" Teaching difficulties: 1. Learning how to present a viewpoint with justification; 2. Showing initiative in changing the school life for a better future.				
教学流程	Pre-listening: 1. Lead-in; 2. Learn some key words. While-listening: 1. Listening task 1 — listen and think; 2. Listening task 2 — listen and take notes;				

课题	Ideas about the future of our school（《牛津英语·7B》U8）	课型	Listening and speaking	课时	1

| 教学流程 | 3. Listen and learn to make suggestions.
Post-listening：
1. Think and say；
2. Brainstorm；
3. Group discussion；
4. Peer assessment. | | | | |

具体教学流程	Steps	Teacher's instruction	Purpose	Assessment
	Pre-listening	**1. Lead-in（4 mins）** Look at the picture and describe it. Questions： ① Who are they? ② What are the possible relationships between them? ③ What were they doing? ④ What were they most likely talking about? （Ask students to observe the content of "bubbles" and "crosses" in the picture; guide students to say that the meaning of "crosses" refers to bad ideas） （*This question will be checked later in while-listening*）	Introduce the topic and get students predict the topic and context of the conversation.	Students can identify the people in the picture and their relationship and tell the possible topic of their conversation.
		2. Learn some key words（6 mins） Those things you have mentioned in the picture are most likely to appear in school. Part 1： Step 1：In pairs, check what our school has. （The table is listed below） Key words（List 1）： Library Swimming pool Homework Computer… Step 2："What changes would you like to see in our school?"	Get students prepared for the necessary words to help overcome listening barriers.	Students can identify the key words listed on the screen and understand prefixes like im-, un-.

续表

课题	Ideas about the future of our school (《牛津英语·7B》U8)	课型	Listening and speaking	课时	1

	Steps	Teacher's instruction	Purpose	Assessment
具体教学流程	Pre-listening	Part 2: Listen to the sentence of some ideas about the future school and decide how you feel about the suggestion by using the key adjective words. Key words (List 2): ① Picture of swimming pool: teaching words of "possible & impossible" and prefix "im-"; ② Picture of sports meeting: teaching words "necessary & unnecessary" and prefix "un-".		
	While-listening	1. Listen and think (3 mins) Now that we have learned the new words, let's listen to the recording. Step 1: Listen to the recording and tick the correct answer. Question: What were they talking about? A. It's about students' suggestion. B. It's about students' idea on the suggestion. Step 2: Listen to the rest of the record to check previous guess.	Make sure students get the main idea so that they can grasp the following detailed information.	Students can infer the main idea from the recording.
		2. Listen and take notes (7 mins) Step 1: Look at the pictures of 7 different types of mind maps and guess what types of note-taking they are. Step 2: Follow the example of the mind map. Listen to the whole conversation and create your own mind map. (See blackboard design) Step 3: Fill in the table on the work sheet using your notes.	Improve students' note-taking ability by teaching them to create a mind map.	Students can identify detailed information, create their own mind map and use it to fill most part of the table.

续表

课题	Ideas about the future of our school (《牛津英语·7B》U8)	课型	Listening and speaking	课时	1

	Steps	Teacher's instruction	Purpose	Assessment
具体教学流程	Post-listening	1. Think and say (4 mins) Look at the pictures and answer questions： ① What can be the suggestion in the picture? ② What do you think of the suggestion? ③ Possible or impossible? Necessary or unnecessary? Nice or difficult?	Practice new sentence patterns and words. Summarize different aspects when making suggestions of improvement.	Students can answer questions according to the pictures and identify different aspects of school improvement.
		2. Brainstorm (8 mins) The school open day is coming. Our school headmaster is collecting suggestions to make our school a better place for studying and living. Brainstorm some possible aspects of school improvement with your partner. (See blackboard design and PPT display)	Shift student's attention from the text context to students' real school life.	Students can think of possible aspects of school improvement.
		3. Group discussion (5 mins) What changes would you like to see in our school? Discuss in groups of 4 and think of at least 3 changes from different aspects. Then complete the work sheet.	Encourage students to think of possible changes in their own school.	At least 3 changes in different aspects should be listed.
		4. Peer assessment (8 mins) Exchange the work sheet between groups and make peer assessment. Steps： ① Tick the change you think that is likely to happen in the future. ② Provide reasonable reasons with sentences given. ③ Complete the table and add the score.	Learn from other group's work. Improve the ability to appreciate and reflect.	Students can assess other group's work by giving oral comments and scoring the work sheet.

续表

课题	Ideas about the future of our school (《牛津英语·7B》U8)	课型	Listening and speaking	课时	1

板书设计	

Ideas about the future of our school

Mind map

What we have:
Playground
Washroom
Computer room
Spring outing...

It would be... to...

possible — more books in library

impossible — swimming pool

difficult — less homework

nice — more computer lessons

What we do not have:
swimming pool
concert → future
gardening class

Braistorm
facilities
activities
courses
...

教学预测及对应策略	In pre-listening, students may find it difficult to predict the topic for lack of observation. In while-listening, "Listen and say" part, students may not be able to answer the questions due to failure in grasping main idea of the recording. In "Listen and take notes" part, students may have difficulty in creating their own mind map. In post-listening, "Think and say" part, some students may make some grammar errors when answering the questions. In "Brainstorm" part, students may not have various ideas and answers are limited. In pre-listening, the teacher can guide students to observe the details of the pictures and find out the implied information. In while-listening, "Listen and say" part, when presenting questions, the teacher should pay special attention to the guidance. If students fail to grasp the main idea in class, the recording can be played again. In picking up students for answering questions, the teacher should give some hints if he/she stumbles in answering. In "Listen and take notes" part, when presenting the method of taking notes, the teacher should give examples for students to know the general steps of creating mind maps. In post-listening, the teacher should correct grammar errors immediately. In "Brainstorm", students' thoughts may be limited due to the lack of experience, the teacher can give some possible aspects to lead students to broaden their minds.

续表

课题	Ideas about the future of our school (《牛津英语·7B》U8)	课型	Listening and speaking	课时	1
小组评议	孙同学评议： In pre-listening, the teacher first introduces the text type and elicit topic-related words. Learning strategies like predicting and connecting are used. Then the teacher teaches some key words. The transition is quite natural and this paves the way for better listening comprehension later. In while-listening, the teacher asks the students to listen to the recording and tick the correct answer. Students can be interested in ticking, but they may just focus on the objects listed on the worksheet and ignore the content on the discourse level. The highlight of this lesson is that the teacher integrates the mind map with note-taking. Through visualizing the text, students can have a clear understanding of how the conversation is organized. The mind map is attracting, which can arouse students' interest in drawing one themselves in real-life studying. It is also a good learning strategy. In post-listening, first the brainstorm, then the group discussion, so post-listening activities are in a logical order.				

☞ **教师点评：**

本案例对文本的主要内容、主旨大意和交际功能三个方面进行分析和描述，为听说教学中的语言输出活动提供了设计依据，同时对主旨大意的准确把握为学科德育目标的确定提供了依据。教学目标的书写能做到具体、可测，并体现课标要求的多元目标的教学设计原理，体现了设计者本人对课程标准中描述的学科核心素养、课程内容的六要素和学习活动观的正确解读并运用于具体教学情境的能力。

教学设计凸显听说课型的特点，合理运用预测策略、可视化策略、批判性阅读策略等，听力活动设计体现了从意义到语言形式再到推测应用的语言教学规律，在培养学生听说能力的同时提升学生的思维品格。教学活动设计已初步具备单元教学意识，能关联本单元已学的内容，做到在已知知识的基础上构建新知识的教学设计，符合建构主义学习理论。教学活动设计形式多样，同时运用思维导图、问题链设计为学生提供有效学习支架，并尝试运用同伴互评的方式对学习目标的达成进行过程性评价。

本教案的亮点还体现在设计者创设教学情境的能力上，从导入环节到应用到迁移创新环节，设计者都能恰当地选择贴近学生生活实际的语境进行活动设计，既能激发学生的学习兴趣，又能做到学以致用，帮助学生树立使用语言的信心。板书设计充分体现了记录学生学习过程和课堂生成的功能，同时凸显本课的教学重点。本教案的另一亮点是增加了同伴点评环节。教案设计者从同伴评价中了解教案设计的优缺点，有助于同学之间的相互学习，共同进步。

（点评教师：吕晓红）

5.8 学生说课设计及教师点评

金同学说课设计

课题	Head to Head(《牛津英语·9A》Unit 3)
说教材	The text is taken from Unit 3 in Oxford English Shanghai Edition for Grade 9 in the fall semester. This text is an argumentation about Emma and Matt's different opinions of keeping a pet dog. The text is written with clear logic and the distinctive features of an argumentation with one thesis statement and several main ideas at the beginning of the paragraphs of the body part and the conclusion paragraph. The text shows a strong contrast by placing Emma's opinion on the left side, while putting Watt's opinion on the right side and the picture can give students a vivid impression and help them understand the text. Learning this text, students can develop their critical thinking of seeing both advantages and disadvantages of raising a pet dog. Besides, students can have a better command of the structure of an argumentation and learn how to write an argumentation by using some transitional words like "first" "second" "what's more" and "finally" and organize their argumentation in clear structure: expressing opinion, organize main points, provide supporting details and make a conclusion. In terms of thematic meaning, the text aims at enabling students to learn to express their opinions and views logically and clearly. Students can also learn to develop their responsibility of keeping a pet and learn to live in harmony with all the living creatures. Students can learn how to make their arguments more convincing and more logical.
说教学目标	First, the theme of the text is human and nature and the thematic meaning of the test is to make student care for pets and realize that human beings should live a harmonious life with animals. And since Emma and Matt live in the same area, so it is also about human and society, which means students should learn to be a responsible pet owner and respect others when keeping pets. So, the emotional object is to make students realize the importance of living harmoniously with animals and their owners in the same community.

续表

课题	Head to Head(《牛津英语·9A》Unit 3)
说教学目标	Second, the text is an argumentation, so the discourse knowledge and language competence involved in this lesson is to enable students to know how to make an argument with a clear structure (opinion, main points, supporting details, conclusion) and with transitional words and phrases. Students can learn how to express their arguments more logically and convincingly as well as presenting them in written form. Third, in terms of learning strategies, one of the teaching objectives is to enable students to visualize the passage by designing a mind map. Students can learn to visualize a certain passage by different kinds of mind map, which can help them understand the discourse structure and improve their memory. The pair work and group discussion involved in this lesson aims at improving students' ability to cooperate and communicate with others. Students can also learn to evaluate their and others' work by making criteria table to assess performance. In conclusion, the teaching objectives are closely related to the six elements of the Standard Curriculum and can not only improve students' comprehensive language competence but also boost students' deep, critical and multidimensional thinking of themselves, nature and society.
说重点难点	In terms of the key points, they are mainly to enhance students' language competence and communicating ability. Students are required to know the basic structure of an argumentation and some common linking words and phrases used when making arguments. The teacher should act as a prompter and helper to let students analyze the text, find out the rules and make a conclusion by themselves. And for difficult points, the focuses are mainly to improve students' learning strategies and communicating ability. The teacher should guide students to use appropriate type of mind map to understand and memorize the text. Also, the teacher should encourage students to correctly apply what they have learned to real-life conversation and other speaking or writing tasks. The teacher should teach students how to make their reasons more convincing by presenting details of examples and quotations when making an argument.
说教法	This lesson mainly adopts situational teaching method and task-based teaching method. Through presenting teaching aids like pictures, video clips and through activities like role-play, the teacher leads the students into the learning environment and sparks students' emotional experience, thus helps them understand the text better. And the distinctive feature of this lesson is that the teacher guides students to complete different tasks one by one and each of them requires deeper understanding and analysis of the text. Tasks with different levels of difficulty are designed to train students' ability so that students can master the content and the structure of the text, dig into the cultural and emotional elements, establish correct values and world outlook and improve their high-level thinking.

续表

课题	Head to Head(《牛津英语·9A》Unit 3)
说学法	First, students are able to develop their cognitive learning strategy like visualize the reading material by drawing appropriate mind maps. The teacher teaches students how to design different mind map according to different types of reading material so that they can deepen their understanding by processing the material instead of merely recording and memorizing information. Second, students can develop their metacognitive learning strategies by evaluating their performance. Students can have adequate feedback through both self-assessment and peer assessment so that they can realize their strong and weak points and make relevant improvements. Third, students will learn to improve learning efficiency by cooperating and communicating with others. Students can develop their communicative strategies and enhance their listening and speaking skills by doing group discussion. Besides, students can also strengthen language knowledge by creating real situation by doing role-play so that they can learn how to put what they have learned into practice.
说教学过程	**Learning Comprehension Activities**: **Lead-in & Pre-reading** In the pre-reading stage, the teacher shows the students a video clip and some pictures about the text, and then the teacher raises some questions as lead-in. What do you think the text is mainly about? Who dislikes raising a pet dog? What's the type of the text? What does the title"Head to Head"mean? Students can rely on the title, introduction and sub-headings to predict the main idea of the passage and learn the basic information about the passage. And then the teacher lets students brainstorm the possible elements of the passage, which activates students' scheme and lays a solid foundation for their future reading. **While-reading** During the while-reading stage, students can develop their extensive and intensive reading ability. Through extensive reading, students can learn to grasp the gist of the passage, while through the intensive reading, students can learn to spot certain details. The activities in while-reading part are the base to introduce the mind map. The teacher asks the students to find out the opinions, reasons and conclusion first, and then introduces students the mind map to improve their learning strategy. Students can have a clearer picture of the content and the structure of the text by making the mind map together with their partner. And students can improve their creativity by designing their own mind maps.

课题	Head to Head(《牛津英语·9A》Unit 3)
说教学过程	After students design their mind maps, the teacher guides students to analyze the structure of an argumentation step by step, from dividing the passage into three parts to conclude the sentence pattern and transitional phrases in an argumentation, which prepares students for the following speaking and writing tasks. During all these tasks, the teacher acts mainly as scaffold, which provides students help instead of showing the answers to students directly. Students are encouraged to enhance their individual, cooperative and project-based learning. **Applying and Practicing Activities** Task 4 is designed to enable students to apply what they have learned into practical use and let them practice the language knowledge. The teacher designs an authentic context in role-play, which is a common scene in family conversation and students can have their own opinions to talk about by making an argument using the structure they have learned. In terms of the homework, the teacher makes students to write an argumentation in the form of an e-mail, which not only help students strengthen the skills of argumentation writing but also review the features of e-mail writing, which also embody the practical language use in real life situation. Besides, the interview and report work is a further practice for students to consolidate both the language points learned in class and the humanistic view the text wants to convey. **Transferring and Creating Activities** Both the tasks in post-reading stage and the homework require students' deeper, creative and multidimensional thinking. In group discussion, the teacher designs the questions to make students think beyond the text. Q1: Suppose you are in a debate with Emma or Matt, what will you say to disprove her idea? (This question aims to enhance students' critical thinking and learn to show disapproval in a logical and convincing way. Students need to dig deep into the text and find out the details which are not clearly or convincingly illustrated in the passage and give their own comments and opinions.) Q2: Emma doesn't give supporting details of "A dog will love people faithfully for many years". Can you give more details to support this main point? (This question aims to let students transfer the knowledge to develop supporting details. Students are required to use their personal experience or others' examples as supporting details.) Q3: According to Matt, raising a pet dog can be very expensive. How much money do you think a pet owner will probably spend on his or her pet every month? Based on your personal experience or your observation of others to make reasonable estimations. List the items and prices, and sum up them. (Question 3 is like a small project, through which, students can work out many expressions about raising a pet dog, based on their life experience or reasonable imagination and they can learn to use the

续表

课题	Head to Head(《牛津英语·9A》Unit 3)
说教学过程	sentence patterns and linking words to give a report.) 　　Q4：Matt mentions many problems caused by raising a pet dog, what other problems can you think of? And if you are to raise a pet, what will you do to avoid the problems and to be a responsible owner? (Question 4 is designed based on the emotional elements of the text. Students are required to think about the relationship among human beings, animal and the society, which shows the humanistic view and personality cultivating objective.) 　　In terms of Task 6, the individual talk, students talk about their ideal pet and how to be a caring and responsible pet owner, which are also questions beyond the text. After the group discussion, students are expected to learn from their peers and get some creative ideas which will help them complete the individual talk. 　　In the process of solving creative problems, students learn to demonstrate and evaluate, express their personal views, which reflect their multidimensional thinking and correct value judgment.

☞ **教师点评：**

　　本案例的说课设计始于对文本的准确分析，从教学内容、主旨大意到文本特征三个方面详细解读了教材中的相关文本，体现出了教师把文本分析转化为教学目标的能力。教案对文本特征和议论文体裁的独特文本结构进行了准确解读，为教学设计中读写结合教学的设计作了铺垫；对主旨大意的准确把握为学科德育目标的确定提供了依据。

　　教学目标的确定也体现了设计者本人对课程标准中描述的学科核心素养、课程内容的六要素和学习活动观的正确解读，并具备根据具体教学内容进行落实的教学设计能力。教学设计凸显阅读课型的特点，侧重阅读策略的训练，例如预测策略、可视化策略、批判性阅读策略等，在培养学生阅读能力的同时提升学生的思维品质。教学目标的书写能做到具体、可测，并体现课标要求的多元教学设计原理。唯一不足的是教学目标排列顺序还有待完善。

　　教学活动设计遵循主题引领下从阅读理解、应用实践到创新迁移三个层次的有序上升，在每个环节，设计者运用思维导图、问题链设计为学生提供有效学习支架，并通过形式多样的活动设计，过程性评价学习目标的达成情况。

　　本教案的亮点还体现在设计者创设教学情境的能力上，从导入环节到应用到迁移创新环节，设计者都能恰当地选择贴近学生生活实际的语境进行活动设计，既能激发学生的学习兴趣，又能做到学以致用，帮助学生树立使用语言的信心。板书设计与教学重点高度匹配。建议适当减少教学内容，确保在一个课时可以完成。作业内容和形式过多，应适当减少，使作业与阅读课文高度匹配。

（点评教师：吕晓红）

5.9 学生5分钟微课设计及教师点评

楼同学微课设计

微课程名称	Protect the Earth：Reading of Module 2 Unit 3 "The Earth" 《牛津英语·7A》		
课程目标	At the end of the lesson, students are able to： 1. Master the speaking rules of long vowels /ɑː/, /ɔː/, /uː/, short vowels /ʌ/, /ɒ/, /ʊ/, and consonants /k/, /g/. 2. Recognize the differences between long vowels and short vowels, and the differences between the voiceless consonant and the voiced consonant.		
课程要点	**Focus Points**：Students can speak up the words and read the sentences with /ʌ/, /ɑː/, /ɒ/, /ɔː/, /ʊ/, /uː/, /k/, /g/ clearly and fluently. **Difficult Points**：Students can identify the differences between long vowels and short vowels, and the differences between the voiceless consonant and the voiced consonant.		
课程亮点	As the main body of learning, students can recognize the difference between these vowels and consonants in practice through repeated reading.		
内容情境		时间预设	画面要求
Ⅰ. Warming-up and lead-in Greeting and introducing the learning content of the class：the speaking rules of vowels /ʌ/, /ɑː/, /ɒ/, /ɔː/, /ʊ/, /uː/, and consonants /k/, /g/.		30 s	直切主题
Ⅱ. Presentation The teacher presents the speaking rules with examples of words in four pairs：/ʌ/&/ɑː/, /ɒ/&/ɔː/, /ʊ/&/uː/, /k/&/g/. The teacher reads first and students read after the teacher.		2 mins	播放 PPT 中的发音展示动画
Ⅲ. Practice The teacher makes students do a listening practice to check their mastery degree of the speaking rules：Listen carefully and circle the word you hear from each pair.		1 min	播放 PPT 中的录音练习

续表

微课程名称	Protect the Earth：Reading of Module 2 Unit 3　"The Earth" 《牛津英语·7A》		
内容情境		时间预设	画面要求
Ⅳ. Production The teacher asks students to read 6 tongue twisters with /ʌ/, /ɑː/, /ɒ/, /ɔː/, /ʊ/, /uː/, /k/, /g/. The teacher invites one student to show before the class.		1 min	学生朗读
Ⅴ. Summary & Homework Homework：Read 6 tongue twisters at least 3 times, and send students' best recording to the class Wechat group.		30 s	无画面

☞ **教师点评：**

　　楼同学的 5 分钟微课小视频清晰地呈现了本节语音课的内容：长元音/ɑː/, /ɔː/, /uː/ 和短元音 /ʌ/, /ɒ/, /ʊ/，以及清辅音 /k/和浊辅音/g/的区别。课程内容安排合理，重点突出，时间分配合理，画质清晰，语音清晰，示范朗读发音标准，英文讲解准确流畅，相关视频可参见超星学习通实践类课程《教育见习》平台（https：//mooc1. chaoxing. com/mycourse/teachercourse？moocId＝214891412&clazzid＝56768874&edit＝true&v＝0&cpi＝0&pageHeader＝0，最后查询为 2023 年 4 月 4 日）。

　　楼同学 5 分钟教学短视频的成功在于录制前的微课程设计。该设计看似简单，但覆盖了所有课程视频制作应考虑的要素，唯有如此才能做到胸有成竹。微课小视频不仅展示了楼同学的教学能力，而且展示了她良好的信息技术能力和对视频制作软件的掌握以及良好的审美能力，这些都使她的微课小视频引人入胜。精良的微课小视频不是简单的 PPT 转换成视频，或者是直接录频，也不可用微格教学录像抵充，而要展示讲课者的教学风貌和风采，并适当切换讲课内容要点，做到画面有变化，内容生动丰富，音声清晰悦耳。

　　微课小视频制作能力是线上线下混合教学应掌握的基本能力。自 2020 年新冠疫情爆发以来，线上教学显示出独特的价值，同时也对教师现代信息技术掌握和运用的能力提出新的挑战。师范生在校期间通过学习和制作视频，掌握微课视频制作技术，将非常有利于入职后的教学工作。

（点评教师：卢敏）

5.10 学生海外见习小结及教师点评

北卡罗来纳大学格林斯堡分校(UNCG)短期海外见习交流项目汇报小结
杨同学

今年寒假，本人有幸成为北卡项目(UNCG-SHNU)的一员，通过本次短期交流学习收益良多。本汇报小结由美国学校的班级布置与管理、美国的K12教育系统、美国教育科技的运用，以及北卡项目交流互动及感悟四部分组成。

1. 美国学校的班级布置与管理(Classroom management techniques)

通过北卡交流学习，我了解到很多美国学校的班级布置与管理方法。北卡大学附属高中(Middle College at UNCG)的教室布置和国内很不一样。该校学生是走班制，而任课老师有固定的教室，可以根据课程需要使教室布置完全贴合教学内容，比如放置教学模型，张贴课堂要点和班级规范(如图中展示的高中生物教室、西班牙语教室，以及健康科学教室)，有利于制造课堂氛围。国内普通公立高中一般在同一个教室内授课多样，不同学科的氛围还有各个学科之间的切换相较美国高中明晰度欠佳。我认为走班制和学科教室定向布置能使学生在学习相关课程的时候更易融入学科氛围中。

2. 美国的 K12 教育体系(K12 education system in US)

美国的教育体系非常多样，国民的宗教信仰多样是一部分原因。通过北卡交流项目，本人每次在何老师的讲座还有研讨会上都能学习到很多关于美国教育体制、美国文化等方面的内容和知识。何老师的"Lecture on American educational system"详尽阐述了幼儿园到12年级(K-12)教育体系的内容、升学要求、择校、招生要求，以及老师、同学、家长在K12教育体系下的不同职能。此外，我了解到K12教育体系的具体内容以及美国教师资格的要求。在美国，K12要求部分老师能教授多门学科，这与中国非常不同。最有意思的是教资视频的考官。待考者在拿到教资授课试题后，模拟授课的录像要上传至指定地点，决定待考者是否有资格申请教师资格证的是万千群众而非特定考官。我觉得这一考核方法对老师的要求会更高，但也同样合理。作为老师，你将面临的学生和家长或许来自不同种族、不同教育背景、不同宗教背景、不同职业。这些人都可能都是你教育职业生涯中的服务对象，让他们来衡量你是否有资格当老师很有道理。这样的考核机制体现了公平公正。

3. 美国教育科技的运用(How to use technology to promote learning in US)

在北卡交流期间，收获最大的就是如何把科技与教育结合起来，达到更好更高效的教学目的。这里要引入一个教学价值观(teaching values)的概念。北卡大学附属高中的老师让我明白，"你"所设计的一切教学方法、教案、课堂活动都是围绕"你"的教学价值观而定的，这样就使"你"的教学更有意义，教学内容更有内涵，这些普遍体现在课堂游戏等趣味环节中。技术的运用也同理，国外的作业布置频繁运用电脑，从 learning management system 到学生手动设计 e-book，使教学形式高度生动化、多样化、高效化。相较国内普遍的纸质作业，国外的教学作业更加有趣，在完成作业的同时还能增强学生的想象力和创造力，灵活运用所学知识设计属于自己的艺术品，同时一次作业还有可能是组员共同完成，提升了学生的团队合作能力。北卡大学附属高中的老师认为这些作业形式对孩子的综合能力提升更有帮助。

老师布置作业和反馈以及学生提交作业和自主学习都在线上完成。除此以外还有电子课本的使用，不仅减轻学生的书包重量，还能节省纸质资源。

4. 北卡项目交流互动及感悟(Interaction with high school teachers and students)

最多的思考和感悟都是在与北卡大学附属高中的老师和学生的互动中产生的，这是本次北卡交流项目第一手资料的主要来源。体验原汁原味的外国课堂，通过和当地老师、同学的接触，能更清楚地了解课堂教学活动设计、教室布置等的目的和想法。

通过每天的反思日记(reflective journals)，其中包括观课记录(classroom observation notes)、文化与教育对比记录(cultural and educational comparison notes)等，能更好地总结归纳一天所观察到、体悟到的心得，同时还能收获老师的及时反馈(feedback)，和小组成员交流分享。记得每晚写反思日记时，通过与小组成员的交流，能够取长补短，开阔眼界，发现自己未能察觉到的一些观点，获得新的感悟和认知。同时在交流过程中，还能增强自己对所学习内容的印象。此外我还受到了学姐们的关照和帮助，并获得成长。

我本次合作教学(co-teaching)和最后的见习成果汇报(final presentation)是与王亚楠学姐一起完成的。大三的她比我更有经验，尤其是教学法方面。通过互相合作，我学到了很多课本以外的知识，尤其是教案的撰写方面。

　　这个项目非常好，但是两周的交流时间其实很短，如果能有更多的交流时间，我相信自己能在这千载难逢的宝贵机会中向北卡大学附属高中的老师们还有北卡大学的负责老师们学习到更多关于教学的技巧和知识。

☞ **教师点评：**

　　杨同学 2018 年在大二时便以优异的面试成绩入选上海师范大学北卡罗来纳大学格林斯堡分校(UNCG)短期海外见习交流项目。该项目始于 2015 年，已经形成成熟的海外教育见实习管理与安排模式。该项目一般为期 2~3 周，但内容极其丰富，学生主要(1)在北卡大学学习；(2)在北卡大学附属高中听课、授课；(3)学习社交文化；(4)展示实习成果。杨同学以图文并茂的形式展示了她在海外见习期间的所学、所见、所思。本次海外见习 2 周时间虽短，但杨同学的成长是惊人的，这就是在真实的语言文化环境中见习的重要价值所在。

　　杨同学从四方面总结了美国教育留给她的最深刻的印象，分别是(1)美国学校的班级布置与管理；(2)美国的 K12 教育体系；(3)美国教育科技的运用；(4)北卡项目交流互动及感悟。这四方面确实从细节中体现出中美教育的不同，说明杨同学的观察非常细致，总结的重点也非常突出。尤其值得一提的是美国教育中注重科技应用这一点对很多英语师范专业的学生有很大触动。教师运用科技手段制作教具，鼓励学生自制电子书等活动在中国也都可以尝试，但是如果没有这次海外见习实地体验，包括杨同学在内的很多英语师范生都会觉得科技与英语学科关系不大，英语老师主要靠嘴说，而不是靠动手。有了这次经验之后，英语师范生便能有意识地在教学中加入新的科技元素，设计出更符合人工智能时代的语言教学课。

（点评教师：卢敏）

第六节　课程目标达成度报告样例

6.1　课程教学基本信息

教学班名称：2019 级英语师范 1—4 班　　　　教学班代码：01—04
考核方式：填写《教育见习手册》(2020 年版)
总人数：101　　　　命题情况：教研组　　　　是否有 AB 卷：无
是否有评分标准及答案：有评分标准无标准答案

综合成绩统计：

成绩	A	B+	B	C+	C	D+	D	F
人数	55	21	22	3	0	0	0	0
百分比	54.4	20.8	21.8	3	0	0	0	0

6.2　学生课程学习情况分析

本课程为教育实践类课程，因 2022 年上海新冠肺炎疫情防控，学生没有到实习基地学校去见习，采用观摩空中课堂的方式完成见习任务。本学期的见习任务是：（1）再次学习《中小学教师职业道德规范》，进一步完善学习心得，结合线上见习，继续体验教师角色，进一步修改体验感悟；（2）观摩 2 节课，写出 2 份观课报告，设计 1 份教案，完成 1 次说课，制作 5 分钟微课视频；（3）做 1 次学生访谈，填写访谈记录，继续学习学科名师的典型事例，填写 1 份心得体会。

所有学生都按时完成了空中课堂观摩，再次学习了《中小学教师职业道德规范》，结合普通高中和义务教育阶段英语课程标准撰写了教案，完成了说课。绝大多数学生对见习持认真态度，各项表格填写内容充实，有自己的思考和感悟，学生在师德规范、教学能力、班级指导三方面得到一定提高。极少数学生填写表格不够认真，部分术语使用错误、表达不到位，内容比较空泛。

6.3　课程目标达成情况分析

6.3.1　课程目标与考核结果对照表

课程目标(内容)	学生学习过程考核情况	
	课程考核的内容、形式	考核结果
课程目标1：提高见习教师职业感悟与师德修养水平，树立崇高的职业理想。增强见习教师热爱学生、热爱教育事业和为人师表的自觉性。	学习《中小学教师职业道德规范》，填写 1 份学习心得；体验教师角色，填写 1 份体验感悟。	90%
课程目标2：培养现代教育理念，根据学科课程标准和教学内容，在课堂经历与教学实践中，巩固专业知识，提高对新理念的认识，努力在实践中体验教学工作，完成教学听课和备课任务，借鉴吸收授课老师的教学优点。	观摩 2 节课，写出 2 份观课报告；设计 1 份教案；完成 1 次说课，完成 5 分钟微课视频制作。	87.31%

续表

课程目标(内容)	学生学习过程考核情况	
	课程考核的内容、形式	考核结果
课程目标3：体会教师谈话技巧，尝试走进学生的心灵世界。	完成1次学生访谈，填写访谈记录，学习学科名师的典型事例，填写1份心得体会。	86.77%

6.3.2　课程目标达成度评价

课程目标	分目标得分率	分目标权重	课程目标达成度评价值
课程分目标1	90%	0.25	
课程分目标2	87.31%	0.5	0.878
课程分目标3	86.77%	0.25	

说明：

分目标得分率：课程分目标对应的题目平均实际得分/对应题目总分

分目标权重：根据课程教学大纲，自行设定

分目标达成度＝分目标得分率×分目标权重

课程目标达成度＝$\sum$ 分目标达成度

6.4　课程设计合理性论证

6.4.1　课程设计的合理性分析

评价内容	合理性判断			存在问题及改进措施
	合理	较合理	不合理	
课程目标定位	√			
教学内容		√		班级指导无法通过线上见习实现，要向学生解释清楚；通过名师到学习班级指导要有侧重点，不要泛泛而谈。

续表

评价内容	合理性判断			存在问题及改进措施
	合理	较合理	不合理	
教学方法	√			教学方法主要采用在平台发送学习资料，给学生答疑的方式进行，没有专门的课时安排，无法很好地进行见习教学。
课程评价方式	√			
课程对毕业要求的支撑指标点和权重	√			

6.4.2　学生特殊个体评价分析

几位学生成绩靠后，迟交《教育见习手册》，且表格填写不合要求，甚至出现较多空白页，一些学习心得泛泛而谈；个别微课视频用微格教学视频顶替，被任课教师发现后，在学习委员多次督促和帮助下学生终于完成任务。任课教师在超星学习平台建立了课程学习内容，能较好地监控学生空中见习过程，发现问题及时提醒纠正。

6.5　课程教学改革计划

第一，教育见习课程化已经落实，任课团队教师在超星学习通平台建立了课程，教学内容和历届优秀《教育见习手册》已挂网，这些为学生的学习提供了极大的方便。近几年教育见习实践教学已积累一定数据和案例，准备编写实践教学案例教材。此外在使用过程中发现学院 2020 年版的师范生《教育见习手册》存在设计不足之处，教师教育教研室将集中相关教师对手册内容进行优化设计，进一步落实课程目标的达成，对各次教育见习的学习任务提供填写指南。

第二，班级指导一直是弱项，在极短的见习时间内难以完成，在新冠疫情防控下更难实现，虚拟仿真班级是否可行，有待探索。初步设想可以尝试让学生观看和阅读与中小学教育相关的国内外电影、文学作品、纪录片、演讲等，布置与班级指导相关的题目，以提高学生的班级指导能力。

第三，《教育见习手册》因根据教育部要求，增加见习日记和见习总结。

附："教育见习"课程目标达成度计算表和"教育见习"课程成绩采样表（下页）

"教育见习"课程目标达成度计算表

任课教师：卢、李、吕、沈		教学班：2019 级英语师范 1 班—4 班		授课学期：2021—2022 第二学期			
课程目标	具体内容	考核形式	采样情况	分目标得分率	分目标权重	分目标达成度	课程目标达成度
课程目标 1	提高见习教师职业感悟与师德修养水平，树立崇高的职业理想。增强见习教师热爱学生、热爱教育事业和为人师表的自觉性。	学习《中小学教师职业道德规范》，填写 1 份学习心得；体验教师角色，填写 1 份体验感悟。	修读总人数 101 人，抽样人数 26 人。总评成绩 90~100 分 55 人，占总 54%；抽样 14 人，占抽样 54%。80~89 分 43 人，占总 43%；抽样人数 11 人，占抽样 42%。70~79 分 3 人，占总 3%；抽样人数 1 人，占抽样 3.8%。总评成绩 60~69 分 0 人；总评成绩不及格 0 人。	90.00%	0.25	0.225	0.878
课程目标 2	培养现代教育理念、根据学科课程标准和教学内容，在课堂经历与教学实践中，巩固专业知识，提高对新理念的认识，努力在实践中体验教学工作，完成教学听课和备课任务，借鉴吸收授课教师的教学优点。	观摩 2 节课，写出 2 份观课报告；设计 1 份教案；完成 1 次说课，完成 5 分钟微课视频制作。		87.31%	0.50	0.437	
课程目标 3	体会教师谈话技巧，尝试走进学生的心灵世界。	完成 1 次学生访谈，填写访谈记录，继续学习学科名师的典型事例，填写 1 份心得体会。		86.77%	0.25	0.217	

说明：

分目标得分率：课程分目标对应的题目平均实际得分/对应题目总分

分目标权重：根据课程教学大纲，自行设定

分目标达成度＝分目标得分率×分目标权重

课程目标达成度＝ $\sum$ 分目标达成度

"教育见习"课程成绩采样表

样本序号	课程目标1(总分25分)	课程目标2(总分50分)	课程目标3(总分25分)
1	22	46	22
2	25	47	23
3	25	47	23
4	23	48	24
5	24	47	24
6	25	45	22
7	23	45	22
8	22	45	23
9	24	43	23
10	23	45	22
11	23	45	22
12	23	45	22
13	23	45	22
14	23	45	22
15	23	44	21
16	20	45	23
17	20	45	20
18	22	42	21
19	24	41	20
20	23	38	21
21	20	40	20
22	20	40	20
23	22	41	20
24	22	40	20
25	23	41	22
26	18	40	20
平均值	23	44	22
分目标得分率	90.00%	87.31%	86.77%

第二章　教育实习课程板块

为积极响应教育部出台的《普通高等学校师范类专业认证实施办法(暂行)》文件要求，《国家中长期教育改革和发展规划纲要(2010—2020年)》提出的实践育人方针，贯彻落实《教育部关于加快建设高水平本科教育 全面提高人才培养能力的意见》，上海师范大学外国语学院英语师范专业在多年教育实践经验基础上，对接师范认证要求，实施教育实习实践，推动新文科背景下的专业建设，做强一流本科、建设一流专业、培养一流人才，连续不断地为社会主义现代化建设事业培养合格英语师资。

第一节　教育实习课程概论

"教育实习"本身是一个非常复杂的概念，对于这一概念，学者们基于不同的研究视角，给出了不同的理解和界定。下文对教育实习的定义、目标、内涵、要求作具体阐述。

1.1　教育实习的定义

顾明远(1990)在其主编的《教育大辞典》中指出，教育实习(overall field practice in school)指"师范院校高年级学生的教育、教学实践活动，包括参观、见习、试教，代理或协助班主任工作及参加教育行政工作等。是师范院校教学环节之一，是理论联系实际的重要环节。……中华人民共和国成立后，内容包括教学工作，班主任、少先队、共青团工作，课外辅导及家长工作等。目的是让学生把学到的文化科学、专业知识和技能运用于实际，培养教育、教学能力；全面锻炼、培养独立工作能力；接触、了解、熟悉和热爱儿童、青少年，巩固献身教育事业的思想。一般为期6至8周"。

叶澜(2002)在其主编的《中国教师新百科：中学教育卷》中对教育实习作出了如下的理解："师范院校或综合大学师范专业的高年级学生到初等或中等学校进行教育和教学实践活动。在指导教师的帮助下，通过学习教学实际工作了解教育现实，体会教育实践，尝试应用所学教育理论，培养和锻炼从事教育教学工作能力，进而加深对教师职业的理解和认识。"

张念宏(1991)在《中国教育百科全书》中也指出，教育实习是"师范院校学生参加教育、教学实践的学习活动，是体现师范教育特点，培养合格师资的重要教育环节，是各级师范学校教学中不可缺少的组成部分"。

饶见维等(1991)将教育实习理解为:"一个学生教师蜕变为专业教师的历程,此历程为:学生教师在相关人员的协同下,根据已备的知识经验和既有的教育资源,综合构思出准备行动架构,进入实习场所,经由不断地互动以获得实务经验,并透过省思的过程,建构出实践的专业知能与精神。"

黄炳煌(1995)认为,"教育实习是将师范院校之教育理论、计划,付诸实际行动,提供师范生统整其所学,考核其教学与行政能力,从而增加其实际能力,并建立献身于教育事业的信念之综合课程"。

1.2 教育实习的目标

学生通过教育实习所要达到的目标将决定实习的内容、构成、管理等一切方面。因此各国非常重视教育实习目标的合理定位,以确保实习的效果。师资培育机构除了安排教育专业科目外,还安排了教育实习这一学习过程,目的是使准教师能够在教学实践中了解教学的复杂性,能够融合教育专业的理论知识,训练专业的综合判断能力,养成基本的教学技能,体会与反思教师的角色与职责,从而缩短入职适应期,并为未来的专业发展奠定基础。因此,教育实习成为职前教师教育中必不可少的组成部分(杨秀玉,2010)。

在教育实习的目标方面,除了重视实习教师通过教学实践,掌握必备的知识与能力,以达到合格教师的标准,并胜任未来的教学工作以外,还要重视对实习教师的可持续专业发展能力的培养,那就是继续学习的能力与批判、反思能力的形成与提高。简言之,在教育实习阶段,发展实习教师作为教师的起始能力与后期继续实现专业成长的能力是教育实习的核心目标(杨秀玉,2010)。

教育实习目标规定着教育实习活动的性质和方向,且贯穿于整个教育实习活动过程始终,是教育实习活动的出发点和归属(赵建华、陈宝旺,2019)。新中国成立以来,在我国教育改革进程中,对于教育实习的目标有着不同的理解,但"理论应用型"教育实习目标一直在我国职前教育占据主流(蔡华,2012)。目前随着我国教师专业化的改革加快,教育实习的目标需要随之调整。教育实习是师范生理论学习结束时尝试实践教育知识的过程(林一钢,2009)。因此,教育实习不仅要让实习生在实践中运用理论知识,而且要让他们在实践中积累经验并进行反思,养成批判性思考能力、创新实践精神,以及良好的专业素质。

1.3 教育实习的内涵

教育实习是师范院校学生参加教育、教学实践的学习活动,是体现师范教育特点,培养合格师资的重要教育环节,是各级师范学校教学中不可缺少的组成部分(张念宏,1991)。教育实习有广义和狭义之分。

广义的教育实习指师范院校为师范生安排的所有教育实务的学习经验,其目的是为师范生提供接触教育实际之机会，使他们在实际的场所中观察、探索、试验、实验、应用、理解、分析、综合与判断，借以了解、验证或修正理论，并将理论和实际结合，养成实际从事的能力，以促成教育实际导向更加完美的地步。

狭义的教育实习，是将教育实习视为一门科目，与教育基础科目、教学方法科目一样（黄政杰、张芬芬，2001）。

师范院校或综合大学师范专业的高年级学生到初等或中等学校进行教育和教学实践活动，在指导教师的帮助下，通过学习教学实际工作了解教育现实，将所学教育理论、计划，付诸实际行动，培养和锻炼从事教育教学的工作能力，进而加深对教师职业的理解和认识，并建立献身于教育事业的信念（叶澜，2002；黄炳煌，1995）。根据已有的知识经验和既有的教育资源，综合构思出准备行动架构，进入实习场所，经由不断的互动以获得实务经验，并透过省思的过程，建构出实践的专业知能与精神（饶见维等，1991）。高师教育实习是高师教育过程中的主要教育教学环，更是一个教学过程，它是高师教学计划中的重要组成部分，是高师课程体系的重要支柱，是对高师学生的知识、能力、技能、技巧的全面考察和检验，也是高等师范教育贯彻理论联系实际原则，实现培养目标的重要教育实践过程（王文静，2001）。

1.4　教育实习的要求

2017年11月，教育部印发了《普通高等学校师范类专业认证实施办法（暂行）》（以下简称《办法》）（2017），标志着我国开始实行师范类专业认证制度。这一制度的实施既是我国教师教育与国际同行对标的有效体现，也是提高教师教育质量的基本保证。2018年教育部出台了《教育部直属师范大学师范生公费教育实施办法》，以及加强教师教育课程改革、实施卓越教师培养计划、加强师范生教育实践的意见等多个文件，从不同层面、不同程度上影响着高校的教育实习工作。"三位一体"协同培养机制、教育实践"双导师"制度、教育实践时间累计不少于一个学期制度、实习资格考核制度等多项要求，为教育实习的改革指引方向。师范类专业认证进一步强调了教育实习的重要性，除重申上述规定外，要求教育实习更加专业化，凸显了高校对教育实习的组织管理。

1.4.1　要求高校保障教育实习的流程和成果

《办法》规定，"所在高校根据教育部关于加强师范生教育实践的意见要求，建立以实习计划、实习教案、听课评课记录、实习总结与考核等为主要内容的师范毕业生教育实习档案袋，通过严格程序组织认定师范毕业生的教育教学实践能力，视同面试合格"。这为高校教育实习的质量提供了一个具体规定和机制，是一种荣誉也是一种责任。高校只有通过严格程序组织与管理教育实习，并通过严格程序组织认定师范毕业生的教育教学实践能力，才能通过师范类专业认证，才能享受这样的荣誉。

1.4.2　要求高校有效统合教育实习的理论与实践

《办法》规定，"学校集中组织教育实习，保证师范生实习期间的上课时数和上课类型"。一是要求高校保证师范生的教育者权利；二是要求高校保证师范生的职前培训权利。后者是要求高校在教育实习内容设计上整合理论与实践。

教师教育中的实践活动正在发生着范式变迁：从"科学—理论理性主导下的知识—能力取向的教师教育实践范式"到"技术—实践理性主导下的反思—实践取向的教师教育实践范式"（桑国元，2011）。高校需要调整教育实习目标定位，变革教育实习实践范式，将教育实习贯穿于教师教育项目的始终，在教育实习内容设计上，将理论与实践交叉进行，相互支撑（赵建华、陈宝旺，2019）。

1.4.3　要求高校指导教师具有长期性的中小学实际经历与成果

目前，我国基础教育正在进行改革，如果高校教育实习指导教师不了解基础教育的情况，就会使高校教育实习脱离中小学教学实践，影响教育实习质量。因此，师范类专业认证中，教育专业认证标准（第三级）对指导教师提出了实践经历的要求，"教师教育课程教师应熟悉中学教师专业标准、教师教育课程标准和中学教育教学工作，每五年至少有一年中学教育服务经历，能够指导中学教育教学工作，并有丰富的基础教育研究成果"。

综上所述，教育实习是师范专业教学工作的重要组成部分，是深化课堂教学、检验课程目标实施情况和教育、教学质量的重要环节，是学生获取、掌握知识的重要途径，是促进学生专业发展、增强学生实践能力、培养合格英语教师的重要环节。教育实习课程注重培养学生的师德规范、教育情怀、教学能力、班级指导和反思能力。通过教育实习，绝大部分学生达到了预期目标，较好地实现了本课程的教学目标：树立正确的教师观和学生观；熟练运用外语教育教学的新理论、新方法和新手段进行教学设计、编写教案并实施课堂教学；掌握综合育人路径和方法；成长为反思型实践者、自主学习者和研究者，掌握并能熟练运用教学反思方法和技能，能够分析和解决教育教学实际问题，进行教育微课题研究。

第二节　教学大纲设计

2.1　课程简介

"教育实习"课程是英语师范专业本科高年级学生教师教育课程模块中教育实践类、方法技能性、实践体验性的必修课程。该课程旨在帮助英语师范类语言教育专业的学生运用所学英语语言基础理论、语言知识和技能，以及英语学科教学专业理论、知识和技能，进行教育、教学实践，获得教育、教学工作的基本经验，从而培养从事教育、教学工作的基本能力，包括教学设计能力、课堂操作能力、教学反思能力、教学行为调查能力、教育微课题研究能力以及班级管理能力。教育实习是师范专业教学工作的重要组成部分，是深化课堂教学、检验课程目标实施情况和教育、教学质量的重要环节，是学生获取、掌握知识的重要途径，是促进学生专业发展、增强学生实践能力、培养合格英语教师的重要环节。

2.2 课程目标

通过本课程的理论知识学习和教学实践训练，使学生具备下列能力：

(1)坚定中国特色社会主义道路自信、理论自信、制度自信、文化自信，践行社会主义核心价值观。具有坚定的教师职业理想与教育情怀，有较强的从教意愿和责任心。(对应毕业要求1[师德规范]、2[教育情怀])

(2)能运用英语语言教学基础理论、知识和技能以及英语学科教学专业理论、知识和技能进行教育、教学实践。(对应毕业要求4[学会教学])

(3)能运用所学知识进行有效班级管理，能理解英语学科的育人价值，并初步掌握综合育人路径和方法。(对应毕业要求5[学会育人])

(4)能在教育教学实践中成长为反思型实践者和研究者，团队协作意识强。(对应毕业要求7[学会发展])

课程目标与毕业要求指标点高支撑的对应关系表

毕业要求	分解指标点	课程目标
师德规范	1-1 社会主义核心价值观与英语教育的结合能力：理解并认同社会主义核心价值观，能够在英语课堂和课外活动中传播中国传统文化，在中英语言、文化比较中，树立正确的历史观、民族观、国家观、文化观，坚定中国特色社会主义道路自信、理论自信、制度自信、文化自信，践行社会主义核心价值观。 1-2 能够遵守教育法规：坚持贯彻党的教育方针，遵守中学教师职业道德规范，熟悉教育法规，明确教师和学生的权利和义务。 1-3 具有较强的从教意愿和责任心：认同教师工作的意义和专业性，具有从教意愿，具备良好的敬业精神和职业规范，实事求是的工作态度和严谨务实的学科精神，对即将从事的教学工作持热情积极态度，全身心投入，尽职尽责。 1-4 具有正确的语言观和英语教学观：能认识到语言始终是随着社会的发展变化而发展变化的，坚持英语教学为社会主义现代化建设服务、为人民服务。	课程目标1

毕业要求	分解指标点	课程目标
教育情怀	2-1 具有正确的教师观：理解教师是学生学习的促进者，认同教师工作的意义和专业性在于创造条件促进学生自主和全面发展。能够通过参与式课程学习、示范性榜样熏陶、反思性案例分析、主题性教育活动、行动性实践体验、激励性成长评价等途径，做"学生成长的引路人"。 2-2 具有正确的学生观：以学生成长的引路人为职业角色预期，在英语教育教学实践中，能够正确处理师生关系，尊重学生人格，尊重学生的学习和发展权利及个体差异，对学生富有爱心和责任心，对工作具有耐心和细心，乐于为学生成长创造发展的条件和机会。	课程目标 1
学会教学	4-1 熟悉中学生英语学习特点，掌握中学英语课程标准：了解中学生身心发展的一般规律和英语学习的认知特点，能准确理解中学英语课程标准的内涵和要点。 4-2 具备良好的英语教学设计能力：掌握中学英语课程的重难点教学策略、结构化学习指导和跨文化思维方式培养等英语教学知识，能够依据课标，分析教材、把握学情、独立备课，进行教学环节设计；能够比较熟练地使用信息技术辅助英语教学。 4-3 具备良好的英语课堂教学能力：在英语教学实践中，能够综合运用专业知识和技能以及信息技术，比较熟练地驾驭英语课堂教学，解决教学问题、实现教学目标，并形成一定的英语教学经验。 4-4 具备一定的教学研究能力：能依据中学英语课程标准，展开有效的学业评价，并能针对教学难点问题，进行实证化的行动研究，形成研究成果。	课程目标 2
学会育人	5-1 具备德育为先理念，掌握中学生德育工作方法：了解中学生心理发展特点，把握中学德育目标、原理、内容与方法，掌握班集体建设与管理的策略与技能，掌握共青团、少先队建设与管理的原则与方法。 5-2 初步掌握中学生班级指导技能和方法：能够在英语教育实习、见习、研习过程中，担任或协助班主任工作，应用中学生世界观、人生观、价值观形成方法和青春期心理辅导技能，参与德育和心理健康等教育活动的组织与指导，获得积极有效的体验。	课程目标 3

续表

毕业要求	分解指标点	课程目标
学会发展	7-1 具有终身学习理念和良好的自主学习习惯：具有终身学习理念和英语教师专业发展意识，养成课堂自主参与和课外自主学习习惯。 7-2 具有专业自主学习的能力：掌握英语教师专业发展的核心内容、成长阶段和路径方法；能够确定就业愿景，明确学习目标，理清发展重点，选择自我管理策略，制定并实施英语专业学习和发展规划。具有一定的自主实践和自主研究能力。 7-3 具有反思意识、反思能力和反思习惯：理解反思价值，具有教师是实践性反思者角色意识，能够独立思考判断，自主分析解决问题。在教育见习、研习和实习全程中，能够从学生学习、课程教学、学科理解等不同角度，收集分析自身实践活动信息，自我诊断，自我改进。	课程目标 4

2.3 教育实习内容及进度安排

进度安排	主要实习内容、教学方法
一、实习学校课堂教学工作实习、班主任工作实习、教育微课题研究，共计 17 周，从实习学校 9 月 1 日开学起至学期结束。	1. 教学工作实习：研读教学大纲、熟悉教材、备课、编写教案、试教、上课、课后辅导、作业批改与讲评、考试与成绩评定、组织课外活动。 教学方法：教学一线课堂教学（教育）观摩、教学实践。采用实习小组点评、讨论的方法，运用案例教学、探究教学、体验教学等方式，围绕教学专题，从不同角度对教学专题展开观摩、点评、讨论。
	2. 班主任工作实习：了解班级情况，制定班主任工作计划，开展班级日常工作，组织主题班会等活动；学习班主任工作基本方法，学习教育和引导学生成长。 教学方法：教学一线班主任工作观摩、体验、实践。采用实习小组成员交流、讨论的方法，运用案例教学、体验教学等方式，学习优秀班主任事迹和经验，组织主题班会等活动。
	3. 教育微课题研究：实习学校基本情况，优秀教师事迹、教书育人经验、教学方法和教学改革经验，教学对象的心理与生理特点、学习态度与方法、知识结构、智能水平与思想品德状况等。 教学方法：开展一线教育教学行动研究。采用实习小组成员与带教老师、指导老师交流、讨论的方法，培养学生学科核心素养，培养学生教学研究能力、反思能力。
二、成绩评定与总结，共计 1 周。	学生总结
	教师成绩评定

2.4 考核方案

2.4.1 考核方式及比例分配

学生教育实习的成绩由实习学校带教老师与本专业指导老师分别打分，最终成绩以本专业指导老师分数为准，实习学校带教老师分数为参考。其中，实习学校带教老师对学生实习活动表现进行综合打分，本专业指导老师根据学生实习手册的完成情况、学生的教学实习和班主任工作实习情况进行综合打分。

教育实习考核包括五方面评价，即师德规范（20%）、教育情怀（20%）、教学能力（20%）、班级指导（20%）、学会反思（20%）。

2.4.2 课程目标、考核内容和评价依据

课程目标、考核内容和评价依据对应表

课程目标	考核内容	考核形式	评价依据（学生作业、活动等）
课程目标1：坚定中国特色社会主义道路自信、理论自信、制度自信、文化自信，践行社会主义核心价值观。具有坚定的教师职业理想与教育情怀，有较强的从教意愿和责任心。（对应毕业要求1、2）	教师职业道德规范、职业理想与教育情怀	过程性考核方式	实习活动表现（实习学校带教老师综合打分）
课程目标2：能运用英语语言教学基础理论、知识和技能以及英语学科教学专业理论、知识和技能进行教育、教学实践。（对应毕业要求4）	英语学科教学专业理论，知识和技能，学科教学能力	过程性考核方式	实习活动表现（实习学校带教老师综合打分）；教学实习情况、实习手册完成情况（本专业指导老师综合打分）
课程目标3：能运用所学知识进行有效班级管理，能理解英语学科的育人价值，并初步掌握综合育人路径和方法。（对应毕业要求5）	教学和教育理念，育人方法，教育管理能力	过程性考核方式	实习活动表现（实习学校带教老师综合打分）；班主任工作实习情况、实习手册完成情况（本专业指导老师综合打分）
课程目标4：能在教育教学实践中成长为反思型实践者和研究者，团队协作意识强。（对应毕业要求7）	教学研究能力，反思能力	过程性考核方式	实习活动表现（实习学校带教老师综合打分）；教育教学微课题研究情况、研究报告、实习手册完成情况（本专业指导老师综合打分）

2.4.3　评分细则

考核一：师德规范(评分标准 100 分)

内容：上海师范大学师范生教育实习守则。教育实习个人计划书。

评分依据：严格遵守教育实习守则，此项必须满分；不得满分者，则实习成绩不合格。

考核二：教育情怀(评分标准 100 分)

内容：撰写对实习学校的观察报告，撰写 3 篇实习期教师职业生涯随笔或师德修养方面的读书心得，撰写教育实习总结。

记分方式：优秀(100~90 分)，良好(89~80 分)，合格(79~60 分)，不合格(<60分)。

评分依据：内容充实，语句通畅，观察、学习和感悟发自内心，不是简单的拷贝，有自己的认识和思考。

考核三：课堂教学工作实习(评分标准 100 分)

内容：师范生根据教学进度设计教学环节，完成相应的 PPT 课件，试教后进行课堂教学。

授课时数一般不少于 18 节。

记分方式：优秀(100~90 分)，良好(89~80 分)，合格(79~60 分)，不合格(<60分)。

评分依据：重点考察学生教学中的教学方法、教学手段、教学效果以及教师素质等维度。

等级	课堂教学工作实习评分细则
A (90~100 分)	态度认真；教学方法与手段的选择合适；教学目标达成度高；教态自然得体，教学素养高
B (80~89 分)	态度较认真；教学方法与手段的选择较合适；教学目标达成度较高；教态较自然得体，教学素养较高
C (60~79 分)	态度较认真；教学方法与手段的选择基本合适；基本完成教学目标；教态较自然得体，教学素养一般
D (0~59 分)	态度不认真；教学方法与手段的选择不合适；完成教学目标达成度差；教态不自然得体，教学素养差

考核四：班主任工作实习(评分标准 100 分)

内容：师范生了解班级情况，制定班主任工作计划，开展班级日常工作，组织主题班会等活动；学习班主任工作基本方法，学习教育和引导学生成长。

记分方式：优秀(100~90分)，良好(89~80分)，合格(79~60分)，不合格(<60分)。

评分依据：重点考察班主任工作计划的撰写、班级管理能力与实绩等维度。

等级	班主任工作实习评分细则
A (90~100分)	熟悉班级情况；制定了可行的工作计划；常规工作有序；班会活动有成效
B (80~89分)	比较熟悉班级情况；制定了较可行的工作计划；常规工作较有序；班会活动较有成效
C (60~79分)	基本熟悉班级情况；制定了工作计划；常规工作一般；开展了班会活动
D (0~59分)	不熟悉班级情况；没有制定可行的工作计划；常规工作无序；班会活动没有成效

考核五：教育微课题研究(评分标准100分)

内容：探究实习学校教学等基本情况、优秀教师事迹、教书育人经验、教学方法和教学改革经验，教学对象的心理与生理特点、学习态度与方法、知识结构、智能水平与思想品德状况等。师范生独立或自行组成教育微课题研究小组，每组4人，完成2000字左右的教育微课题研究报告。

记分方式：优秀(100~90分)，良好(89~80分)，合格(79~60分)，不合格(<60分)。

评分依据：重点考察教育微课题研究的选题、研究内容、研究方法、结果，以及团队合作等维度。

等级	教育微课题研究评分细则
A (90~100分)	选题合适、内容真实、观点明确、材料典型、分析有深度，体现团队合作精神
B (80~89分)	选题较合适、内容较真实、观点较明确、材料较典型、分析较有深度，体现团队合作精神
C (60~79分)	选题较合适、内容较真实、观点基本明确、材料较典型、有一定的分析，团队合作精神一般
D (0~59分)	选题不合适、内容不真实、观点不明确、材料不典型、分析没有深度，无团队合作精神

2.5　课程资源

[1]上海中小学课程教材改革委员会办公室. 上海市中小学英语课程标准[M]. 上海：上海教育出版社，2004.

[2] 王蔷. 英语教学法教程[M]. 北京：高等教育出版社，2006.

[3]中华人民共和国教育部. 义务教育英语课程标准：2022 年版[M]. 北京：北京师范大学出版社，2022.

[4]中华人民共和国教育部. 普通高中英语课程标准：2017 年版[M]. 北京：人民教育出版社，2018.

2.6　修读要求

第一，实习学生需深入教学第一线，全面投入教学实习活动。实习期间，学生应遵守实习学校的纪律，一切服从实习学校安排，不得影响实习学校的正常教学工作。尊重带教老师，虚心接受指导。

第二，遵守实习程序和时间安排，不得迟到、早退，突发疾病需要第一时间向班导师请假，突发事假需提前向学院提出书面申请且得到学院批准。

第三，认真开展《教育实习手册》规定的各项任务，认真填写完成教育实习手册。坚守学术诚信，课堂内外学习按照《教育实习手册》的标准，努力达到要求。

第四，完成一定数量的教育实习相关文章的深度阅读，并能基于教学实践，完成教育微课题的研究和研究报告写作。

2.7　其他需要说明的事宜

学生可通过邮件、微信、短信与教师探讨教学问题，也可在教师设定的坐班答疑时间和自习辅导时间内与教师面谈。

第三节　教学内容设计

"教育实习"和"教育见习"同为实践类课程，"教育实习"对实习生的实践能力要求更高。"教育实习"教学内容的设计也是任课团队教师从教师职业特点出发，根据职业培训要求，为学生搭建好一个个学习任务框架，提出具体任务要求，然后由学生去完成。这些任务框架按照主次分明、循序渐进的方式组合在一起，就构成了《教育实习手册》。《教育实习手册》从学生角度明确了"教育实习"课程的内容纲要，为学生有条不紊地进行实习提供了清晰的框架和思路。每个学生最终完成的《教育实习手册》的内容是不同的，也没有标准答案。《教育实习手册》中的观课报告、课堂教学设计、单元教学设计等表格根据要求需重复使用多次，没有计算在总表格数中。

3.1 《教育实习手册》纲要

课程目标	教育实习内容
师德规范	《上海师范大学师范生教育实习守则》。
	教育实习个人计划书。（表1）
教学能力	通读学科课程标准，拟定专题发言提纲。（表2）
	观摩8节课，写出观课报告，完成教育实习观课情况汇总评价表。（表3~表4）
	完成1个单元的课堂教学的设计与教案，导师指导完善方案。（表5）
	上师大指导教师指导课堂教学设计与教案记录。（表6）
	指导教师指导实习生公开课教学。（表7）
	设计1个单元的学生作业，并写出理由。（表8）
	设计单元考试，实测后作质量分析、完成考试班级质量分析。（表9~表10）
	上师大指导教师教学实习指导情况记录。（表11）
班级指导	策划并主持1次主题班会。（表12）
	写1份班级情况分析，2位学生个案分析；对学生作学期综合评价。（表13~表15）
	上师大指导教师班主任实习指导情况记录。（表16）
学会反思	完成2份课堂教学的反思与感悟。（表17）
	参与教研组活动，记录1次备课组活动。（表18）
	从教育教学、教育实习中提取有价值的问题进行反思，开展一个微课题研究。（表19）
	未来5年的个人专业发展计划。（表20）

续表

课程目标	教育实习内容
教育情怀	撰写对实习学校的观察报告。（表21）
	撰写3篇实习期教师职业生涯随笔或师德修养方面的读书心得。（表22）
	撰写教育实习总结。（表23）

3.2　课程目标与教学内容和教学方法的对应关系

课程目标与教学内容和教学方法的对应关系表

课程目标	教学内容	教学方法
课程目标1	《上海师范大学师范生教育实习守则》。教育实习个人计划书。撰写对实习学校的观察报告，撰写3篇实习期教师职业生涯随笔或师德修养方面的读书心得，撰写教育实习总结。	学生在线自主学习、线下课堂面授、小组讨论。注重对学生师德规范、教育情怀的培养，对学生审辨思维、创新思维、反思能力等高阶思维能力的培养。
课程目标2	教学工作实习：研读教学大纲、熟悉教材、备课、编写教案、试教、上课、课后辅导、作业批改与讲评、考试与成绩评定、组织课外活动。	教学一线课堂教学（教育）观摩、教学实践。采用实习小组点评、讨论的方法，运用案例教学、探究教学、体验教学等方式，围绕教学专题，从不同角度对教学专题展开观摩、点评、讨论。
课程目标3	班主任工作实习：了解班级情况，制定班主任工作计划，开展班级日常工作，组织主题班会等活动；学习班主任工作基本方法，学习教育和引导学生成长。	教学一线班主任工作观摩、体验、实践。采用实习小组成员交流、讨论的方法，运用案例教学、体验教学等方式，学习优秀班主任事迹和经验，组织主题班会等活动。
课程目标4	教育微课题研究：研讨实习学校基本情况，优秀教师事迹、教书育人经验、教学方法和教学改革经验，教学对象的心理与生理特点、学习态度与方法、知识结构、智能水平与思想品德状况等。	开展一线教育教学行动研究。采用实习小组成员与带教老师、指导老师交流、讨论的方法，培养学生学科核心素养，培养学生教学研究能力、反思能力。

第四节　评分量表设计

课程目标	教育实习内容	考核要求及占比
师德规范	《上海师范大学师范生教育实习守则》。	严格遵守教育实习守则，此项必须满分，不得满分者，则实习成绩不合格。（20%）
	教育实习个人计划书。（表1）	
教学能力	通读学科课程标准，拟定专题发言提纲。（表2）	内容充实，按表格细节要求完成各项任务，表达准确，符合规范。（20%）
	观摩8节课，写出观课报告，完成教育实习观课情况汇总评价表。（表3~表4）	
	完成1个单元的课堂教学的设计与教案，导师指导完善方案。（表5）	
	上师大指导教师指导课堂教学设计与教案记录。（表6）	
	指导教师指导实习生公开课教学。（表7）	
	设计1个单元的学生作业，并写出理由。（表8）	
	设计单元考试，实测后作质量分析、完成考试班级质量分析。（表9~表10）	
	上师大指导教师教学实习指导情况记录。（表11）	
班级指导	策划并主持1次主题班会。（表12）	内容充实，按表格细节要求完成各项任务，表达准确，符合规范。（20%）
	写1份班级情况分析，2位学生个案分析；对学生作学期综合评价。（表13~表15）	
	上师大指导教师班主任实习指导情况记录。（表16）	
学会反思	完成2份课堂教学的反思与感悟。（表17）	内容充实，按表格细节要求完成各项任务，表达准确，符合规范。（20%）
	参与教研组活动，记录1次备课组活动。（表18）	
	从教育教学、教育实习中提取有价值的问题进行反思，开展一个微课题研究。（表19）	
	未来5年的个人专业发展计划。（表20）	
教育情怀	撰写对实习学校的观察报告。（表21）	内容充实，语句通畅，观察、学习和感悟是发自内心的，不是简单的拷贝，有自己的认识和思考。（20%）
	撰写3篇实习期教师职业生涯随笔或师德修养方面的读书心得。（表22）	
	撰写教育实习总结。（表23）	

第五节　教学案例及点评

师范生填写的《教育实习手册》质量好坏是评价师范生教育实习课程最终成绩的重要依据。《教育实习手册》作为评价依据，杜绝了师范生实习点卯充数的弊端。《教育实习手册》填写情况不仅能反映出学生对待实习课程的认真程度，还能反映出学生各方面的基本素质，如中英文表达能力、阅读的广泛度、对教师职业的认同感、道德价值观、观察能力、思考深度、理论结合实际的能力等。在此选取实习生个人教育实习计划、单元教案设计的一套案例，包括个人实际计划、单元课堂教学设计与教案之一、教案内容之一、教学辅助设计方案之一四部分内容；实习生公开课的一套案例，包括课堂教学设计与教案、教案内容、板书设计和教学反思四部分内容；实习生班主任工作一套案例，包括班级情况分析报告、2位学生的个案分析与研究、撰写学生评语记录、实习总结五部分内容，每部分有教师精彩点评，以期对后学者和兄弟院校英语师范专业的师生有所启迪和帮助。

5.1　实习生本人教育实习计划、单元教案设计及点评

黄同学本人教育实习计划

> **教育实习的目标和重点**
>
> 在本次教育实习中，我的目标是将理论与实践相结合，努力把大学课堂内所学的知识运用到授课中去，通过实践与历练，夯实基本功，提升师范生核心素养，为日后工作奠定良好基础。同时，通过采集学生在英语写作中的数据，为未来撰写语言学类实证研究论文提供数据支持。
>
> **本人已做的准备(学科知识和基本实习准备情况)**
>
> 在教育实习正式开始前，我已在暑假里完成了对《牛津英语》(牛津上海版)六年级上册的预习工作，翻阅了初中教辅书籍，了解了近年来初中英语教学基本形式。我本人是本地生源，所以也凭借记忆整理了一些常考知识点，如语法点和固定搭配等，对六年级英语学科教学重难点有了一定程度的了解。
>
> 在班主任工作方面，我请教了我曾经的初中班主任，他向我传授了一些班级管理技巧，譬如培养学生良好学习习惯的方法：在一定时间段内主要抓"一个点"，比如在开学一个月内，主要抓学生在午自习时的纪律性，表现欠佳者需要致电家长，如此建立班主任的威信；在接下来的时间主要抓学生交作业的纪律，如有频繁漏交、不交的也需要告知家长。如此往复，学生会慢慢变得自律，班主任也不会被压力压垮，对于后续工作的开展也有帮助。
>
> 在心理准备方面，本人在实习前咨询了我的外公。他曾是一名初中数学教师，他告诉我作为新教师，第一次踏上工作岗位时遇到困难在所难免，但是只要有信心，世上无难事，遇到任何问题要虚心向大学指导老师和实习学校带教老师请教。我的心也踏实了很多，对未来三个月的教育实习充满了信心和期待。

单元课堂教学设计与教案(一)

学校	上海市＊＊中学	年级，班级	六(2)	执教时间	2021 年 10 月 18 日 下午第 4 节
目标 与要 求	学生能够掌握常见工作的英语表达，同时掌握情态动词 would 在表示意愿时的用法，通过小组活动，调查彼此心中的楷模，树立自己的理想职业，并为之而努力的奋斗意识。		设计 要点		通过听音频、跟读、练习对话的方式掌握各类工作的英语表达，并树立自己理想的职业。
教学 过程 的组 织与 实施	导入：通过播放带有 jobs 歌词的英语歌曲作为导入，帮助学生较快地抓住本堂课的主题； 听前：通过图片演示，帮助学生了解掌握 names of jobs, What does he/she do? 等相关词汇与基本句型； 听中：通过听音频，继续训练学生听懂、掌握听力材料相关内容并巩固 Would you like to be a/an…?的句型。 听后：组织学生分组讨论心目中的楷模(role model)是做什么工作的，并考虑自己为将来成为这样的人会怎样努力。这既是思政教育，也能帮助学生就主题进行深度思考和拓展。				
自我 评价	学生能够掌握常见工作的英语表达，同时掌握情态动词 would 在表示意愿时的用法，通过小组活动，调查彼此心中的楷模，树立为自己的理想职业而努力的奋斗意识。				

教案内容(一)

Teaching Plan	School：×××Middle School
Students：Class 2 Grade 6	Teacher：Huang ×××
Listening and Speaking：What would you like to be?	Date：18/10/2021
Teaching objectives	

At the end of the class, the students are expected to

➤ Understand the meaning of some new words and phrases, such as secretary, clerk, dentist, put out…;

➤ Use modal verbs to express preferences：would (not) like to be;

➤ Describe jobs done by different people;

➤ Develop a sense of vocation and interest in jobs.

Teaching aids

Multi-media device, a blackboard, work sheets.

续表

Procedures		
Steps	**Learning activities**	**Objectives**
Lead-in	Students identify different jobs that they've heard in the song *Be what you wanna be*.	To activate Ss' background knowledge and to elicit the topic.
Pre-listening	1. Students brainstorm about more jobs that they know. 2. Learn some new words about jobs and talk about what each job involves.	To review jobs Ss have learnt before. To learn how to talk about what different people do by using the structure "What does... do?".
While-listening	1. Listen to the recording and number the blanks according to different places people work at. 2. Read the descriptions and find out what the jobs are. 3. Listen to the recording and get the main idea about Kitty and Peter's job preferences. 4. Work in pairs and practice the key structure "Would you like to be a/an...?" by asking job preferences.	To practice Ss's listening skill and be familiar with different jobs. To consolidate the new words and responsibilities of different jobs. To teach Ss how to use the key structures to express preferences to jobs. To consolidate the key structure：Would you like to be a/an...?
Post-listening	Work in groups of four. Investigate students' role models. (Do a survey on each of your role models.)	To apply what Ss have learnt to their real life.
Assignment	**Oral homework**： 1. Read the new words about jobs for three times. 2. Recite the dialogue on Page 27. **Written homework**： Finish the homework sheet.	

教学辅助设计方案(一)

(含 PPT 截图、板书等)

Read and identify

Tick the jobs you would like to do (✔)

An English teacher	teaches children English
A doctor	makes sick people better
A bus driver	drives a bus
A fireman	puts out fires
A cook	cooks food for people
A secretary	takes notes and answers phones
A pilot	flies a plane
A shop assistant	sells things to people
An astronaut	flies a spacecraft
A dentist	looks after people's teeth
A bank clerk	receives money and gives money in a bank
A scientist	does research

Homework

Oral homework:
1. Read the new words about jobs for three times.
2. Recite the dialogue on page 27.

Written homework:
1. Finish the homework sheet.

☞ **教师点评:**

黄同学在实习期间,学习工作积极,态度认真负责,以饱满的工作热情,求真务实的工作态度,圆满完成了各项实习任务。在教育实习开始之前他就为实习工作做了较为细致的计划与准备。例如在案例"本人教育实习计划"中提到的,教学上在实习前的暑假里完成了对课本的预习工作,翻阅了初中教辅书籍,了解了近年来初中英语教学基本形式,从而对六年级英语学科教学重难点有了一定程度的了解。班级管理方面又请教了同为英语学科教师的曾经的初中班主任,还向自己的外公讨教了班级管理技巧等。可谓"良好的开端是成功的一半"。

在英语教学工作上,贯彻以学生为中心的教学原则,能将所学教学理论联系实际工作。例如，案例是主题为"Jobs"的单元课堂教学设计中的听说课。实习教师以歌词作为导入，成功地帮助学生快速抓住了本堂课的主题。Pre-listening 部分，教师较为细致地设计了教学环节，帮助学生了解掌握了 names of jobs, What does he/she do? 等相关词汇与基本句型。While-listening 部分，教师通过听，继续训练学生听懂、掌握听力材料相关内容并巩固 Would you like to be a/an…? 句型。Post-listening 部分，教师组织学生分组讨论心目中的楷模 role model 是做什么工作的，并考虑自己为将来成为这样的人会怎样努力，既是思政教育也是帮助学生就主题进行深度思考和拓展训练"说"的部分。本堂课教学目标明确、清晰。教师依据教学目标展开课堂教学、设计组织教学活动，教学活动组织合理、循序渐进，能较多、较好启发学生积极参与课堂学习。教学语言规范、标准。教态得体。配有一定的板书。本堂课是教学设计与实施较为成功的案例，不足之处在于实施过程中对于课堂教学时间的把控不够理想，希望实习教师通过以后更多的教学实践与反思获得更大的进步与提高。

（点评教师：宋梅砚）

5.2　教育实习观课报告案例及点评

李同学教育实习观课情况汇总评价表

次	日期	学科	年级班级	教　学　内　容	执教教师
1	9月3日	英语	九(2)班	Homework analysis	石老师
2	9月6日	英语	九(6)班	U2 Fishing with birds（Words and Phrases）	石老师
3	9月7日	英语	六(11)班	U1 Family and Relatives（Grammar）	陈老师
4	9月7日	英语	八(2)班	U1 Anna's Blog（More Practice）	马老师
5	9月8日	英语	九(9)班	U2 Fishing with birds（Text Understanding）	吴老师
6	9月16日	英语	九(7)班	U3 Head to Head（Text Understanding）	石老师
7	9月22日	英语	九(6)班	U3 Head to Head（Reading Lesson）	钱老师
8	9月26日	英语	九(2)班	校本教材《学程手册》讲评	石老师
9	10月14日	英语	九(7)班	The first mock exam of Yangpu District（Homework analysis）	石老师
10	10月19日	英语	八(7)班	U3 Dealing with trouble（Reading Lesson）	陈老师
11	10月20日	英语	七(1)班	U4 Jobs people do（Reading Lesson）	王老师
12	10月21日	英语	六(4)班	U5 Open day（Reading Lesson）	金老师

续表

次	日期	学科	年级班级	教学内容	执教教师
13	10月27日	英语	八(11)班	U4 Numbers：Everyone's language（Reading Lesson）	富老师
14	11月22日	英语	六(1)班	U7 Rules around us(Reading Lesson)	杨老师
15	11月23日	英语	八(9)班	U5 The giant panda(Reading Lesson)	沈老师

导师对学生听课情况评议：

　　该生在实习期间积极听课，认真完成实习听课计划，能较好地完成实习任务。在听课过程中，能认真记录听课笔记、及时总结听课内容，听课报告思路清晰，内容完整，达到实习规定的要求。

张老师

观课报告

1	日期	9.7	节次	3	班级	六(11)	课题	6A Unit1 Family and Relatives	执教老师	陈老师

观课内容实录

Presentation：一般现在时

1. 时间状语：every（day, week, year…），often, always, usually, sometimes

经常性、习惯性、周期性、真理性

2. 基本结构【板书】

三单：肯+V+s

$\begin{cases} s, x, ch, sh + es \\ 辅音字母+y 结尾 \to ies \\ 不规则：部分"o"结尾+es, have \to has \end{cases}$

否：doesn't+V$_否$　　　　问：does…+V$_否$

第一人称(I, we)　　　　第二人称(you, you)　　　　第三人称(复数)

肯：V$_原$　　　　否：don't+V$_原$　　　　问：do+V$_原$

※be：am, is, are

Practice

Activity 1：Look for friends

Find out how these words change in the third person singular. Try to group them and explain your reason.

Activity 2：To be a doctor（Correct the mistake）

Find out whether there are mistakes on singular and plural expressions in sentences. Note that there may be more than one mistake.

学生先自己做，再请同学回答并说出理由

续表

1	日期	9.7	节次	3	班级	六(11)	课题	6A Unit1 Family and Relatives	执教老师	陈老师

Activity 3：Fill in the blanks with the proper forms of the verbs given.

Production

Activity4：Look at the picture and try to fill in the blanks. Examples are given on the slide.

Paragraph 1：Family members

Paragraph 2：What usually do with…

Paragraph 3：A happy family

图片+关键词/词组(人称替换)

Activity 5：Write a passage about your family.

Homework

1) Finish the exercises；

2) Write an essay about "my family".

观课感悟(教学目标、教学内容、教学方法、教学效果)

教学目标：

1) 通过图表理解核心词汇如 *family*，*relative*，*grandson*，*granddaughter* 的含义，学会正确朗读这些单词，掌握元音字母 a 的/a/及 e 的/e/发音；

2) 读懂家谱图，根据其中的关键信息对文本内容进行预测；

3) 读懂关于家庭成员和亲戚关系的介绍，正确使用家庭称谓；

4) 掌握一般现在时的基本用法。

教学内容：6A U1 Reading：Family and Relatives

教学方法：PPP 教学法

教学效果：

师生互动良好，能根据学生年龄特点，设计多种课堂教学活动，调动学生学习积极性，利用游戏形式开展良性竞争，让学生在相互较量中学到知识，提高对知识点的理解和运用能力。如在初步教授单数第三人称时，陈老师没有用常规的练习，而是通过了 Look for Friends 游戏，让学生直接站起来抢答，为所在的小组赢得分数。这种直观的记数方式让学生直接感受到了来自同伴的答题热情，也进一步激发了他们参与课堂活动的积极性。再如，进行句子改错时，陈老师以 To Be a Doctor 的游戏，让学生们以小医生的身份诊断句子中的错误。

这些方式不仅使得枯燥的英语语法教学变得生动有趣，逐步培养了学生的学习兴趣，吸引了学生的注意力，而且陈老师的教学也不是局限于课本知识，而是联系实际生活，使得学生将生活常识应用于知识点的操练，不仅加固了对第三人称单数的改写运用，还培养了学生细心观察生活的习惯。

值得借鉴的地方和可以改进的方面

What is worth learning

　　This lesson is based on the Oxford English Year 6 Lesson 1, Family and Relatives. This text begins with Alice receiving a birthday card from her relatives on her birthday, so that students can become familiar with the

续表

| 1 | 日期 | 9.7 | 节次 | 3 | 班级 | 六(11) | 课题 | 6A Unit1 Family and Relatives | 执教老师 | 陈老师 |

names of family members and their relationships, and also learn the usage of the present simple tense. Students will further develop the good character of caring for family members and respecting their elders.

The blackboard design is clear and reasonable. By interacting with students as she wrote the notes, Ms. Chen fully engaged students' initiative and motivation to think, both helping them review what they have previously learned and continuing to deepen their learning on this basis.

Areas for improvement

There is room for improvement in class timing. In the student Production section, it can be seen that two activities were originally designed, but only five minutes were set aside for practical exercises in class. In the first activity, students discussed but failed to fully unfold their discussion, which was also evidenced by their less than fluent answers. As a result, the second activity was left as an after-class activity due to the time limitation. Therefore, the Practice section could have been shortened to allow sufficient time for students' Production section, so that the students could have more freedom to express and exchange their ideas.

☞ **教师点评：**

李同学的教育实习手册被评定为优秀。总体上看，该同学的手册内容翔实，篇幅充足（≥5万字）；对每个环节的记录全面，思考有深度，总结有效果；手册撰写格式规范，图文使用得当；文字表述准确，逻辑清晰。以下选取该同学教学能力目标中的教学观摩环节进行重点点评。

该同学的教学观摩主要有三个优点。第一，教学观摩学段完整。该同学观摩了11位不同老师的授课，涵盖初中学段的四个年级。这样的观课不仅博采众长，也做到了全学段的观摩学习。全学段教学观摩有助于从整体维度领会教材内容与学生学情，为今后的教学打下扎实的基础。第二，观课报告记录详细。该同学的观课报告内容翔实，步骤清晰，表述准确，展示了师范专业学生的教学基本功。第三，教学观摩感悟深刻，有述有评。比如在报告中，针对授课老师的教学策略和设计，该同学的感悟为"生活游戏培养学生的观察能力"，同时也指出授课教师在教学安排中时间分配不足的问题。第四，教学观摩课型全面。该同学参与观摩的课型包括阅读、词汇、练习、作业讲评和拓展，还有校本类课型，做到了全视角的教学观摩。

该同学在教学设计环节很好地运用了教学观摩中的心得体会，这里举两个例子作为佐证。比如教学设计的规范性，该同学在撰写教学过程时使用了表格形式，教学步骤、活动与目标一一对应，教学设计的思路与细节一目了然。目标设计的启发性，在针对计算机话题的教学中设计了启发性问题，引导学生思考计算机与人类的关系。

（点评教师：李四清）

5.3　学生公开课课堂教学设计与教案及点评

王同学教学公开课课堂教学设计与教案

学校	**中学	年级，班级	高一(5)	执教时间	2019 年 11 月 15 日 上午 第 3 节		
课题	Surprises at the Studio			执教教师	王老师	学科	英语
教材分析	This reading passage is an excerpt from the novel *Mandy and Angela Go to Europe* which took place in a TV quiz programme. Since it's a story, the teacher could encourage students to find the three elements of a story (setting, characters and plot) through skimming and scanning, and then elicit from students the emotion and feelings of different characters. It's worth mentioning that the title of the text is one of the teaching points. In the title "Surprises at the studio", the key word is "Surprises", which creates the tension in the story. In such a story, there are three surprises altogether, reflecting the main plot. Students can be guided to exploit the meaning of the title to understand what happened in the story better.			设计要点	1. 掌握故事类体裁的切入点，即故事情节的四要素。 2. 帮助学生理清故事发展的脉络，从而把握文章的主题，特别是找全文中的三个 surprises。 3. 通过创设一定情景的活动，引导学生体会作者针对不同人物所使用的不同动词，如 whisper, faint, shout, gasp, boom, 从而理解人物的心情或性格。		
目标与要求	By the end of the class, students are expected to 1. get the main idea of the text by figuring out the plot of the story, namely the 3 surprises. 2. analyze the characters' emotion or personality by focusing on the use of different verbs：faint, shout, gasp, boom, chew, etc. 3. have a command of 4 elements of the plot so as to develop their ability to retell a story. 4. design and produce their own TV programme through cooperation, critical thinking and imagination.						
教学过程的组织与实施	本节课依据阅读课课型的 lead-in, pre-reading, while-reading, post-reading 模式作为整个教学过程模式，将讲解故事要素和分析人物情感两条主线融合在一起。在课前组织学生进行读前预测。相对于在读后环节强调学生对全文的整体认识，设置了 check prediction 这一环节。之后进行略读、扫读等多种阅读环节，由浅入深，引导学生通过角色扮演等活动体验与感知故事中人物情感。同时进一步依据任务型教学法在产出环节安排学生设计一档采访节目的活动，给了学生更多产出的机会，旨在锻炼学生的语言输出能力。						

续表

学校	＊＊中学	年级，班级	高一（5）	执教时间	2019 年 11 月 15 日 上午 第 3 节
自我反思					与初次授课相比，本堂课教学步骤更为清晰，整个教学环节也更完善，教学效果较好。学生能在产出环节通过小组合作集思广益，产出一档自己的节目。但可以看到，课堂需要更多的师生互动，学生给予的反馈还略有不足。

公开课教案内容

Steps	Student activity	Teacher activity	Purpose
Warm-up	Find out their own group： Watch and describe the TV programme they have on their handout so that they could find out their group members who have the pictures of the same programme.	Give instructions and help to group the students： Find out those who have the same TV programme as the one you have by asking some questions about it or describing it. Motivate students to talk about different types of TV programme.	Attract student's interests and activate their previous knowledge of the topic.
Pre-reading	Make it clear that they're going to do brainstorming. Have a look at one scene in the filming stage of a quiz programme in the text and think over 2 questions： ➤ Where do you think this quiz programme is being filmed? ➤ Who do you think are involved in the filming?	Assign the task to students： Students are going to produce their own television programme at the end of the class. Set the situation： A quiz programme is being filmed in the text and ask students to brainstorm who is involved in this process.	Set task for the students and provide students with a real communication situation. Prepare students with the new topic i. e. filming a quiz programme.
	Predict "2W" according to the given picture.	Provide students with hints through pictures and questions like. ➤ When did this happen? ➤ What happened? Check students' prediction.	Motivate students to learn about the setting of the story that happened at the studio and lay a foundation for the careful reading.

续表

Steps	Student activity	Teacher activity	Purpose
While-reading	Locate other surprises in the text and summarize them in their own words.	Lead students' attention to the title, *Surprises at the Studio*. Elicit more surprises that happened at the studio so as to ask students to locate them in the text and summarize them.	Present the story to the students with the help of the main plot, i.e., the 3 surprises and assist students in understanding the main idea of it.
	Task: Students finish different tasks respectively in different "surprises". ➢ Surprise 2: Scan and Fill. Students are required to scan Lines 10-19, find out the reaction of different characters and complete the table with the action verb. ➢ Surprise 3: Q & A Students are asked to think about whether it is easy for Angela to win or not. At the same time, students are required to figure out Mandy's feeling and personality.	Give instructions and provide necessary help. Task: ➢ Help students learn different tones. ➢ Guide students to analyze the action verbs to understand characters' emotion or personality.	Further exploit the key points in the text to the students and inform students of some action verbs and feelings or personality of the characters.
	Retell the whole story based on the plot diagram and four pictures.	Elicit as well as help students with the important element of the story-plot.	Help students have a review of the main idea as well as the key points, "3 surprises" of the whole story by showing the plot diagram.
Post-reading	Produce your own TV show: Students work in groups and act different roles to produce a TV show, which is about a live interview.	Give the instructions and role cards. Supervise students and provide students with help if necessary.	Consolidate what they have leaned and make production based on the inputs.

续表

Steps	Student activity	Teacher activity	Purpose
Post-reading	Share and comment； Share their work in the whole class and comment on their classmates' work based on the rubric.	Manage the time. Check students' performance and give comments. Activate students to think about if some emergency happens, what should they do? Make a conclusion that when we are faced with emergency, we should stay calm and learn to work in a team.	Motivate students to share their ideas and learn from each other. Draw the conclusion of the whole text and further students' understanding of it.
	Assignment： ➢ Improve the interview according to the feedback and make it into a video. ➢ Write a report according to the story.	Assign homework and illustrate the requirements clearly.	Check students' learning effect and develop their ability to write and speak.

公开课板书设计方案

➢ **Locate the Surprises and Summarize**

Surprise 1

Line（1 ~ 9）：Before the programme started filming, one of the contestants fainted.

Surprise 2

Line（ ~　）：_____.

Surprise 3

Line（ ~　）：_____.

（ ＊**You can add extra lines if necessary.**）

Scan Lines 10 ~ 19 and Fill

Instruction：Fill in the table below by finding out the action verbs in the text and analyzing the feelings or personality of the characters.

Character	Action（Verb.）	Emotion/Personality
Director		
Angela		
Make-up artist		
Announcer		

公开课教学反思记录

　　本节课执教的内容是高一英语 Unit 4 Surprises at the Studio 第一课时。在备课之初，根据高中英语新课标的要求，以"学生"为主体，充分了解学生兴趣与能力，确定教学目标与重难点。文本是一篇故事。旨在加强语篇教学，锻炼学生阅读策略，提高学生阅读能力，整堂课以培养学生合作学习、自主学习以及探究式学习为主。

　　这一节课运用了任务型教学方法，设计了多个环节，包括导入、读前、读中以及读后。在不同环节中，根据学生的阅读能力和不同环节的阅读要求，设计丰富多样的活动与任务，帮助学生锻炼精读与泛读的能力，同时帮助学生围绕"surprises"体会故事情节的四大要素以及创设一定的情境帮助学生体会故事中不同主人公的情感体验，真正让学生在语境中感知语言，学会运用语言。

　　因为在真实的高中课堂中进行执教的次数并不多，在课前仍旧比较紧张，担心学生的反馈，课堂中是否会出现突发情况等。但真正实施教学过程与活动时，有了前期的准备，整堂阅读课进行得还是比较顺利的，达到了每个环节预期的效果，学生的参与度也比较高。不同的教学活动也成功实现了培养学生使用快速略读、定位关键词等重要的阅读技巧和能力的目标，强调学生在语言情境中习得词汇的能力。在课程后期我设置了学生自主产出节目的环节，可以看到学生能够基于前期的输入，通过小组合作的方式，各抒己见，最终产出一档自己的访谈类节目，锻炼提高了自己的语言能力。

　　通过课后与同组实习英语老师和指导老师的交流，我也意识到自己的堂课还存在一些细节上的问题与不足。整堂阅读课偏重于强调文章故事内容的精读，教师侧重于分析文章内容与作者想要塑造的人物性格，以及单词、句子的意译，在时间把控上略有不足，导致在产出这一环节中，并非所有学生都有机会展示自己小组的节目。同时，我认为一直以来在教学过程中，我对学生的把控过多，留给学生自主发挥的空间较少。例如在学生展示 group work 时，一方面我给学生预设的条件比较多，学生在操作时可能会受到更多的局限；另一方面，在学生上台展示时，我习惯于立刻指出学生的一些语法或者发音错误，这一点非常不利于学生语言流利性的培养，有时甚至会影响到学生对学习英语的积极性。因此，在今后的教学中，我觉得我要锻炼灵活把握课堂的能力，对课堂的操控有取舍，合理地安排学生自主讨论，知道如何去引导，而不是一味地主导，让学生有更多的空间和时间展示所学、所得。

☞ **教师点评：**

　　王同学详细记录了教学公开课课堂教学设计与教案、板书设计及教学反思，态度认真、内容充实、反思真切。课前，王同学认真研读分析教材文本"Surprises at the studio"，围绕故事发生、发展中的冲突和高潮梳理教学主线，清晰设定教学目标、创设情境，多元设计教学活动、认真撰写教案，意图逐步指导学生自主体验合作探究。同时，根据教学目标，有条理规划板书设计，借助板书呈现故事脉络，启发学生思考理解文本内容，体会人物情感。课后，王同学复盘自己的课堂教学实践，积极思考教学目标达成情况和教学设计落实情况，总结成功经验，也指出实际教学中的不足之处，如教师过于强调文本内容的理解，注重语言知识技能训练，一味落实教学计划，控制干预过多，影响学生主观能动性的发挥。

建议在单元视角下更深入研读教材，全面理解文章内容，挖掘深刻内涵，在文本理解基础上深化理解主题意义，凸显育人价值。另外，做好学情分析，了解学生的实际水平，明确学生需要什么，抓准重点和难点，以学生为主体描述课堂活动形式与教学步骤，在设计教学活动时，思考一下如何铺垫生成以及如何检测学生是否达到预期理解。此外，还要善于捕捉记录教学过程中擦出的火花，学生独特的反馈是对课堂教学的完善与补充，是丰富今后教学的有效养分。详细记录、认真反思，以记促思、以思促教，不断积累经验、优化教学，才能成为有思想有方法的研究型教师。

（点评教师：顾翡）

5.4　实习生班主任工作案例及点评

翁同学班主任工作实习案例

班级情况分析报告
班级概况 　　班级共 29 人。班级同学能遵守校纪校规，学习风气较好。整个班级呈现出积极向上的良好风貌。班内的班干部有明显的号召力。对外他们比较团结，有素养，有集体荣誉感，在活动中都体现出了较好的自我管理能力。班级内部的管理中，各种规范检查有专人负责，如课堂纪律、卫生情况，尤其是眼保健操。大部分学生都对学习抱有一定的热情，学习成绩稳定逐步上升。个别学生的学习问题较大，但是整体班级风气是积极向上的。
突出优缺点分析 　　优点：班干部队伍十分能干，在班级内有明显的号召力，整个班级的集体荣誉感很强。互帮互助的学习风气很好，班级中的学习小组氛围也很活跃。 　　缺点：学习习惯方面还有待加强，完成作业比较拖拉，尤其表现在背诵课文这一方面。
对策与教育建议 　　面对背诵课文较为拖拉这一现象，我们决定通过竞争意识来促使学生抓紧时间背课文，制定了一个奖惩机制和刷分机制。详细的机制设置如下。课文背诵作业的完成期限是 3 天，在第一天进行背诵的同学，会得到一个重来一次的机会，如果对背诵的结果不满意，他可以选择在之后两天的时间里再次进行背诵，分数按较高的算。班级里最先得到 A 级分数的三位同学可以得到奖励印章。对每个人背诵的准确度和流利度的要求不同，只要在自己的能力范围内做到最好就可以有机会拿到 A。

学生的个案分析与研究

学生姓名	陈＊＊	年龄	13	性别	男	年级班级	六(2)	担任工作	无	兴趣爱好	拼搭模型

学生基本情况	该生在学习上兴趣不足,在课堂上没有规则意识,例如,会在课堂上直接趴着睡觉,有时候会打乱课堂秩序,在老师讲第13题时直接问老师第8题是什么。他的反应会比较迟钝,而且在英语方面的基础较为薄弱。该生进老师办公室时也不问好,对老师的防备心理比较重。但是该生的动手能力比较强,对劳动技术方面的活动,例如拼搭模型等较感兴趣。
个案分析主题及目标	1. 培养学生的课堂意识和规则意识。一般这样的学生对老师的防备心会比较重,而且不愿意听老师的讲话,所以这个时候,家长的力量就非常重要了。通过和家长谈话,分析该生的心理问题的起因,帮助学生真正解决问题。 2. 在学习方面,应该给小朋友自信。老师对待这样的学生应该更有耐心,对他们要更温和,要以鼓励为主。因为学习的目的是激发小朋友的学习兴趣,帮他建立学习上的自信心。 3. 该生一般不会踊跃参加学校活动,所以老师对他在活动上的参与应该更费心,鼓励他去尝试不同种类的活动,这样也有助于老师发现他的闪光点。例如,参加手工类活动的时候,可以关注他是否有报名参加,并可以在他参加活动时给予一定的指导。
效果跟踪	经过近三个月的观察与分析,也与该生的父母建立了较为密切的联系,如今该生在学习上已逐渐有了进步,在对老师的态度上也有了明显的改变。在课堂里,虽然他有时也会打断老师上课的节奏,但是,本着不打消他学习积极性的原则,老师们也会对他的一些学习上的问题进行最及时的回复。

撰写学生评语记录

学生姓名　钱＊＊

　　(内容)你是一个活泼可亲、好学上进、热爱生活的小女孩儿。你坚持按时到校,各方面严格要求自己。课堂上你善于思考,专心听讲,紧跟老师的思路;平时老师的教诲,你总是认真地听着,脾气和善,令老师深感欣慰。惟知跃进,惟知雄飞。期望你在新的学年里取得更大进步。

学生姓名　陈＊＊

　　(内容)你聪明乖巧而又善解人意,独立自主而又勤奋刻苦。你不愧是老师的得力小助手,同学们的好榜样。你的英语作文大胆创新,勤于练笔,主动虚心地向老师请教。你的语文和英语成绩是优秀的,理科基础也不赖,在新学年里,老师希望你更加善于总结学习方法,力争各个方面都有新的突破。

学生姓名　徐＊＊

　　(内容)你活泼、可爱、聪明、才艺超群。你还是一个善感的孩子。你的情绪很容易波动,老师叮嘱你一句:加强定力修养。古贤苏轼说,古之成大事者,不惟有超世之才,亦必有坚忍不拔之志。承载着爸爸妈妈和老师们的期望,以你的禀赋,你可以做得更好,加油!

续表

学生姓名　宣*

(内容)你情感细腻，柔和而又坚强。做一件事，你有不折不挠的毅力。你兴趣广泛，富于创意。你的手艺，同学们是极为佩服的。劝君惜取少年时，莫待花开空折枝。流光可惜，珍重芳华。你一定行的，努力就会有进步。

学生姓名　王**

(内容)虽然你平时极少言语，但老师知道你是一个很有内秀的孩子。你团结同学，与人为善，你学习踏实，基础良好，无论学习还是生活，你都能令老师省心省事。期望你今后大胆主动和同学交流，多向老师请教，查缺补漏，争取学习上的飞跃。

学生姓名　周**

(内容)你大胆创意，活泼天真而又伶牙俐齿。无论走到哪里，老师和同学都能一眼认出你。你总能给老师和同学带来欢声笑语，你的个性是那么富于感染力。新学年希望你注意明确学习目的，加强自律，学就学个踏实，玩就玩个痛快。

学生姓名　张**

(内容)你珍爱友谊，品性幽默，是同学们的开心果；你聪明、反应快，学习上经老师一点就通。老师们有时也为你在课堂上爱讲话、不专心学习伤脑子。以你的潜力，你本该有更好的发挥。希望你今后加强自律，静下心来，好好学习。

实 习 总 结

作为一名师范生，有机会在学校里进行浸润式教育实习是十分幸运的。在实习期里，我主要从课堂教学、班主任工作这两个方面，对教师这个职业有了更为深入的了解。

一、课堂教学

作为一个实习教师，听课、学习其他老师的课堂设计是我们的首要任务。宝外的英语组进行集体备课，但同样的教案，同样的课堂设计，老师的教学风格不同，课堂效果也会有差异。一堂课，不同风格，对我们来说是十分具有借鉴意义的，对好的地方进行学习，对不恰当的地方进行优化和改正。当两位老师的指令不太一样时，我们可以通过比较两者不同的地方和学生的反应进行学习。举个例子，看图说话，要求学生扮演图片中一个人的角色来想象他会做什么事情，再和另一个同学进行对话。一位老师会说，imagine you are …而另一位老师直接就说，please look at the picture and try to complete the dialogue。虽然后面一个指令看上去相对简单，甚至意思不清晰，但上了多节英语课后，同学们一下子就能理解老师的要求，不需要冗长的题目要求。

作业是检验和加强课堂教学效果的一种手段。在作业方面，老师会更倾向布置动脑的作业，且更加注重听说部分。由于现在的网络APP等的出现，家校互动更为密切。在钉钉上，老师可以及时回答学生或家长的问题。宝外的老师也充分利用"口语通"这一APP要求学生尽力模仿口语通中音频的语音语调，熟悉课本内容，并在背诵课文时展现出来。这样的模仿将给学生打下一个良好的基础。另外，老师还对作业格式的要求进行了细化。在学期初始，每位学生都会有一本学生手册，上面有英语预习本、copy本和随堂笔记本的记录格式。

续表

二、班主任工作的实习

相比于各学科任课老师，班主任的工作要重很多。除了学科学习，还要关心学生的学校生活，尤其是学生的心理问题。初中是青少年们逐渐叛逆的一个时期，身体和心理的发育产生了不平衡。虽然看身高已经是个大人了，可是心态还远没有成熟。对于这个年纪的小朋友来说，老师已不能用"威严"来进行班级的镇压，更重要的是如何和班级的同学打成一片，成为他们的"好朋友"。

在班主任的实习过程中，我发现初中的小朋友正在逐渐形成自我意识，有着不同的性格特色，所以对于每个人也需要有不同的教育和引导方式。例如，我们2班的一个小朋友，用他们班班主任的话来说，他是一个"极其幼稚"的小朋友，规则意识不强，但是他在数学和科学方面特别有天赋，是一个天才型理科选手。他的成绩虽然不错，但是和数学相比，他在英语方面有着十分明显的偏科情况。对于这一类的规则意识不是很强的小朋友，要培养他的规则意识，就必须不断地提醒。

这一类的小朋友有着"打破砂锅问到底"的精神，在为他树立起规则的时候，老师必须将重点放在"原因""为什么"上面，要让小朋友自己意识到自己的问题，自己的行为会产生怎样不好的后果，让他设身处地为别人着想。

除了这一类比较需要老师费心的小朋友之外，班级里更应该建立起一个完整的班干部体制。一个人同时为近30个小朋友花心思，简直是不可能完成的任务。这个时候，培养得力的小助手，不仅是对班主任工作的一种分担，也为担任班干部的小朋友提供了锻炼自己的机会。

教育一直是大家关注的中心，其存在的形形色色的问题，体现出教育工作的不易。如何在这个常青的事业中，寻找到适合自己的节奏与态度确实是教师一生追求的目标。比起洋洋洒洒的长篇大论，如何将解决方法付诸实践才是我最关心的问题。

☞ **教师点评：**

翁同学详细记录了班主任工作的心得体会，观察入微、情真意切，工作实践具体务实。她先描述班级概况，整体学习风气好，班干部管理能力强，但学生学习习惯有待加强。她选择背诵课文这个课间任务作为突破口，利用有效的奖惩和刷分制度，以竞争激发兴趣；同时，采用差异化的背诵标准鼓励基础薄弱的学生，取得了良好效果。在学生个案分析研究方面，她既结合成长背景、兴趣个性、家庭背景等因素分析模范生的成长特点，也针对问题学生的困难分析原因，提出加强家校沟通、鼓励尝试等行之有效的对策，提升他们的学习信心。学生评语温暖真诚有个性，肯定学生、鼓励学生，并友善地指出其存在的问题，诚恳表达对学生的期望，以便学生能正确认识自己，明确未来努力的方向。她还引经据典，语言通俗有趣具有感染力，有助于建立积极良好的师生关系。

建议全面了解学生以往经历、学业基础、兴趣特长等方面，更深入客观做好班情分析，确定育人实践的重点难点，提出班级建设的合理目标和有效策略。在了解学生不同的学业、气质个性、学习能力及未来预期等基础上，更深入挖掘学生差异的多维表现并探究形成差异的主要因素，为多层次差异化教学设计打下基础，这样才能满足学生个性化学习需求，提供个别化指导，发挥每一个学生的潜能，让每一位学生体验学习成功的快乐喜悦，促进每一个学生生动活泼健康地发展。

（点评教师：顾翡）

5.5　师德修养与职业感悟案例及点评

师德修养与职业感悟实习模块单元自我反思
吴同学

我们所处的时代是个信息化时代，各行各业日新月异，教师行业也不例外，教师每天担负着繁重的工作，在这种情况下，就更应加强师风师德建设。身为教师，应有责任感和使命感，应集中精力、集中力量承担起培养下一代人的责任，塑造为人师表的良好形象。一学期的中学实习即将结束，对"师德修养与职业感悟"实习模块我有以下反思：

一、爱岗敬业，乐于奉献

教师要做到爱岗敬业，首先就应该热爱教育、热爱学校，树立坚定的教育事业心。只有真正做到甘愿为实现自己的社会价值而自觉投身这种平凡工作，对教育事业心存敬重并忠诚于它，甚至可以以苦为乐、以苦为趣，才能产生巨大的拼搏奋斗的动力。教师的劳动是平凡的，教师的生活可能是清苦的，但教师在知识结构近善方面有自求自得的充实感，在精神寄托方面有育天下英才的自豪感，在思想、信息、交流方面有"究天下之际，通古今之变，成一家之言"的独立感，在人际沟通方面有师生相处融洽谐和的亲切感。教师的工作，使无知的顽童变成有抱负有追求的学生，使迷惘的青少年成为祖国的栋梁。人的一生应该有明确的目的和追求，为理想而奋斗，虽苦但乐在其中。在实际工作中我们要珍视为人师表这份荣耀，应严格要求自己，赢得学生的爱戴、家长的信赖和领导的认可。

二、善待学生，安于教学

教育学生，最重要的是要倾注爱心，没有深切的爱就难以收到理想的教育效果。教师要用爱心架起师生心灵的桥梁，注意寻找学生身上的闪光点，及时给予表扬，增强学生学习的自信心。热爱学生、关心学生的生活，了解学生的思想状况，及时排解学生的思想困惑，公平地处理学生之间的矛盾纠纷。理解"差生"，不冷嘲热讽，而是耐心地帮助他们找差距，给他们安排适当的角色，让他们找到自己的位置，感觉到自己存在的价值。对于后进学生的进步更要及时给予鼓励，增强他们的自信和前进的动力。

三、热爱学生，建立良好师生关系

热爱学生，是教师所特有的一种宝贵的职业情感，是良好师生关系得以存在和发展的坚实基础。具有爱心是教师取得教育成果的极为重要的前提，对学生爱之愈深，教育效果愈好。教师对学生的爱，与一般的人与人之间的爱有所不同。它不是来源于血缘关系，也不是来源于教师的某种单纯的个人需求，而是来源于人民教师对教育事业的深刻理解和高度责任感，来源于教师对教育对象的正确认识、满腔热情和无限期望。爱学生并不是一件容易的事，让学生体会到老师对他们的爱更困难。因此，教师在培植和处理师生关系的过程中，首先应该做到的就是热爱学生、尊重学生，进而赢得学生的信任和喜爱，做学生的良师益友，以自己的人格魅力和学识魅力教育、影响学生。

总之，加强师风师德建设，塑造为人师表的良好形象，不是一朝一夕的事，这需要教师坚守高尚情操，在各个方面率先垂范，严于律己、以身作则，需要我们每一位教育工作者用自己的言行去实践，以赢得学生、社会对教师的尊重和理解。作为一名即将踏上工作岗位的教育工作者，通过学习我决心以漪老师为榜样，时时处处严格要求自己，勤奋工作，积极进取，进一步加强师德师风建设，不断提高自己的专业素养和教育教学水平，以饱满的热情和和蔼的工作态度对待每一个学生，时刻关爱学生的健康成长，言传身教、为人师表，为让每一位学生适应时代的发展，做出自己应有的贡献！

☞ **教师点评：**

"爱""责任"是贯穿《中小学教师职业道德规范》的核心和灵魂。吴同学的这篇学习感悟谈及了对教师职责和义务的理解，对教师职业操守的理解，对教育本质、育人目标的理解，有自己的认识和思考。"爱岗敬业"是教师职业的本质要求，没有责任、没有热爱就做不好教育工作。"关爱学生"是师德的灵魂，没有爱就没有教育。爱学生并不是一件容易的事，让学生体会到老师对他们的爱更困难。教师不应以分数作为评价学生的唯一标准，而应全面地解读学生，平等、公正地对待学生，赢得学生的信任和喜爱，以自己的人格魅力和学识魅力教育、影响学生。吴同学的这篇感悟较好地阐述了教师对待教育事业的伦理职责、对待教育对象的伦理职责。此外中学实习过程中，师范生还应通过观察，注意教师在与学生家长以及与学校其他教师沟通交流时应遵循的一些基本职业道德规范，如与家长沟通时做到平等相待、真诚相待，与学校其他教师协同工作时遵循相互信任、相互尊重的原则。

正如同学在最后总结中提到的，师德修养是一个长期终身学习的事业，这不仅是时代发展的要求，也是教师职业特点所决定的，是每一位师范生都应该具备并努力践行的学习任务。立志投身教育事业的师范生们应始终牢记自己的神圣职责！

（点评教师：沈继红）

5.6 主题班(队)会设计与教案及点评

主题班(队)会设计与教案

学校	嘉定区＊＊中学	年级班级	六(3)班	执教时间	2020 年 9 月 18 日下午第 3 节
班会主题	讲文明·知礼仪·创和谐校园			执教老师	吴老师

目标与要求	【活动目的】通过本次主题班会使学生们认识自己的行为习惯,意识到文明礼仪的重要性,并在生活与学习中不断学习应用和改进,讲文明、知礼仪,为和谐校园的创建尽一份力。 【活动要求】本次活动本着"创和谐校园"的精神,主要针对学生思想道德现状中文明礼仪方面这一问题,要求学生积极参与本次班会课的活动与讨论,并提前请部分学生排练小品节目并在课堂中展示,再由教师指点开导,从而引导学生改变只重视学习成绩、注重升学,而忽视个人思想道德修养的情况,培养讲文明、知礼仪的好学生,一起为构建美好和谐校园而努力。	方式与内容	提前布置主题班会内容并让部分学生提前排练。在授课形式上,坚持以学生为中心,学生主导课堂并推动课堂进程,坚持学生为主、教师为辅的授课形式。教师在学生活动参与过后进行总结,加深学生印象,深化主题。在活动设计时兼顾了形式的多样性与趣味性以及内容的突出性与深刻鲜明性,坚持寓教于乐,使学生们在活动中学有所得。

主题班会的组织与实施	【参与人员】六(3)班全体 39 位同学与班主任 【活动形式】情境模拟游戏、小品、自由发言、"文明人"测试、诗朗诵、猜谜 【活动准备】 1. 提前布置主题班会内容,选出两位主持人(一男一女)。主持人准备好讲稿,事先查阅有关文明礼仪的相关知识。 2. 要求同学们结合校园中文明与不文明的现象做好发言准备,说明班会基本的流程,并把全班分成四个小组,每组安排好小组长。 3. 制定游戏规则,排练小品、朗诵。 【班会流程】 1. 宣布上课 2. 主持人宣布班会开始,引入主题 3. 诗歌朗诵《留给生活一朵微笑》 4. 小品《校园文明行》

主题班会的组织与实施	5. 学生列举日常生活中不文明的行为 6. 障碍游戏，并请哑巴、盲人的扮演者谈感触 7. "文明人"测试 8. 猜谜游戏 9. 总结出中学生"十个"文明形象 10. 班主任小结 11. 视频片段《升国旗》 12. 主持人宣布班会结束
具体过程	【具体过程】 师："讲文明·知礼仪·创和谐校园"主题班会现在开始。谁来主持今天的节目呢？（主持人上场） A：回顾历史，在人类历史上，中华文明之所以能延续不断、生生不息，中华民族之所以能连续进步、自强不息，自立于世界民族之林，其重要原因之一就是我们中华民族具有一种源远流长的伟大民族精神。作为古老的礼仪之邦，文明礼貌、尊老爱幼已成为中国的传统美德。 B：展望未来，我们是中国特色社会主义事业接班人，我们是祖国未来的建设者。中华文明靠我们传承，民族精神靠我们弘扬，中华民族靠我们振兴。我们要在学习生活中，逐步形成健康的人格，讲文明、知礼仪，做一个合格的文明中学生，一个对社会有用的人，为我们的生活增添一份微笑。请听诗朗诵《留给生活一朵微笑》。 （节目：诗歌朗诵《留给生活一朵微笑》） A：从踏进这个校园开始，每天我们呼吸着她馥郁的芬芳，采撷知识的花粉。校园需要每个人共同努力来建造，在良好的言行下为学校增添光彩。但是，我们总能发现身边存在一些不容忽视的不良行为，看我们的文明督导员陈同学今天又有什么发现。 （节目：小品表演《校园文明行》） A：谢谢两位同学带来的精彩表演。除了乱扔垃圾外，我们身边还有哪些是不文明的行为？请小组讨论并列举身边的不文明行为，然后小组竞答，并记录积分(每找出一种，记一分)。 （活动：小组讨论、小组竞答） A：看来我们的同学都有意识到我们生活中存在的不良行为，这些行为若不及时改正将会给我们的生活、学习及以后的就业造成严重的后果。 B：讲文明、知礼仪，不仅是要遵守各项规章制度、言行举止得体，还应该会为别人着想，学会换位思考，为他人提供方便，给遇到困难的人伸出援助之手。接下来让我们一起玩一个游戏，体会一下非正常人的生活。 （活动：障碍游戏） A：游戏结束，请参加游戏的同学们来谈谈他们的感触。（学生交流、谈感触）

具体过程	A：是的，任何人都会有不便，需要帮助的时候，我们应该互相体谅、互相帮助，与人方便就是与己方便。我们发现了身边存在的不文明行为，现在我们来做做文明自测，看看自己是不是文明人，请同学们看大屏幕。 （活动："文明人"自测：你是一个文明的人吗？） （看屏幕，选择答案，算得分） B：虽然屏幕所列的题目只有十题，并不能将我们生活中所遇到的事情都归列其中，但是通过这些题目我们也能对自己的品行有个大致了解。自测完后，你发觉了什么？ A：请大家反思一下：自己存在哪些不良的行为习惯？会给自己和他人带来什么不良的后果？今后应该从哪方面去努力，培养自己的良好行为？ （活动：发言交流） A：我想通过大家的讨论发言，同学们都有所启示，有了一定的认识。当然，最基本的是要先学会使用礼貌用语。现在我们来做个猜谜游戏，谜底均为礼貌用语，小组抢答开始。 （活动：猜谜文明礼貌用语） B：同学们都很棒！你们知道吗？国家发出以礼仪、礼貌、礼节为重点的"三礼"教育和学生行为习惯的培养，树立中学生"十个文明形象"。那这十个文明形象是什么呢？请看大屏幕，请同学们齐读。 （大屏幕出示"十个文明形象"） B："文明"首先就要落实在言行上。文明言行主要是"三管好"。管好你的嘴，不骂人、不讲脏话、不放野话、不起绰号、不乱吐痰。管好你的脚，不乱走、乱踢、乱踏、乱踩。管好你的手，不乱扔乱丢、不随便伸手拿别人的东西，不打人、不损坏公共财物、不乱踩乱摘。 A：昨日的习惯，已经造就了今日的我们；今日的习惯，决定明天的我们。好习惯，益终生！让我们从现在做起，做一个讲文明、知礼仪的好学生，以小我铸就大我，共同构建我们的和谐校园。 （班主任总结）
小结与反思	考虑到六年级的学生刚从小学步入中学新校园，第一学期开学最主要的任务就是熟悉新校园，与新同学打交道，并结交认识更多朋友，因此我精心构思挑选了"争做文明学生·共创和谐校园"这一主题，并设计了各种各样精彩的活动激发孩子们的兴趣，让同学们在欢声笑语中对照自己的言行，思考如何做一个文明的初中生，注重生活文明礼仪，构建和谐美好校园。 　　前期准备同学们都十分配合，也十分积极主动报名参加节目表演和活动。在班主任老师的介绍下，我在多位跃跃欲试的同学中挑选了两位有主持人风范的同学作为主持人，提前下发主持人稿，要求他们带有感情并代入场景感地熟读成诵。同时又选了两位有表演天赋的同学准备小品表演，同时还筛选了四位声线较好的同学准备诗朗诵。同学们都积极主动地完成了分配到的任务，效果也比预想中要好，对此我予以了肯定和表扬，同学们很受鼓舞。

续表

小结与反思	在正式上课时，同学们和预期设想一样，都非常积极主动地参与小组讨论与活动中，并专注地聆听其他同学的表演与朗诵。活动在两位主持人全程推动下进行，教师基本不干预学生们的发言。但两位主持人毕竟只是其他孩子们的同班同学，对于控场能力与保持游戏稳定进行的能力有所欠缺，这也是我在前期备课过程中没有想到的。因此在中期"文明人"自测游戏时，同学们擅自将答案脱口而出，导致其他同学还未思考便获得了答案。自我反思环节也只是某些同学在积极发言，主持人也只让这些同学回答问题，忽视了其他同学。这些未曾预料的问题让我反复思考，如何才能够在学生主导课堂、翻转课堂的同时，使得教学效果达到最大化。 　　班主任老师最后的总结十分精辟、到位，三言两语便将本课精华提升到一个新的高度。只有保持良好的习惯，树立文明形象，才能以小我铸就大我，共同构建我们的和谐校园。同学们也在令人心血澎湃的国歌声中将所学的内容铭记于脑海中，并承诺落实到行动上。
导师评价	主题班会课，"主"字打头。"主"就是主体、主动、主导。要充分体现学生的主导性，让孩子能主动学习，教师就要发挥好主导性，看准关键点，高屋建瓴，深入浅出指点孩子们。既然是班会，全班同学都要参与，学生的参与面与教学效果是成正比的。当然这里的参与面不仅仅指的是身体的参与，更重要的是精神层面和思想的参与，应该多让学生动脑。主题班会课是一门课程，我们要看重课的目的性和教育性。吴老师的课较好地体现了学生的主体性和教师的主导性，给了学生一个生活的课堂。这节班会课把生活中的一些实例引入了课堂，非常贴近生活。此外，教育目标也很明确。总之，本堂课是一节较为成功的班会课。 　　　　　　　　　　　　　　　　　　　　　　　　　　　　　　　　　　　汪老师

☞ 教师点评：

　　主题班会是对学生进行思想品德教育的最佳活动方式，成功的主题班会取决于班主任精心的策划和严密的组织，一般大致包括选题、制定计划、准备、实施、总结若干环节。本次主题班会具有鲜明的主题与形式，针对六年级刚入中学的学生，小吴老师精心构思确定了"争做文明学生·共创和谐校园"主题，引导学生注重文明礼仪，争做文明初中生。活动主题十分贴近学生生活，活动内容有着明确的教育性。正如班主任老师评价中提到的，这是一节较为成功的班会课。整个班队活动方案详细、完整，小吴老师前期也开展了周密有效的组织工作，各环节都有细致安排，其间还对参与准备工作的同学给予了肯定和鼓励，大大调动了学生的积极性。整个主题班会从形式上看具有趣味性和多样性，表演、游戏、竞答、交流，学生在轻松愉快、饶有趣味的氛围中提高认识和觉悟，达到预期教育目的的同时，也有助于和谐、团结、充满生气的班集体的形成。

一般在主题班会结束前，班主任要对主题班会进行小结。建议小吴老师可以在班主任老师最后总结之前，锻炼一下自己，先对主题班会进行小结。后续还可以通过与学生谈话、召开班委会等形式，聆听同学意见，进一步总结，提高自己班队管理和活动组织方面的工作能力，做到有始有终。

（点评教师：沈继红）

第六节　课程目标达成度报告样例

6.1　课程教学基本信息

教学班名称：2018 级英语师范 1 班　　　　　　教学班代码：　01

考核方式：填写《教育实习手册》(2020 年版)

总人数：27　　　命题情况：教研组　　　　　　是否有 AB 卷：无

是否有评分标准及答案：有评分标准无标准答案

综合成绩统计表

成绩	A	B+	B	C+	C	D+	D	F
人数	27	2	1	0	0	0	0	0
百分比	90%	6.67%	3.33%	0	0	0	0	0

6.2　学生课程学习情况分析

第一，学生对教育实习非常重视，根据实习基地学校要求，在纪律考勤方面严格要求自己，整体表现优良，对师德规范和教育情怀的内涵的掌握和理解到位，学生在教学实习中得到更深的体悟。这与平时指导教师注重学生养成正确的教师观、学生观、职业信念和责任心有重要关联。

第二，教学实习效果良好。经过实习培训，绝大部分同学能规范地编写教案、完成教学设计和实施课堂教学实践，教学目标和内容正确、教学手段选择合理、教学步骤安排合乎逻辑、教学环节衔接紧密、格式规范；绝大部分同学能规范地运用英语学科教学原理对教学文本进行科学分析。

第三，绝大部分同学已熟练掌握基础教育所需的师德规范、教育情怀、教学知识与技能、班主任工作的能力和素养、有效班级管理的路径和方法，整体表现优良。

6.3　课程目标达成情况分析

教育实习是师范专业教学工作的重要组成部分，是深化课堂教学、检验课程目标实施情况和教育、教学质量的重要环节，是学生获取、掌握知识的重要途径，是促进学生专业发展、增强学生实践能力、培养合格英语教师的重要环节。本课程注重学生师德规范、教育情怀、教学能力、班级指导、反思能力的培养，通过教育实习，绝大部分学生在以下四个方面达到了预期目标，较好地实现了本课程的教学目标：树立正确的教师观和学生观；熟练运用外语教育教学的新理论、新方法和新手段进行教学设计、编写教案并实施课堂教学；掌握综合育人路径和方法；成长为反思型实践者、自主学习者和研究者，掌握并能熟练运用教学反思方法和技能，能够分析和解决教育教学实际问题，进行教育微课题研究。

课程目标、考核内容、形式与考核结果对照表

课程目标(内容)	学生学习过程考核情况	期末考核结果和分析
课程目标 1. 坚定中国特色社会主义道路自信、理论自信、制度自信、文化自信，践行社会主义核心价值观。具有正确的教师观，有坚定的教师职业理想与教育情怀，有强烈的从教意愿和责任心，了解英语教师的师德规范、素质要求。具有正确的学生观，尊重学生、关爱学生，重视学生的知识、能力与品德的全面协调发展，立志做中学生成长的引路人。(支撑毕业要求 1〔师德规范〕和毕业要求 2〔教育情怀〕)	考核内容：教师职业道德规范、职业理想与教育情怀。 考核形式：《教育实习手册》完成情况。过程性考核方式。 考核结果分析：在教学实习中，培养学生正确的教师观、学生观，逐步树立了坚定的教师职业理想与教育情怀，养成了强烈的从教意愿和责任心。实习各方面工作的自觉性、积极性明显提高，工作效果明显改善。	考核内容：学习《上海师范大学师范生教育实习守则》。撰写教育实习个人计划书，撰写实习学校课堂教学观察报告，撰写 3 篇实习期教师职业生涯随笔或师德修养方面的读书心得，撰写教育实习总结。 考核形式：过程性考核。 考核结果分析：涉及师德规范和教育情怀的课程分目标 1 的得分率是 92.81%，说明学生对师德规范和教育情怀的内涵的掌握和理解到位，反映了学生在教学实习中掌握了这方面的知识，能力得到了提高。这与平时指导教师注重学生养成正确的教师观、学生观、职业信念和责任心有重要关联。课程目标达成度为"优"。

续表

课程目标(内容)	学生学习过程考核情况	期末考核结果和分析
课程目标 2. 掌握外语教学法流派与英语教学发展的新趋势,掌握并能熟练运用英语教学基础理论、专业知识、技能、方法以及教学评价方法,能根据需要熟练运用外语教育教学的新理论、新方法和新手段进行教学设计、编写教案并实施课堂教学。(支撑毕业要求 4〔教学能力〕)	考核内容:理解国家课程标准,依据课标要求正确确定教学目标。掌握并能熟练运用英语学科教学专业理论知识和技能、教学方法、技巧和教学评价方法。熟练掌握教案撰写方法和课件制作方法,进行完整教案的书写。能根据教学需要运用英语教育教学的新理论、新方法和新手段设计教学、编写教案并实施课堂教学,对教学具体问题的识别能力和具体教学个案分析的能力。 考核形式:教学设计、教案编写、教学效果。《教育实习手册》完成情况。过程性考核方式。 考核结果分析:在教学实习中通过反复磨课、互评和教师评价相结合的方式,学生对原教案进行修改,并再次递交,教师再次修改,质量有明显提高。学生参与教学设计的积极性提高,教学效果明显改善。	考核内容:考核教学工作实习情况:研读教学大纲、熟悉教材、备课、编写教案、试教、上课、课后辅导、作业批改与讲评、考试与成绩评定、组织课外活动。填写《教育实习手册》的相关部分。 考核形式:过程性考核。 考核结果分析:涉及教学能力的课程目标 2 的得分率达 92.99%,为四个分目标中最高,学生在教案编写、课堂教学设计、教学分析、教学流程实施部分的得分高,说明学生熟练掌握并能够运用这些技能,反映了学生在教学实习中掌握了这方面的知识,能力得到了提高。这与平时教学注重加深学生对教学方法的理解和掌握、注重教学设计实践、加强教案编写的训练有重要关联。但学生在教学活动设计方面还缺乏经验。针对如何提升学生思维能力的训练和学习策略的引导还需要加强。针对所给文本和语篇有侧重地对语言技能的教学设计加强训练。这些结果显示课程培养目标得到加强,课程目标达成度为"优"。
课程目标 3. 能够理解英语学科育人价值,掌握综合育人路径和方法。掌握并能熟练运用所学知识引导中学生树立正确的人生观、价值观,具备组织班级活动等班	考核内容:教育理念、育人方法、教育管理能力。 考核形式:班主任工作情况、有效班级管理成效。完成《教育实习手册》。过程性考核方式。	考核内容:考核班主任工作实习情况:了解班级情况,制定班主任工作计划,开展班级日常工作,组织主题班会等活动;学习班主任工作基本方法,学习教育和引导学生成长。

续表

课程目标(内容)	学生学习过程考核情况	期末考核结果和分析
主任工作的能力和素养，掌握班级情况，能进行有效班级管理。（支撑毕业要求5[班级指导]）	考核结果分析：学生了解班级情况，制定班主任工作计划，开展班级日常工作，组织主题班会等活动。学生学习班主任工作基本方法、学习教育和引导学生成长的积极性明显提高。	考核形式：过程性考核。 考核结果分析：涉及班级指导的课程分目标3的得分率达92.76%，说明学生对英语学科育人价值内涵的掌握和理解到位，熟练掌握并能够运用所学知识引导中学生树立正确的人生观、价值观，能运用班级管理技能和综合育人方法，反映学生在教学实习中掌握了这方面的知识，能力得到了提高。这与平时指导教师强调学生要掌握学科育人路径和方法有密切关联。课程目标达成度高。
课程目标4.能在理论学习与教学实践中成长为反思型实践者、自主学习者和研究者。掌握并能熟练运用教学反思方法和技能，能够分析和解决教育教学实际问题，进行教育微课题研究。具有一定的创新意识，团队协作意识强。（支撑毕业要求7[学会反思]）	考核内容：教学研究能力、反思能力、进行教育微课题研究的能力。对教学活动和教材各个方面进行分析和反思的方法和技能，具有发现并反思教育教学问题、分析和解决教育教学问题的能力。 考核形式：教育微课题研究报告。完成《教育实习手册》。过程性考核方式。 考核结果分析：实习中着重对学生进行教学、教研各个方面的反思训练。学生能够反思和总结各种教学方法的优势和不足之处，探讨教学改革经验，结合实际进行教育微课题研究。 学生遇到问题较多，需要教师帮助完成。创新意识不足，研究深度不够。	考核内容：考核教育微课题研究情况：研讨实习学校教学科研基本情况，学习优秀教师事迹、教书育人经验、教学方法和教学改革经验，研究教学对象的心理特点、学习态度与方法、知识结构、智能水平与思想品德状况等。 考核形式：过程性考核。 考核结果分析：涉及学会反思的课程分目标4的得分率是92.50%，为四个分目标中最低，这与学生对教研价值的认识不足相关，对其意义缺乏深刻理解，没有完全掌握教育研究的路径和方法，分析和解决教育教学实际问题的能力较弱，说明学生进行教学反思的方法和技能较欠缺。对文本和语篇特征的分析能力、对语篇主题的判断能力尚待提高。教材分析、教学活动设计和反思的能力尚待提高。部分同学无法应用理论分析教育微课题，部分同学的分析缺乏深度。课程目标达成度为"中"。

课程目标达成度评价表

课程目标	分目标得分率	分目标权重	课程目标达成度评价值
课程分目标 1	92.81%	0.4	
课程分目标 2	92.99%	0.2	0.928
课程分目标 3	92.76%	0.2	
课程分目标 4	92.5%	0.2	

注：课程分目标建议不超过 4 个；"得分率"来自《课程成绩采样和分目标得分率计算表》；"分目标权重"根据课程大纲，自行设定；课程目标达成评价值＝∑ 课程分目标得分率＊分目标权重。

6.4　课程设计合理性论证

6.4.1　课程设计的合理性分析

课程设计的合理性分析表

评价内容	合理性判断			存在的问题及改进措施
	合理	较合理	不合理	
课程目标定位		√		课程培养目标 4 达成度比其他三个低，原因有三：1. 平时教学中对学生反思能力、创新能力、开展教学改革和教育微课题研究能力的训练不足；2. 有部分少数民族同学语言基础较差，知识储备不够，理论联系实际的能力较弱，造成教育微课题研究需要的素养和能力不足；3. 学习该课程的学生大部分是上海生源，课程目标是针对上海地区中小学英语教师的培养要求设置的，要求较高，对边远、少数民族生源的学生针对性不强。

评价内容	合理性判断			存在的问题及改进措施
	合理	较合理	不合理	
教学内容	√			
教学方法	√			
课程评价方式	√			
课程对毕业要求的支撑指标点和权重	√			

6.4.2 学生特殊个体评价分析

成绩靠后、需要帮助的几位学生相关能力不足，有如下几点原因：这几位同学是少数民族学生，英语基础比较差，语言知识和相关的教育教学理论知识掌握不足，教学实践经验匮乏。其中个别同学平时学习不够认真、不按时交作业，其中也有同学基础不好、不太努力、玩心重，自律性差。

针对这些学生个体特殊情况，在后续教学中，教师应在多方面予以帮扶：从思想上关心他们，提高他们的认识，帮助他们感知教育实习课程对于他们今后教师职业生涯的重要性，认识完成教育实习各个方面的工作对培养他们成为合格教师的重要作用和意义。在教学目标上，改进现有的一些课程目标，制定符合少数民族学生水平的课程教学目标，使其更加适合少数民族学生的需求。在教育实习过程中，注重学生育人素养的养成，掌握综合育人路径和方法，掌握并能熟练运用所学知识引导中学生树立正确的人生观、价值观，培养进行有效班级管理和班主任工作的能力和素养。加深对教学理论的理解和掌握，注重教学理论在实践中的运用，重视理论联系课堂教学实际的训练。在教学实习内容上，力求激发学生学习兴趣，指导学生投入充分的时间和精力，在教学实践中成长为反思型实践者、自主学习者和研究者，培养学生的创新意识和团队协作意识。在教学方法上，适应学生需求，改进方法，力求激发学生的学习动机和动力，增加多样性和趣味性。

6.5　课程教学改革计划

6.5.1　课程教学建设、改革实施计划

从学生实习情况、课程目标实现情况、课程目标达成度的结果分析得出结论，在今后实习中，教师以课程目标达成为导向，实施课程教学改革，运用讨论法、案例法、视频教学、小组合作学习等方法开展实习活动，注重培养学生的实际教学能力、训练学生的教学技能。以学生为中心，教师引导、组织、调动学生参与实习的积极性。此外，教育实习注重扩大学生的知识面，培养学生从事基础教育的兴趣，养成教书、育人的技能，让学生在实际训练中提高教师的专业素养和各方面能力。

6.5.2　教学达到预期核心能力培养的程度

教育实习强调了促进学生英语学科核心素养发展，培养学生自主学习能力、自我发展能力和解决问题的能力。强调了以学生为中心，对学生进行各种课型教学方法的传授、中小学教材内容和特点的分析、教案编写的练习，鼓励学生观看和学习英语教学示范课、竞赛课视频，参加教研活动，帮助学生提高教学能力，从而较好地实现了提高学生综合语言教学能力和学科核心素养的预期目的。

6.5.3　落实核心能力素养的经验、不足和课堂教学的改进措施

教育实习始终贯彻以学生为中心的原则，坚持培养学生英语学科核心素养。在实习过程中，部分学生出现不专心在实习学校实习、不按时完成实习手册撰写的情况，教师本着对学生负责的态度，认真对待、帮助解决。教师在入校观摩学生公开课时，对学生进行辅导，要求学生对在实习中不理解、不清楚和存有疑惑的地方提出问题，教师给予解答和指导。在课后点评和教研讨论时段，教师对学生在实习过程中出现的问题进行分析、找出对策，对教学内容、方法、过程、环节进行总结，并对学生的实习任务提出进一步要求。

在今后的教育实习中，针对某些课程目标达成度不够满意的情况，除了按照实习大纲内容要求学生，还应不断强化学生树立正确的教师观和学生观、熟练运用英语课堂活动设计和教案编写方法、掌握综合育人路径和方法、熟练运用教学反思方法和技能、分析和解决教育教学实际问题、开展教育微课题研究。进一步加强学生课堂教学实训，了解和掌握不同课型教学的特点，强调教学技能培养与人文素养培养的有机结合，加深理解中西方教学理论及其在实际课堂中的运用。帮助学生提高教学能力，强调培养学生英语学科核心素养，培养学生自主学习能力、自我发展能力和解决问题的能力，从而更好地达成课程目标。

附 **2017级英师1班《教育实习》课程目标达成度计算表**

任课教师：蒋 | 教学班：2017级英语师范1班 授课学期：2020—2021学年第1学期

课程目标	具体内容	考核形式与内容	采样情况	分目标得分率	分目标权重	分目标达成度	课程目标达成度
课程目标1 师德规范+教育情怀	坚定中国特色社会主义道路自信、理论自信、制度自信、文化自信，践行社会主义核心价值观。具有坚定的教师职业理想与教育情怀，有强烈的从教意愿和责任心，了解英语教师的师德规范、素质要求。具有正确的学生观，尊重学生、关爱学生，能重视学生的知识、能力与品德的全面协调发展，立志做中学生成长的引路人。	实习手册撰写+过程性考核 师德规范+教育情怀	抽样班级总人数30人，抽样人数30人(针对各课程目标的具体得分情况参见成绩采样表)。总评成绩≥90分，27人；总评成绩80~89分，3人；总评成绩70~79分，0人；总评成绩60~69分，0人。总计成绩不及格，0人。	92.81%	0.40	0.371	0.928
课程目标2 教学能力（教学工作实习）	掌握外语教学法流派与英语教学发展的新趋势，掌握并能熟练运用英语教学基础理论、专业知识、技能、方法和技巧以及教学评价方法，能根据需要熟练运用外语教育教学的新理论、新方法和新手段进行教学设计、编写教案并实施课堂教学。	实行手册撰写+过程性考核 教学工作实习		92.99%	0.20	0.186	
课程目标3 班级指导（班主任工作实习）	能理解英语学科的育人价值，掌握综合育人路径和方法。掌握并能熟练运用所学知识引导学生树立正确的人生观、价值观，具备组织班级活动等班主任工作的能力和素养，掌握班级情况，能进行有效班级管理。	实习手册撰写+过程性考核 班主任工作实习		92.76%	0.20	0.186	

任课教师：蒋	教学班：2017级英语师范1班		授课学期：2020—2021学年第1学期			
课程目标4 学 会 反 思（教育微课题研究）	能在理论学习与教学实践中成长为反思型实践者、自主学习者和研究者。掌握并能熟练运用教学反思方法和技能，能够分析和解决教育教学实际问题，进行教育微课题研究。具有一定的创新意识，团队协作意识强。	学习手册撰写+过程性考核 教育微课题研究		92.50%	0.20	0.185

说明：

分目标得分率：课程分目标对应的题目平均实际得分/对应题目总分

分目标权重：根据课程教学大纲，自行设定

分目标达成度=分目标得分率×分目标权重

课程目标达成度 = $\sum$ 分目标达成度

2017级英师1班"教育见习"课程成绩采样表

样本	课程目标1（总分40分）	课程目标2（总分20分）	课程目标3（总分20分）	课程目标4（总分20分）
1	36	18	18	18
2	36	18	18	18
3	38	19	19	19
4	37	18	18	18
5	38	19	19	19
6	38	19	19	19
7	39	19	19	19
8	36	18	18	18
9	39	19	19	19
10	38	19	19	19

续表

样本	课程目标 1 （总分 40 分）	课程目标 2 （总分 20 分）	课程目标 3 （总分 20 分）	课程目标 4 （总分 20 分）
11	37	18	18	18
12	38	19	19	19
13	37	19	19	19
14	38	19	19	19
15	38	19	19	19
16	37	19	19	19
17	38	19	19	19
18	38	19	19	19
19	36	18	18	18
20	37	18	18	18
21	39	19	19	19
22	38	19	19	19
23	36	18	18	18
24	36	18	18	18
25	39	19	19	19
26	38	19	19	19
27	33	18	17	17
28	36	18	18	18
29	34	17	17	17
30	35	17	17	17
平均分	37.10	18.60	18.60	18.50
分目标得分率	92.81%	92.99%	92.76%	92.50%

第三章　教育研习课程板块

教学实践能力是师范生专业发展的重要基础，也是师范生职前教育的重要环节，而教育研习是提高师范生教师专业实践研究能力的重要手段之一。教学观摩、教案设计、课堂参与、教法研讨、教学反思等系列情境化的教育研习活动，有助于师范生获取对教学模式、教学内容、教学方法、班级管理、师生沟通等方面的实践性体验感知，增强师范生教育理论知识与实践相结合的意识，提升师范生对教育教学实践的研究能力。

第一节　教育研习课程概论

2016 年 3 月，教育部颁布《关于加强师范生教育实践的意见》，明确提出"在师范生培养方案中设置足量的教育实践课程，以教育见习、实习和研习为主要模块，构建包括师德体验、教学实践、班级管理实践、教研实践等全方位的教育实践内容体系"。教育部文件将"教育研习"正式纳入国家教育政策层面。2022 年 4 月教育部颁布了新修订的《义务教育英语课程标准(2022 年版)》，课程目标部分新增加了培养学生语言能力、文化意识、思维品质和学习能力等核心素养的内容。英语新课标是新时期基础教育阶段英语教学改革的纲领性指导文件，对英语专业师范生提出了更高的要求，师范生须与时俱进，不断更新教育理念，适应国家和社会对教师职业技能的期待和需求，教育研习等实践课程教学是提高英语师范生教师职业技能的重要举措和路径。

1.1　教育研习定义

教育研习指师范生在教师指导下，运用所学的教育理论对教师职业专业化过程中出现的有关问题进行分析、探讨和研究，在理论与实践的互动中提高反思能力和研究能力，进而提升自己的职业技能水平，以便更好地适应将来的教师工作。教育研习从其本质上来说是一种以实践为基础、以研究为主要特点的学习活动，其基本原则是"在实践中研究，在研究中实践"(谢国忠，2007)。

教育研习是以实践为基础和以实践为情景的教学活动，师范生运用所学的知识体系对课标、大纲、教材、教学过程、教育对象等进行分析和研究，探索新的教学模式、教学内容、教学方法、育人技能、班级管理、课外活动等，通过理论与实践的互动，将感性的经验上升为理性的思考，并在此过程中提升师范生的教师职业认知感、教育教学以及育人技能。

1.2 教育研习意义

教育研习是师范生教师职业教育课程体系中的重要环节，对于师范生教师职前培养具有重要的意义，既有利于平衡理论教学和实践教学的比例关系，改变实践教学课程过少的状况，也有利于师范生的教师教育职业培养和发展。

1.2.1 有利于平衡理论教学和实践教学的比例关系

师范生的课程体系通常包括理论教学和实践教学两个部分。理论教学主要是讲授本专业学科以及教育心理学方面的知识，然而理论教学占据了课程体系的主导地位，理论课程占比通常很大，而实践环节课程占比很低，通常只是在大学四年级第一学期进行 18 周的教育实习。在教育实习这段时间内，师范生还要面对就业及完成毕业论文的压力。教学实践类课程偏少往往不利于师范生教学实践能力的提高，不利于师范生基本素质的改进。教育研习课程的设置不仅为师范生铺设了理论与实践联系的通道，也增强了理论与实践之间的衔接，能够在一定程度上发挥和提升实践教育的价值和实效，有利于平衡理论教学和实践教学的比例关系，也有利于师范生尽快熟悉教学环境，尽早进入教师的角色。

1.2.2 有利于师范生的教师职业培养和发展

优秀的教师不仅应该具备良好扎实的学科知识，还要具有较为高超娴熟的教育教学水平和技能，教学实践能力是师范生从事教育事业的核心和基础。"但长期以来，教师主要是具有学科专业化却不同时具有职业专业化的群体，人们关注的更多的是教师学科的专业化，而并不把职业专业化看得那么重要。"(杨启亮，2003)

高等师范院校师范生在校期间经过系统的专业学科的学习和训练后，能够较熟练地掌握本学科的知识体系，但师范教育的特殊性在于师范生还应该掌握基本的教育学以及心理学方面的理论知识，在真实的教学环境中体悟教育教学的具体过程，并能够发现和解决教育教学过程中的各种问题。教育研习是师范生教师专业化发展的重要途径，教育研习可为师范生提供真实的教学实践环境，既有助于师范生加深对所学学科理论知识的理解，也有利于增强师范生的教育实践、教育反思和研究能力以及教师的职业情怀。

1.3　教育研习目的

教育研习是"由点到面、点面结合的反思和提高过程，就是要寻找教育实习阶段中的不足和问题，提出改进的措施和对策，对教育实习中未来教师共同关心的问题进行专题研讨，听取教育专家系列报告，提高未来教师的教育理论水平，组织同年级较优秀的未来教师进行教学录像点评等"（叶纪林，2007）。具体而言，教育研习的主要目的包括以下三个方面。

1.3.1　形成良好的师德素养，增强教师职业情怀

良好的师德素养是优秀教师最重要的基本素质，教师既要传道授业解惑，更要立德树人。教育研习为师范生提供了深入体验教育教学工作的机会和平台，师范生能够通过教育研习熟悉基本的教学过程以及班级管理工作，在此过程中理解教师的职责，培养热爱教师职业的情感，加深教师的职业情怀，树立良好的师德素养，为今后的教育教学工作积累经验，做好前期准备，奠定良好的基础。

1.3.2　提升教学反思能力，改进教育教学理念

教育研习重在对师范生实习过程中的教学活动进行反思和总结。师范生结合学科教学的新理念、新方法，通过教学设计研讨、课堂观摩评议、备课说课评课等多种途径，反思自身在教案编写、教学设计、教学语言、课堂组织、板书图示、信息技术运用等教学技能方面的不足，并能根据相关评价体系对教学活动进行反思、总结和改进，不断更新改进教育教学理念。

1.3.3　培养初步的教育科学研究能力

建设高素质专业化教师队伍要求教师不能仅仅满足于做一个教书匠，而应该成为教育家。高素质专业化教师应该具备批判性思维和创新意识，能够探索和研究教育教学工作中的现实需要与问题，具备解决相关教育教学问题的能力。师范生在教育研习过程中，通过校内外导师的指导，将所学理论知识运用到教学实践中，并在理论知识与教学实践的互动中，学习培养初步的教育科学研究能力。

第二节　教学大纲设计

2.1　课程简介

"教育研习"是教育实习的后续阶段，是师范生教师教育课程必修课程模块的教育实践类课程，也是师范生把教学理论与教学实践相结合、教学理论与教学研究相结合、进一步接触和学习教育教学实践知识、积累教育教学研究经验的宝贵机会。教育见习、教育实习、教育研习贯通，涵盖师德体验、教学实践、班级管理实践和教研实践等，并与其他教育环节有机衔接，构成完善的实践教学体系，形成专业实践、教育实践和教育研究的有机结合。

学生在教师的指导下，通过了解中学英语教育、教学研究活动的环境以及教育、教学研究工作的基本程序与要求，运用所学的教育教学理论对教育研习工作中的有关问题等进行分析、探讨和研究，更好地理解教师职业的含义和特点，提高教育反思能力和研究能力，为毕业五年内成长为中小学英语骨干教师，胜任基础英语教育研究做好准备。

2.2　课程目标

"教育研习"课程的目标是对学生教学研究能力、实践能力和解决教学中实际问题的综合能力的培养。本课程以强化教师职业道德与教学研究能力培养为重点，以教学研究实践为载体，鼓励学生在教研实践中反思，在反思中进步，在实践中创新，努力提高师范生的教学研究能力和水平。具体目标如下：

第一，培养学生具有正确的教师观和学生观，理解教师是学生学习的促进者，认同教师工作的意义和专业性在于创造条件促进学生自主和全面发展。能够通过参与式课程学习、反思性案例分析、行动性实践体验、激励性成长评价等途径，做"学生成长的引路人"。具有正确的学生观，即在英语教育教学实践中，能够正确处理师生关系，尊重学生人格，尊重学生的学习和发展权利及个体差异，对学生富有爱心和责任心，乐于为学生成长创造发展的条件和机会。（支撑毕业要求 2［教育情怀］）

第二，培养学生具备良好的英语教学设计能力，掌握中学英语课程的重难点教学策略、跨文化思维方式、文化品格、思维品质培养等英语教学知识，能够依据课标，分析教材，把握学情，进行教学环节设计。还应具备一定的教学研究能力，能依据中学英语课程标准，展开有效的学业评价，并能针对教学难点问题，进行实证化的行动研究，形成研究

成果。(支撑毕业要求 4〔教学能力〕)

　　第三,培养学生具有专业自主学习的能力,掌握英语教师专业发展的核心内容、成长阶段和路径方法,制定并实施教师学习和发展规划;具有一定的自主实践和自主研究能力,具有反思意识、反思能力和反思习惯,理解反思价值,具有教师是实践性反思者的角色意识,能够独立思考判断,自主分析解决问题。在教育研习过程中,能够从学生学习、课程教学、学科理解等不同角度,收集分析自身实践活动信息,自我诊断、自我改进。(支撑毕业要求 7〔学会反思〕)

课程目标与毕业要求指标点高支撑的对应关系表

毕业要求	分解指标点	课程目标
教育情怀	2-1 对英语师范专业和英语教师职业之间的关系有清晰的认识,充分认识教师职业的意义和价值,热爱中小学教育事业,对身为英语教师有自豪感和荣誉感。 2-2 有正确的学生观,能尊重学生、关爱学生,重视学生的知识、能力与品德的全面协调发展,立志做中小学生成长的引路人。	课程目标 1
教学能力	4-1 掌握教育学、心理学和英语教育的基本理论,了解国内外英语教学的发展趋势以及不同流派的观点,熟练掌握用于辅助英语教学的教学软件,具备从事英语教学和科研的能力。 4-2 在教育实践中,能够依据英语课程标准,针对中小学生身心发展和学科认知特点,进行教学设计、实施和评价,获得教学体验,学会分析教材和学情的基本方法,具有初步的教学能力和一定的教学研究能力。 4-3 能在中小学校站稳各类英语课程的讲台,积极参与学生英语课外活动指导。	课程目标 2
学会反思	7-1 充分认识主动学习、自主学习和终身学习的重要性。了解国内外基础英语教学改革的发展动态,培养主动学习新知识,掌握新技能的兴趣和意识。 7-2 初步掌握反思方法和技能,具有一定的创新意识,学会分析和解决教育教学问题。	课程目标 3

2.3　教育研习内容及进度安排

（1）课时数：一周。

（2）学习内容或训练技能的重点和难点

① 学习《中小学教师职业道德规范》，树立正确的教师观、正确的学生观。

②学习教育学、心理学和英语教育的基本理论、学科课程标准、学科教学设计技能、课堂教学技能、教学研究案例。掌握反思方法和技能、创新意识，分析和解决教育教学问题的技能。

③研读英语教学研究方法和技能的相关文献，掌握对文献进行归纳和分析的方法。学习、研读相关的教学研究案例，阅读经典的英语教研文章。学习英语教育研究论文的基本结构、基本内容。

（3）教学方法

通过师生讨论与交流、生生讨论与交流、教师答疑和讨论，指导学生运用教育研究方法，考察、调研一线教学中具有实践意义和价值的课题，就教育课题开展行动研究，深入反思、分析和解决教育教学问题，最终撰写教育研究论文。

（4）学生学习任务

①进一步深入学习领会教育学、心理学和英语教育的基本理论、学科课程标准、学科教学设计技能、课堂教学技能、教学研究案例。掌握反思方法和技能、创新意识、分析和解决教育教学问题的技能。开展同伴交流。

②研读英语教学研究方法和技能的相关文献，掌握对文献进行归纳和分析、批评的方法。学生与老师交流，同伴切磋。

③研读英语教学研究方法和技能的相关文献，掌握对相关支撑理论进行分析、总结的方法。学生与老师交流，同伴切磋。

④学习、研读相关的教学研究案例。学生与老师交流，同伴切磋。

⑤学习、研读经典的英语教研文章，掌握教育质性研究和量化研究方法。学生与老师交流，同伴切磋。

⑥阅读经典的英语教研文章，学习英语教育研究论文的基本结构、基本内容，最终完成一篇英语教育研究论文。

（5）课外学习要求

①学习教育研究典型案例；

②学习、研读经典的英语教研文章；

③研读英语教学研究方法和技能的相关文献。

课程目标与教学内容和教学方法的对应关系表

课　程　目　标	教　学　内　容	教　学　方　法
课程目标1：具有正确的教师观，理解教师是学生学习的促进者，认同教师工作的意义和专业性在于创造条件促进学生自主和全面发展。能够通过参与式课程学习、反思性案例分析、行动性实践体验、激励性成长评价等途径，做"学生成长的引路人"。具有正确的学生观，在英语教育教学实践中，能够正确处理师生关系，尊重学生人格，尊重学生的学习和发展权利及个体差异，对学生富有爱心和责任心，乐于为学生成长创造发展的条件和机会。	学习教师职业道德规范，树立正确的教师观、正确的学生观。	师生讨论与交流、生生讨论与交流；答疑和讨论。教师指导师范生进行教学一线教学（教育）实践、考察、调研，就教育课题进行行动研究。
课程目标2：具备良好的英语教学设计能力，掌握中学英语课程的重难点教学策略、跨文化思维方式、文化品格、思维品质培养等英语教学知识，能够依据课标、分析教材、把握学情，进行教学环节设计。具备一定的教学研究能力，能依据中学英语课程标准，展开有效的学业评价，并能针对教学难点问题，进行实证化的行动研究，形成研究成果。	深度讨论教育学、心理学和英语教育的基本理论、学科课程标准、学科教学设计技能、课堂教学技能、教学研究案例。研读指定的英语教学研究方法和技能的相关文献，掌握对文献进行归纳和分析的方法。学习、研读相关的教学研究案例。阅读经典的英语教研文章。学习英语教育研究论文的基本结构、基本内容。	教师指导学生学习教育研究基本方法、语言教育基本理论，学科教学设计案例、课堂教学案例、教学研究的案例等。教师指导师范生进行教学一线教育实践、考察、调研、就教育课题开展行动研究。
课程目标3：具有专业自主学习的能力，掌握英语教师专业发展的核心内容、成长阶段和路径方法，制定并实施教师学习和发展规划。具有一定的自主实践和自主研究能力，具有反思意识、反思能力和反思习惯，理解反思价值，具有教师是实践性反思者的角色意识，能够独立思考判断，自主分析解决问题。在教育研习过程中，能够从学生学习、课程教学、学科理解等不同角度，收集分析自身实践活动信息，自我诊断，自我改进。	深度讨论反思方法和技能、创新意识、分析和解决教育教学问题的技能。研读和反思指定的英语教学研究方法和技能的相关文献，掌握对文献进行归纳和分析的方法。学习、研读和反思相关的教学研究案例。阅读和反思经典的英语教研文章。学习和反思英语教育研究论文的基本结构、基本内容。	教师指导学生运用教育研究方法，考察、调研一线教学中具有实践意义和价值的课题，就教育课题开展行动研究，深入反思、分析和解决教育教学问题，最终撰写教育研究论文。

2.4　考核方案

2.4.1　《教育研习报告》撰写要求

教育研习报告以一篇教研论文作为成果，研究题目源自教育实习中发现的教育教学难题，包括英语课程教材研究、英语教学方法研究、英语教学设计开发、班主任工作方法创新研究、英语课外活动指导研究、中小学生英语竞赛指导研究等等。教育研习占 1 学分。教育研习报告用中文撰写，字数不少于 2000 字，须有参考文献。

2.4.2　课程目标、评价要素和各项分值、权重对应表

课　程　目　标	评　价　要　素	各项分值	权重值
1. 教育情怀 树立教师职业道德，注重学生的品德与知识、能力的全面协调发展。	教育研习报告选题来自专业教育实习，切入点可与教师职业道德、学生的品德与知识、能力的全面协调发展相关。	30 分	0.3
2. 教学能力 学习掌握教学设计、实施和评价，学会分析教材和学情，具备一定的教学能力和研究能力。	教育研习报告须通过准确规范的语言描述、分析、论证所进行的某项教学研究，可以是英语课程教材研究、英语教学方法研究、英语教学设计开发，也可以是班主任工作方法创新研究、英语课外活动指导研究、中小学生英语竞赛指导研究等。	40 分	0.4
3. 反思能力 能够发现、思考判断、自主分析解决相关教研问题。	教育研习报告中体现出通过研读相关教育教学文献，结合实践中发现的问题，通过独立思考判断和自主分析论证，提出解决问题方案的能力。	30 分	0.3
		总评分(百分制)	

2.5　课程资源

[1]方明. 陶行知教育名篇［C］. 北京：教育科学出版社，2005.

[2] 黄国文，葛达西，张美芳. 英语学术论文写作：第 3 版［M］. 重庆：重庆大学出版社，2014.

［3］维尔斯马，于尔斯. 教育研究方法导论［M］. 袁振国，译. 北京：教育科学出版
社，2010.

［4］中华人民共和国教育部. 义务教育英语课程标准：2022 年版［M］. 北京：北京师范大
学出版社，2022.

［5］中华人民共和国教育部. 普通高中英语课程标准：2017 年版 2020 年修订［M］. 北京：
人民教育出版社，2020.

2.6　修读要求

第一，学生需深入教学第一线，深入开展教学观摩、课堂观察、访谈、问卷调查等活
动，全面投入教学研习活动。

第二，遵守教育研习的时间安排，不得迟到、早退，突发疾病需在第一时间向老师请
假，突发事件需提前向学院提出书面申请且得到学院批准。

第三，认真开展教育研习规定的各项任务，认真完成教研论文。

第三节　教学内容设计

教育研习涉及教育的多个层面和多个领域，从宏观层面的国家相关教育政策到微观层
面的具体课堂教学技能等，概括而言，教育研习的主要内容包括"新课程标准研习、新课
程教材研习、课堂教学技能研习、教育科研方法研习、班队以及课外学科活动竞赛等技能
研习"（谢国忠，2007）。

3.1　教育研习的主要内容

3.1.1　新课程标准研习，树立新的教育理念

新课程标准是国家对基础教育课程的基本规范和要求，是指导基础教育的纲领性文
件。全面了解和领会新课程标准是师范生做好教育教学工作的前提条件。新课程标准研习
指师范生在教师的指导下，领会新课程标准的基本理念，了解新课程标准的功能，理解新
课程标准与教材的关系，了解新课程标准的基本结构，等等。通过对新课程标准的研习，
树立新的教育理念，以此引领教学教研，并将新课标规定的课程性质、基本理念、设计思
路、课程目标以及教学建议等运用到教学实践中去。

3.1.2　新课程教材研习，熟悉课程体系

教材体现了课程标准的基本理念，研习新课程教材有助于师范生教育专业化的实施和

发展。师范生通过研习新课程教材，熟悉教材编排的结构体系、教材的主要内容以及教材主要特点，在此基础上深入探讨并挖掘教材中语言能力、文化意识、思维品质和学习能力等核心素养的相关元素，探索基于教材的学生核心素养能力建构和培养的途径和策略。

3.1.3　课堂教学技能研习，体会教师角色的转变

课堂教学技能是师范生教育综合技能的集中体现。优秀的教师除需具备良好的学科知识讲授技能外，还需要具有良好的教学设计、课堂管理、学生引导、师生心理沟通以及人际交往等方面的技能。课堂教学技能研习是在对教学技能进行总结和反思的基础上，体会教师角色如何从传统的知识传授者向学生全面发展的促进者的转变。通过对课堂教学技能的研习，例如教案文本分析、教学思路设计、教学重点与难点研讨、教学目标与理念梳理，总结如何将传授知识与学生核心素养的培养有机地结合起来，研究探索更有效的课堂教学技能。

3.1.4　教育科研方法研习

教师综合育人能力要求教师具有多方面的素质。教师不仅要具备扎实的学科知识，还要具备良好的教育科研能力，因为是教育科研能力可为教师综合素质的拓展奠定扎实的基础。教师既是育人者，也应该是研究者。教育科研方法研习就是师范生在教师的指导下，学习并掌握教育科研的基本方法和技能，包括学会发现并设计教学研究课题、学会撰写研究报告、学会将教学经验提升到理论高度的能力等，为将来成为一名创新型、研究型的优秀教师打下坚实的基础。

3.1.5　班队以及课外学科活动竞赛等技能研习

班队工作以及课外学科活动竞赛是学校教育中的重要部分，对学生综合素养的提升发挥着重要的推动作用。班队以及课外学科活动竞赛等工作技能是师范生综合素质中不可缺少的部分，师范生通过班队以及课外学科活动竞赛等活动的研习，可近距离地感知学生的心理状态，了解学生成长的特点，熟悉并掌握班队以及课外学科活动竞赛的指导技能和管理方法。

3.2　教育研习的实施途径

师范生进行教育研习可灵活运用多种途径，如校内校外、课堂内课堂外、线上线下、书本以及电子资源等。常用的教育研习途径包括教育教学实践、师范生教学技能比赛、科研课题研究、教研讲座论坛，等等。

3.2.1　教育教学实践

教育研习是师范生在教育实践过程的研究性学习活动，教育研习最重要的途径就是置身于教育教学实践真实环境，通过教育教学的现场体验，领会和感悟教育研习"在实践中研究，在研究中实践"的深刻内涵。师范生在教育教学实践中的听课、说课、上课、评课等系列过程中进行教学总结与反思，并通过自我评价、小组评价与指导教师的评价不断改进和提高自己的教育教学技能。

3.2.2　师范生教学技能比赛

师范生教学技能比赛是师范生教育研习的一个重要实施途径，也是师范生教学技能成长和教师教育可持续发展的有力抓手。教学技能比赛不仅可以"以赛促学，以赛促教"，也可搭建学生与学生，学生与指导教师，指导教师与指导教师之间相互交流学习的良好平台。此外，备赛、比赛和赛后总结等系列教学活动可有利于师范生思考如何更新教学理念、提高教学技能，同时也可以为师范生探索如何更好地培养学生的综合素养提供机会和可能。

3.2.3　科研课题研究

教师指导师范生进行多种专题性的科研课题研究是教育研习的一个重要实施途径。科研课题研究内容既可以是对教育教学理论的探索，也可以是教育教学实践活动、学科活动、学科竞赛等。师范生通过确定选题、查阅文献、设计课题、研究课题、撰写研究报告等过程，探索研究新的教学模式、教学理念和教学方法等，形成对科研课题的感性认识，强化师范生的研究性思维与能力，同时也增强师范生成员之间的合作和沟通能力。

3.2.4　教研讲座论坛

各种线上、线下的教学论坛和讲座也是师范生进行教育研习的重要途径。教育教学讲座和论坛等是教育教学实践的重要补充，可以与教学实践、课题研究、教学技能比赛等相互结合。师范生可以充分利用网上慕课资源，聆听名家大师的授课，也可选听线上教学讲座，在线观摩优秀课堂教学案例，参与相关教学论坛研讨等。通过上述多种研习途径，师范生可借鉴吸收先进教学理念，开拓视野，不断夯实教学能力。

第四节　评分量表设计

　　评分量表规定了学生应当具备的能力目标，并根据学生的不同水平和能力做了不同层次的要求，将学习目标具体化为若干量化指标，能够指导学生有效地学习。学生可将评分量表内化为学习的标准和目标，作为学习和自评的工具，从而促进学习能力的提高。《教育研习报告》评分量表由课程目标、评价要素、各项分值构成，尽可能从评价文字描述和具体分值两方面来清晰地评定学生的教育研习状况。

《教育研习报告》评分量表

课程目标	评价要素	各项分值	各项得分
1. 教育情怀 树立教师职业道德，注重学生的品德与知识、能力的全面协调发展。	教育研习报告选题来自专业教育实习，切入点可与教师职业道德、学生的品德与知识、能力的全面协调发展相关。	30分	
2. 教学能力 学习掌握教学设计、实施和评价，学会分析教材和学情，具备一定的教学能力和研究能力。	教育研习报告须通过准确规范的语言描述、分析、论证所进行的某项教学研究，可以是英语课程教材研究、英语教学方法研究、英语教学设计开发等，也可以是班主任工作方法创新研究、英语课外活动指导研究、中小学生英语竞赛指导研究等。	40分	
3. 反思能力 能够发现、思考判断、自主分析解决相关教研问题。	教育研习报告中应体现出通过研读相关教育教学文献，结合实践中发现的问题，通过独立思考判断和自主分析论证，提出解决问题方案的能力。	30分	
		总评分(百分制)	

第五节　教学案例及点评

教育研习案例点评是通过分析师范生的教育研习报告，将静态的教育教学实例转化为具体的教学理论分析，是对实践教学进行理论化提升的一种重要途径。该部分所列举的三个《教育研习报告》案例分别侧重不同的教育主题，论及不同的教育层面，特点风格各异。通过分析这些案例，有助于我们探索如何提高教育研习的效果，提升教育研习报告质量。

5.1　学生1教育研习报告及教师点评

"双新"背景下高中英语课堂中课程思政的融入
金同学

一、引言

党的十八大首次将"立德树人"确定为教育的根本任务。回顾我国教育改革进程，"立德树人"始终是教育的定海神针，在一次又一次的教育改革浪潮中，闪耀着"育人为本，德育为先"的光辉。此教育理念既是对我国古代先贤思想的继承和发扬，又是对我国基于现阶段学生思想政治教育的深化。

党的十九大报告中，习近平总书记提出在中国进入社会主义新时代以来，青年遇到的机遇和挑战成正比。经济飞速发展的今天，我们享受着公平、开放的社会平台，但也迎来了更严峻的矛盾和挑战，特别是在意识形态领域。因此，培养青年优秀道德品质，增强青年主流意识形态，成为教育事业中亟待解决的问题。故为进一步推进"立德树人"教育根本任务的贯彻与落实，2016年底，习近平总书记在全国高校思想政治工作会议中指出："其他学科要与思想政治理论课同向同行，形成协同效应"，"课程思政"理念应运而生。

而上海作为国家教育综合改革试验区，肩负着率先实施教育改革的历史使命。于是，在2021年秋季，上海普通高中全面实施新课程新教材（简称"双新"），已成为推动教育理念转变、深化基础教育课程改革的一项关键任务。

二、课程思政的概念

课程思政指将思想政治教育融入课程之中，教师引导学生将课程知识转化为内在美德。它可以是这样一个过程——教育的结果转化为学生自身意识形态的有机结构，然后内化成自己的素质，最终成为学生理解和改变外部世界的基本能力或途径。

从"思政课程"到"课程思政"的转变并非一帆风顺。虽然它们仅仅是将思政和课程二词调换次序，但其含义却大相径庭。课程思政是一种教学观念，"思政"是主要观念，"课程"是主要形式。朱梦洁从意义和内容两个方面对课程思政进行了解读。从意义上讲，它是我国"立德树人"这一基本任务的具体体现。从内容上讲，它要求教师根据自身专业特点，结合学科特点，积极探索课程中的思想政治元素。因此，道德教育可以通过有效的教学方法进行。

三、课程思政融入高中英语课堂的意义

2019年，中国香港发生激进示威，而后演变成极端暴力。据警方统计，有近20%被捕的暴徒年龄在18岁以下。该事件引起了社会的广泛关注和讨论。主流认为，该事件是香港学校教育中长期缺乏德育的结果。在两种社会制度长期对抗的复杂背景下，香港骚乱者极力鼓吹西方所谓的思想自由和绝对民主，蛊惑学生。另一方面，这些香港学生缺乏辨别是非的能力，他们的思想观念也在思潮的碰撞中日益扭曲。而在中国大陆，爱国主义教育和价值观教育被视为德育的最基本路径，并取得了巨大的成功。这一对比说明了在学校教育中培养学生的道德修养的重要性。但是，尽管有这样的前提，教育目标的要求与学生德育发展的现状还存在一定的差距。所以从实际意义出发，课程思政融入高中英语课堂的意义在于以下两点。

第一，就是让学生在课堂中受益于课程思政。显然，高中生是我国未来建设的动力，这种教育可以更有效地帮助他们树立正确的三观，从而使他们适应社会的需要。课程思政鼓励学生关注社会问题，提升他们的思辨能力、文化意识、跨文化交际等素质。

第二，是提高英语教师对育人重要性的认识。它有助于教材使用者了解高中英语教学的基本要求，更好地把握潜在的教育内容。作为一门连接文化和国家的学科，教师必须从其中嵌入的意识形态的角度来看待语言教育。

四、课程思政融入高中英语课堂的现状——以＊＊中学为例

尽管"课程思政"理念提出已有约五年时间，但在其实施的过程中仍面临很多问题。在巨大的升学压力下，更多的英语教师将教学重点放在语言知识点方面，而忽略了该学科的育人功能，这就使英语学科缺少了应有的深度。但我们如果能充分利用丰富的思政元素，就能带领学生跟随前人的脚步，领略人文世界的绚烂多彩，感受跨文化体验的魅力。

首先，"课程思政"理念还未在高中学段被广泛接受。学生在高考这一重大压力前，个人的需求难免会从"求发展"向"拿高分"偏移。为解决这一问题，很多教师的教学目标变成了以学生得分为主，忽略了学科的育人功能，再先进的教育理念对于他们也只是了

解而已。这种将课堂教学仅作为传授理论知识的工具，认为思想政治教育仅是政治课老师的任务的现象，在如今的教师群体中并不少见。

此外，教师对思政元素的挖掘不够。"课程思政"要求教师结合学科特点，大力发掘思政元素，有丰富的思政知识储备。一些教师觉得工作量大而懒于发掘或发掘不够，导致课堂教学枯燥单调；一些教师在学习过"课程思政"理念后，尽管认识到其重要性，也积极探索学科中的思政元素，但在其实施过程中收益甚微，原因是教学方法不得当。

本人在上海市某中学实习期间，在听课的过程中有两位教师对"Adventuring"这一单元阅读课的处理，让我印象深刻。两位教师都是讲授英国探险家沙克尔顿与他的团队乘坐"坚忍号"在南极历险的故事，课堂中都蕴含了"课程思政"理念，但取得的效果却完全不同。第一位教师在讲述完沙克尔顿的探险经历后，只是单调地表述，要学习他的精神，学习他的品质等，学生不以为然。而第二位教师的处理更能反映教学艺术。她先是在导入环节，利用了神舟十三号的成功发射这一时事，自然引出国内外探险家与他们的经历；后在课堂总结环节，她又选择用反问的形式，让学生结合自身情况来讨论不同文化背景下人们对成功和失败的态度，接着播放了相关的视频资料，学生们认真观看并有很好的反馈产出。对比而言我们不难看出，在不影响课堂进度的情况下，我们应选择更丰富的教学方法，更多样化的教学手段，体现教学的艺术，更好地落实课程思政与教学的结合。

总览国家社会个人对思想政治教育的迫切需求，了解课程思政理念在中学发展实施的困境和挑战，我们更应认识到这一新理念的科学性与优越性。因此，将课程思政渗透学科教学势在必行，而且任重而道远。

五、课程思政融入高中英语课堂的可行性

英语学科作为人文社科的带头学科，在培养学生思辨能力、文化意识能力等方面起着重要的作用。从教学时间角度出发，一周的英语课时是7~8节，开课时间覆盖高中三年，因此教师有充分的时间在英语课堂上开展思想政治教育。

从教学内容出发，教材不仅承载着教学内容的主体，更集中了众多专家学者智慧的结晶。以上外版高中英语必修一为例，该教材除近百页印刷到纸张上的知识点以外，还蕴含了丰富的思政元素，为课程思政融入英语课堂提供了物质支持。本人在实习期间，与有经验的带教老师一起对思政元素进行了挖掘与分类，一共得出26个思政元素。英语国家的文学家和科学家、历史事件和地理知识等传达的信息有助于学生形成正确的思想，坚定地相信追求自我价值的重要性，也展现了英语国家不同的价值观。这无疑体现出编者的独特用心，也充分地使思政元素在英语课堂中进行了渗透。

从教学目的出发，英语学科的教学目的和思想政治教育目的高度匹配。对于"双新"中的"新课程"而言，其"新"之处首先在于课程定位，即教学目标发生了重大变化。过去，英语课程以学科为基础，强调综合语言能力。2020年《普通高中英语课程标准》(修订版)明确了英语课程的育人导向，明确了英语课程致力于培养有理想、有本领、有担当的时代新人，旨在引导学生具有家国情怀、国际视野和一定的跨文化沟通和交流能力。文化意识是学科的价值取向，它引导着嵌入课程中的文化。因此，文化意识的构建要特别关注学生的跨文化认知、跨文化态度的形成和跨文化行为。再就是，思维素质的明确提出也尤为重要，特别是在国际国内发展的背景下，要加强对学生创新思维和解决问题能力的培养。不难看出，在英语课堂上实施思想政治教育具有良好的条件。这就要求教师要更好地学习新教材，做好教学安排。

高中生处在身心发展的重要阶段，是今后中国特色社会主义事业的接班人。因此在信息化时代，针对高中学段的课程思政有着巨大的意义。英语学科作为我国课程设置的重要一环，不仅体现在传授知识方面，还体现在学生良好道德品质的培养方面。高中阶段是教育的黄金时期，在高中英语课堂中教师更要着眼于其强大的育人功能。在新时代背景下，"课程思政"与英语课堂的有机结合，是落实习总书记重要讲话精神、升华马克思主义"以人为本"教育思想、培养学生良好道德品质的有力抓手。

课程思政不仅是一项具有挑战性的教学任务，而且是一个长期的过程。近年来，关于学科教学与思想政治教育一体化的研究呈上涨趋势。这说明在"立德树人"的要求下，越来越多的教师正在关注这一方向。作为高中课程的重要组成部分，英语学科的主导地位是合理的，也是有希望的。

参 考 文 献

Chen Peng & Zhang Xuepeng. *The Misreading of Marx's Belief in the Current Society* [C]. International Conference on Social Science & Technology Education, 2015.

Julia Bandini, Christine Mitchell, Zachary D. et al. Student and Faculty Reflections of the Hidden Curriculum [J]. *American Journal of Hospice and Palliative Medicine*, 2017: 57-63.

Li Zhen & LiuRenfang. Ideology Security Education in Senior High School in China: A Focus on Core Socialist Values in English Textbooks [J]. *US-China Foreign Language*, 2020: 203-209.

Michael Apple. *Ideology and Curriculum* [M]. London: Routledge Falmer, 2004.

Scotty McLennan. Moral and Spiritual Inquiry in the Academic Classroom ［J］. *Journal of College and Character*, 2006：1-10.

Stephen Ricky Adamson. Subtle Messages：An Examination of Diversity in the Illustrations of Secondary Level One French Textbooks ［J］. *Dissertations & Theses-Gradworks*, 2013.

郭宝仙, 章兼中. 如何在课堂教学中培养英语学科核心素养 ［J］. 课程·教材·教法, 2019, 39(04)：66-71.

何红娟. "思政课程"到"课程思政"发展的内在逻辑及建构策略 ［J］. 思想政治教育研究, 2017, 33(05)：60-64.

梅德明, 王蔷. 改什么? 如何教? 怎样考? ［M］. 北京：外语教学与研究出版社, 2018：89-90.

习近平在全国高校思想政治工作会议上强调：把思想政治工作贯穿教育教学全过做程开创我国高等教育事业发展新局面 ［N］. 人民日报, 2016-12-09.

☞ **教师点评:**

金同学教育研习成绩总分为 90 分, 其中教育情怀 27 分, 教学能力 36 分, 反思能力 27 分。该教育研习报告《"双新"背景下高中英语课堂中课程思政的融入》探讨了"双新"背景下高中英语课堂中课程思政融入教学实践的研究。该研习报告具有一定的实践指导意义。研习报告认为要充分利用丰富的思政元素, 在高中英语课堂上教师更要着眼于其强大的育人功能, 将"课程思政"与英语课堂有机结合, 培养学生良好的道德品质。研习报告显示了作者的教育情怀, 并表明作者能够分析教材和学情, 具备一定的教学能力、研究能力以及反思能力, 是一篇优秀的教育研习报告。

该教育研习报告具有如下特点:

第一, 该教育研习报告紧密结合国家教育政策和国家人才发展战略的精神, 选题有新意, 对我国英语教学如何融入课程思政元素具有较好的启发和借鉴作用。

第二, 该教育研习报告对高中教材中思政元素分析和总结较为细致具体, 可为高中一线教师课程思政教学提供参考资源。

该教育研习报告的可改进之处主要为文献资料的引证须规范, 如参考文献要在正文中使用夹注等形式。

(点评教师：朱伊苹)

5.2 学生2教育研习报告及教师点评

初中英语戏剧社团实践研究
施同学

一、教育戏剧的概念

教育戏剧是将戏剧与剧场技巧用于教育功能的教学媒介。戏剧作为一种起源于古希腊时期的艺术表现形式，在20世纪80年代，被西方学者融入教学，逐渐建立了完善的戏剧教育课程。国内对教育戏剧的实践应用起步较晚，只有戏剧专业和少数戏剧社团的学生能够接受到一定的戏剧教育。对于英语学科来说，教育戏剧也主要以课堂上的角色扮演、情景对话等简单形式来进行。

二、教育戏剧的实践

(一)实践背景

2021年，国务院办公厅印发了《关于进一步减轻义务教育阶段学生作业负担和校外培训负担的意见》。意见指出，在义务教育阶段，学生的课余压力应得到减轻，从而有更多的时间拓展兴趣，得到全面发展。为响应双减政策，各中小学纷纷开展各类课后服务活动、社团活动，以此丰富教学活动形式，推动学生个性发展。英语戏剧社团作为英语学习的第二课堂，能够让学生在活动中提高语言技能，促进团队合作，培养核心素养。

(二)实践过程

本研究基于闵行区某中学六年级戏剧社团展开研究。本人作为社团的指导教师之一，全程参与时长两个月的8节社团课。活动整体分为三个阶段。

第1~3周：戏剧基本知识学习、剧本选择和改编、角色分配

在第一周，教师首先向学生介绍了戏剧的基本元素，如舞台说明、戏剧动作、悬念、冲突等，以便于学生日后对戏剧更深层次的理解和诠释。接下来，教师和学生共同探讨剧本的选择。教师提供了三种选项：《威尼斯商人》《辛德瑞拉》《花木兰》。集体讨论后最终选择表演《辛德瑞拉》。原因在于，莎士比亚戏剧对于六年级的学生来说可能难以理解，适合有一定戏剧表演基础的学生尝试。而《花木兰》的剧本较少，改编难度大。讨论过程中，有同学提出可以将冬奥元素融入剧本，创造一个全新的"冬奥灰姑娘"。此创意得到了同学老师们的一致好评。

确定完剧目后，第二周展开了剧本研读和改编工作。由于《辛德瑞拉》的故事耳熟能详，因此教师直接分发剧本，带领学生一起诵读台词，体会其中情感。在此期间，学生

也充分发挥自己的想象力，将主人公辛德瑞拉改写为一名自信的花滑公主。比如，辛德瑞拉的水晶鞋被替换成了溜冰鞋；王子举办的也并非舞会，而是溜冰比赛。台词改编寓教于乐，不仅让同学们更熟悉剧本，也锻炼了同学们的创造力。

第三周的主要工作是角色分配。为激发学生学习兴趣，角色选拔采用竞选制。学生需提前考虑好自己想要竞选的角色，在课上诵读台词，最后由大家一起选出最合适的人选。同时，考虑到部分学生台词较少，可能缺乏参与感，因此教师提出两条建议。一是将台词较多的辛德瑞拉、王子等角色分成 A、B 两角，二是台词较少的学生需承担其他工作，如准备音乐、设计布景等。

第4~6周：剧本排练

课程的第二阶段为排练。第四周以个人和小组演练的形式为主。学生首先在教师的指导下进行简单的气息运用训练，如怎样使声音清晰明亮，具有传送力。接下来，每位学生都需诵读一至两句自己的台词，听取教师和同学的意见，调整语音、语调、语速等发音问题以及情感表达。当每个人都展示完毕后，学生在教师的安排下，进行双人或多人对话练习。课后，教师要求学生在一周内完成台词的背诵任务。

第五周的训练重点在于语言台词与情感动作的结合。根据情节需要，学生们互相讨论，设计合理且富有戏剧张力的动作。如当辛德瑞拉获得运动会的冠军，激动地绕场一圈时，王子用热切的目光注视着她，她的两个好友在一旁欢呼雀跃，继母和姐姐则在角落里捶胸顿足。除此之外，当学生难以表达出人物情感时，教师通过自身示范、其他同学依次表演等方式启发学生。

在学生对台词和动作有了进一步的熟悉后，第六周进入舞台走位和道具的设计与制作。学生们自发选出导演组、音乐组、服装组和道具组。导演组负责演员的走位、上场次序的衔接、舞台上的站位等，确保戏剧的整体效果；音乐组借助网络挑选符合情境的背景音乐、音效；服装组统计同学已有的服装，结合角色加以设计；道具组则充分发挥自己的想象力，利用硬板纸、画笔等基本材料制作诸如花草、奖杯等道具。同学们各司其职，发挥特长，体会到了幕后的不易。

第7~8周：戏剧展示

在师生的共同努力下，本次戏剧展演已初具雏形。在第七周，同学们准备好了音乐、道具、服装、PPT，开始了一次完整的彩排。彩排过程中出现了各种问题，如忘词、笑场、配合不默契等。教师鼓励学生，在正式表演时，即使遇到此类状况也要学会临场发挥，继续表演。随后，教师向学生展示拍摄的彩排录像，每位学生认真观看并进行点评反思。

最后一周，学生在学校的英语节中正式登台表演，获得了一致好评。表演完毕后，教师进行总结性点评，并评选出"最佳男演员""最佳女演员"等奖项。至此，课程全部结束。

三、教育戏剧的启示

1. 关注到每一位学生

由于学生的语言水平和表演能力参差不齐，因此在课程中不免出现对部分学生关注不够的情况。首先，在台词分配阶段，应尽量让每位学生都有一定量的表演机会。教师可将台词较多的角色分成 A、B 角，或是给每位学生一个"替补角色"，予以平衡。如实在有部分同学台词较少，教师也应为其分配其他任务，如充当评委评价其他同学，让他们获得参与感。另外，在排练过程中，教师需要深入每个小组，关注排练情况，督促还未背熟台词的学生，指导在语言或情感表达方面有问题的学生。

2. 注重培养学生的综合素质

戏剧表演不应只是学生在舞台上背诵台词，更应在课程中关注其各方面的发展。首先，学生的想象力与创造力可以得到锻炼。在改编台词、设计舞台动作这两个活动中，学生不会被所谓的"标准答案"所束缚，每个人都能够跳脱出文本，提供自己的创意。其次，教师应注重培养学生的英语素养，激发其英语学习兴趣。在阅读和创作剧本的过程中，学生的读写能力得到了提高；而戏剧排练本身就是一个交际过程，学生在创设的情境中通过角色扮演与其他同学进行了语言交流，充分锻炼了听说能力。此外，在整个排练过程中，教师应给予学生尽可能多的自主学习的机会。比如，学生自己阅读、背诵文本，互相纠正彼此的语音语调和情感表达，点评他人的表演。最后，学生们自行制作道具，更是将英语学科与美术、劳技学科相结合，实现了跨学科学习。

3. 渗透中西方优秀文化，提升学生人文素养

戏剧剧本种类繁多，既有像本研究中适合中小学生的戏剧童话，也有适合高中生的莎士比亚、萧伯纳等经典戏剧。无论是哪一种，教师都应在其中带领学生体会文本中的情感，甚至是赋予其新的内涵。曾经的《辛德瑞拉》赞颂王子公主的爱情，但如今随着时代的发展，灰姑娘的形象逐渐从被拯救的公主转变为主动选择命运的坚强女性。在本次戏剧社团中，同学们通过改编"冬奥灰姑娘"，也能从中体会到体育运动的魅力和坚持不懈的重要性，从而获得德育教育。

戏剧教育对提升学生核心素养起到了重要作用。学生品读文本，相互交流并进行演绎，语言能力得到了提高。在表演的过程中，学生融入角色，丰富了内心世界，加强了想象力与创造力，也在合作中促进了团队合作精神。与此同时，学生能够进一步了解英语文化，对比中西文化的差异，形成一种包容的文化意识。教师们应对教育戏剧进行更多的探索，促进教育戏剧在每一所学校落地生根。

参 考 文 献

Aladini, A. Integrating Drama with Language and Content to Enhance Students' English Oral Production Skills [J]. *Research Journal of Education*, 2020, 6(8): 109-112.

Chen, Yuanyuan. Enhancing EFL Students' English Competency through Drama: A Case Study in a Primary School in China. [J]. *English Language Teaching*, 2019, 12(7): 68-74.

Khasyar, M. Ratnasari, A. Haryono, R. *Lesson of Drama in Language Education: Why Do We Have to Learn English Through Drama Performance?* [C]. Paris: 1st Paris Van Java International Seminar on Health, Economics, Social Science and Humanities, 2021.

Omasta, M. Murray & B. Mcavoy, M. et al. Assessment in Elementary-level Drama Education: Teachers' Conceptualizations and Practices [J]. *Arts Education Policy Review*, 2020 (3): 1-15.

O'sullivan C. *Building Bridges. Laying the Foundations for a Child-centred Curriculum in Drama and Education* [M]. Birmingham: The National Association for the Teaching of Drama, 2020.

姜芹. 初中英语戏剧社团的实践探索 [J]. 华夏教师, 2018 (36): 90.

张晓军, 张静超. 初中英语戏剧课课堂教学模式探究 [J]. 英语教师, 2018, 18(15): 84-86+109.

中华人民共和国教育部. 普通高中英语课程标准: 2017 年版[M]. 北京: 人民教育出版社, 2018.

☞ **教师点评:**

施同学教育研习成绩总分为 90 分, 各项得分分别是教育情怀 28 分, 教学能力 36 分, 反思能力 26 分。该教育研习报告以初中英语戏剧社团实践为研习对象, 以闵行区某中学六年级戏剧社团开展英语课程融入戏剧社团活动的教学实践为基础, 该教学实践具有一定的实践指导意义, 有助于提高学生的英语学习积极性。研习报告显示了作者的教育情怀, 并表明作者能够分析教材和学情, 具备一定的教学能力、研究能力以及反思能力。

研习报告有以下特点:

第一, 教育研习报告选题来自专业教育实践, 研习报告所提出的英语戏剧社团实践积极响应国家的"双减"政策, 不仅丰富教学活动形式, 推动学生个性发展, 让学生在活动中提高语言技能, 而且有利于促进团队合作, 培养学生的核心素养。研习报告体现了作者对教育职业的热爱和对学生知识能力全面协调发展的重视。

第二，教育研习报告提出的英语戏剧社团实践具有较强的可操作性，通过对具体的戏剧表演案例的讲解，将戏剧基本知识、剧本选择和改编、角色分配等融入英语教学中，说明作者具备从事教育工作的基本素养，表现出一定的研究能力和育人能力。

第三，教育研习报告提出的英语戏剧社团实践能够培养学生的想象力与创造力，提高学生的相互沟通交流能力。研习报告体现出作者具备在研读相关教育教学文献的基础上，通过批判性的思考和探索，积极探索适合学生身心全面发展的教学育人方法的热情和能力。

该教育研习报告的可改进之处主要为：需规范文献资料的引证，如参考文献要在正文中使用夹注等形式。

（点评教师：朱伊萆）

5.3　学生3教育研习报告及教师点评

初中班主任加强后进生自我管理的策略研究
胡同学

一、研究背景

对后进生进行积极转化，能够消除后进生对学习的厌倦和消极情绪，能够帮助后进生端正学习态度，树立自信心，也有助于促使后进生形成高尚的道德品质和人格情操，这对班主任的班级管理有着重要意义。作为班主任，必须积极研究行之有效的措施来促进对后进生的管理和转化，使其成为对社会主义建设有用的合格人才。本次研究旨在对初中教育教学管理进行跟踪调查，了解初中班主任如何加强后进生的自我管理，对所存在的问题症结进行全面的分析和梳理，研究并提出解决问题的有效办法和政策建议。

二、班主任访谈及分析

本次研究的目的是在教育实习的过程中，深入了解调研初中教育教学管理，特别是跟踪考察初中班主任如何加强后进生的自我管理。研究方式是访谈，访谈对象为上海市某中学八年级两位班主任以及年级组长，访谈方式为面对面访谈。

经过此次访谈，本人发现后进生不仅在学业成绩方面相对落后，同时，不论是在校园生活还是日常生活中，他们的自我管理能力都有所欠缺。后进生自身的性格问题对他们的学习带来了极大的负面影响，他们的思想和行为不但影响自身，也很可能波及周围同学和老师，影响班级秩序、破坏班级氛围。经过对两位班主任访问，并对访问记录进行了简单的总结，我认为学生自身问题、家庭环境、校园环境共同导致了后进生落后于其他学生。

首先是学生自身因素。后进生往往没有采取适合自身情况的有效的学习策略，自我效能感较低，缺少主动求学的意愿。内向孤僻的性格造成学生独来独往，不愿主动与人交流，长此以往在校园中无人倾诉内心的想法，无所依靠，压抑的情绪无处释放，各种奇怪的甚至是消极的念头突破了心理防线，盖过了学习的动力，导致他们越发落后于其他学生。另外，当今部分学生缺乏吃苦耐劳、迎难而上的精神，遇到困难便选择退缩和放弃，久而久之便不愿面对学习和生活中的各种挫折，抗压能力低，对学习甚至是生活失去了憧憬和希望，更不用说努力上进了。

其次是家庭环境因素。有的学生家庭富裕，但家长不重视教育，他们的行为可能会给孩子带来一种"学习无用论"的想法。独生子女越来越多，家长对自己的孩子则是更加溺爱，生怕他们吃苦，给孩子们撑起一把保护伞，为他们挡风遮雨。但这样的行为反而不利于孩子的成长，让他们从小失去了一种勇闯天下的勇气。一些在"保护伞"下长大的孩子，抗压能力低下，脾气差，对待学习不屑一顾。另外，有些孩子的父母离异，家庭遭遇不幸，或是家庭中常常出现父母不和、家庭暴力等现象。孩子得不到家庭的关爱与温暖，常常心思沉重、表现抑郁、无心学习。

最后是校园环境因素。大部分班级中总会存在几个"皮大王"，给教师出岔子、找难题。他们的行为不仅可能扰乱课堂秩序，影响其他同学，也可能引起其他同学的效仿。如果班主任不及时加以制止和转化，这种小团体的规模可能不断扩大，严重影响班风和日常秩序。然而，也有学校过于重视学业成绩，在日常缺少对学生的品德教育，导致后进生的任性和惰性不断蔓延，渐渐难以遏制和挽回。

通过对访谈内容的分析，本人对于一些典型案例中，造成学生成绩退步、严重落后的原因有了进一步的认知和了解。接受访谈的三位教师的解读方法以及应对策略包括以下两个方面。首先，三位教师都对学生进行了行为指导及目标的制定，通过与学生的有效交流以及摸索，教师与学生共同完成了各项目标的划分，从整体上为后进生的转化前进奠定了基调和方向。其次，教师考虑到学生的情感，在处理问题时，都强调了对学生的尊重。通过以上分析不难看出，三位教师对于如何有效推动后进生前进、转化，都有自己较为合理的策略，但总体上看，尚不完全。

三、建议策略

在对文献资料以及理论知识进行查阅整理之后，本人提出了几种可行的、能够帮助教师有效管理后进生的策略。

1. 给予学生适度的关注

初中阶段的学生，正处于生理和心理波动、不平衡的阶段。我们在事例以及日常所见中不难发现，有些学生为了引起同学、老师的注意，会采取一些不合理的方法，一些不好的行为也会逐渐成为习惯，对学生自己的发展和班级都会产生影响。因此，教师需要关注学生但是关注要适度。

2. 采用积极评价的教育态度，激励代替惩罚

如果学生的自信心一直在被老师打击与指责，这会对学生的身心发展造成不可挽回的后果。特别是对于后进生，如果老师一直采取的是冷漠和批评的态度，那么学生可能会受到较大的刺激，产生更不合理的行为，也有可能会习惯批评，不再遵守规定。老师应该多给予正面、积极的评价和教学态度，平等地对待不同层次、不同成绩的学生，一视同仁。但同时也要对症下药、尊重差异，要适时给予学生更多的激励，调动积极性，而不是一味谴责。

3. 改变传统教学方式，创新教育内容

在传统的教学评价过程中，应试教育过度注重分数与单一卷面成绩，忽视对学生综合素质的考量和考察，科任教师可能会因此以偏概全，以某一门相对落后的成绩来评判学生，造成学生失去耐心，感受到更多负面情绪。学校如果缺乏多元教育活动也会使学生的全面发展受到阻碍。因此，教师应该在平常多组织丰富多样的活动，让不同学生在不同活动中都可以享受学习的乐趣，找到属于自己的学习方法。在评价模式中，也可以采取互评、自评等不同评价形式，使学生在全方位接受训练，找到学习策略。

4. 建立家校互通新模式，充分发挥家长作用

学生的管理不可以只由教师负责，家长和学生自己也需要认识各自的职责。建立有效的家校互通模式，在网络发达的今天必然趋势。通过微信等媒体工具，家长和老师通过不同媒体形式的探索，找到合作方法，打通消息壁垒，使学生学习生活、家庭生活都可以正常有序地进行。家长也可以对学生有更多的了解，以便家庭教育的开展，从而辅助学校教育的不断深化和推进。

综上所述，在针对初中后进生的管理过程中，教师切不可以偏概全，要做到以发展、全面的视角寻找正确的策略及方法，更好地帮助后进生培养各方面的综合素质，并且让全体学生都能接受有价值的教育，从而达成教育的真正意义。

参 考 文 献

何小松. 有教无类藏爱心 有效转化促育人：初中后进生的转化策略探索 [J]. 文理导航，2020 (26)：81.

刘文彩，张兴刚. 论初中后进生转化工作的创新 [J]. 新课程(中)，2018 (2)：224.

张卫华. 初中"后进生"的转化策略 [J]. 教书育人：教师新概念，2015 (12)：79.

赵凤英. 浅论激励法在初中后进生教育中的应用对策[J]. 中学课程辅导(教学研究)，2020(14)：18.

☞ **教师点评：**

　　该教育研习报告通过跟踪调查初中班主任对后进生自我管理的过程，对存在的问题进行较全面的分析和梳理，并提出解决后进生自我管理的若干办法和建议。研习报告基于访谈和调查，通过对学生自身问题、家庭环境、校园环境等因素的剖析，提出有助于后进生进步的若干可行的对策，该报告对指导后进生管理有一定的实践指导意义。研习报告体现了作者的教育情怀，说明作者对学生的心理具有一定的分析能力，并具备较强的反思能力和教书育人能力。

　　研习报告有以下特点：

　　第一，教育研习报告选题来自专业教育实习，如何帮助后进生健康成长是教师的重要职责，研习报告表现了作者对教育职业的热爱和对学生品德、知识、能力全面协调发展的重视。

　　第二，教育研习报告能够深入分析学生的心理及其学情，说明作者具备从事教育工作的基本素养，能积极与后进生进行交流和沟通，表现出作者一定的研究能力和育人能力。

　　第三，教育研习报告能够发现、思考、分析并解决后进生自我管理的相关问题，体现出作者具备通过研读相关教育教学文献、发现教育实践中的问题，并独立思考判断、自主分析解决问题的能力。

　　论文不足之处是正文中没有标注参考文献出处，所选参考文献还不是最具代表性的文献，文献质量及研究的深度有待提高。

（点评教师：朱伊萆）

第六节　课程目标达成度报告样例

6.1　课程教学基本信息

任课教师：朱某某　教学班名称：2018级英语师范专业　教学班代码：01-03
考核方式：撰写《教育研习报告》　总人数：93
命题情况：教研组　是否有AB卷：无
是否有评分标准及答案：有评分标准无标准答案

综合成绩统计：

成绩	A	B+	B	C+	C	D+	D	F
人数	29	39	21	1	0	0	0	0
百分比	32	44	23	1	0	0	0	0

6.2 学生课程学习情况分析

本课程为教育实践类课程，学生通过在实习基地学校的见习、实习，观摩课程教学，课后研读相关文献，并撰写教育研习报告的方式完成教育研习任务。本学期的教育研习任务是：(1)进一步认真学习与师德规范相关的政策文件，结合教育实习进一步体验教师教书育人的角色，树立教育情怀；(2)观摩相关课程的教学、班会主题活动、教研活动，为撰写教育研习报告搜集整理素材和资料；(3)结合自己的教学观摩、参与班级管理等撰写教育研习报告。

绝大部分学生按时完成了上述任务，并根据自己的教育研习情况以及自己的思考和感悟，分别从教学方法的设计、教学案例的剖析、教材的运用、教育情怀的体现、班主任工作等方面撰写了教育研习报告。研习报告的写作基本规范，也有个别研习报告的语言表述有待改进。

6.3 课程目标达成情况分析

6.3.1 课程目标与考核结果对照表

课程目标(内容)	学生学习过程考核情况	
	课程考核的内容、形式	考核结果
课程目标1：具有正确的教师观，理解教师是学生学习的促进者，认同教师工作的意义和专业性在于创造条件促进学生自主和全面发展。能够通过参与式课程学习、反思性案例分析、行动性实践体验、激励性成长评价等途径，做"学生成长的引路人"。具有正确的学生观，在英语教育教学实践中，能够正确处理师生关系，尊重学生人格，尊重学生的学习和发展权利及个体差异，对学生富有爱心和责任心，乐于为学生成长创造发展的条件和机会。	《教育研习报告选题》来自专业教育实习，切入点可与教师职业道德、学生的品德与知识、能力的全面协调发展相关。	85.20%

课程目标(内容)	学生学习过程考核情况	
	课程考核的内容、形式	考核结果
课程目标2：具备良好的英语教学设计能力，掌握中学英语课程的重难点教学策略、跨文化思维方式、文化品格、思维品质培养等英语教学知识，能够依据课标，分析教材，把握学情，进行教学环节设计。具备一定的教学研究能力，能依据中学英语课程标准，展开有效的学业评价，并能针对教学难点问题，进行实证化的行动研究，形成研究成果。	《教育研习报告》。须通过准确规范的语言描述、分析、论证所进行的某项教学研究，可以是英语课程教材研究、英语教学方法研究、英语教学设计开发等，也可以是班主任工作方法创新研究、英语课外活动指导研究、中小学生英语竞赛指导研究等。	89.30%
课程目标3：具有专业自主学习的能力，掌握英语教师专业发展的核心内容、成长阶段和路径方法，制定并实施教师学习和发展规划。具有一定的自主实践和自主研究能力，具有反思意识、反思能力和反思习惯，理解反思价值。具有教师是实践性反思者的角色意识，能够独立思考判断、自主分析解决问题。在教育研习过程中，能够从学生学习、课程教学、学科理解等不同角度，收集分析自身实践活动信息，自我诊断、自我改进。	《教育研习报告》中体现出通过研读相关教育教学文献，结合实践中发现的问题，通过独立思考判断和自主分析论证，提出解决问题方案的能力。	86.80%

6.3.2 课程目标达成度评价

课程目标	得分率	分目标权重	课程目标达成度评价值
课程分目标1	85.2%	0.3	
课程分目标2	89.3%	0.4	0.878
课程分目标3	86.8%	0.3	

6.4 课程设计合理性论证

6.4.1 课程设计的合理性分析

评价内容	合理性判断			存在问题及改进措施
	合理	较合理	不合理	
课程目标定位	√			
教学内容	√			
教学方法		√		教学方法以讨论式、探究式为主，但是研习一周时间较短，学生很多，无法一一指导。通过课程平台展示历届优秀研习报告的方式让所有学生学习领悟。
课程评价方式		√		定性评价和定量评价相结合较合理，但是学生只能看到定量成绩，而定性评价的手写评语已交学院存档保留，学生无法看见。通过反馈电子评语的方式让学生看到定性评价。
课程对毕业要求的支撑指标点和权重	√			

6.4.2 学生特殊个体评价分析

个别同学的研习报告中语言表述不十分流畅，存在一定量的病句。下学期继续安排帮扶计划，帮助这些同学改进中文语言表达。

6.5 课程教学改革计划

第一，启用教师教育智慧平台对"教育研习"课程进行线上闭环管理。

第二，在超星学习通平台展示历届优秀《教育研习报告》，方便所有学生学习学习领悟。

附："教育研习"课程目标达成度计算表和"教育研习"课程成绩采样表

"教育研习"课程目标达成度计算表

任课教师：朱伊革	教学班级：2018级英语师范1班、2班、世承班		授课学期：2021—2022学年第2学期			
课程目标	具体内容	考核形式	采样情况	分目标得分率	分目标权重	分目标达成度	课程目标达成度
课程目标1	具有正确的教师观，理解教师是学生学习的促进者，认同教师工作的意义和专业性在于创造条件促进学生自主和全面发展。能够通过参与式课程学习、反思性案例分析、行动性实践体验、激励性成长评价等途径，做"学生成长的引路人"。具有正确的学生观，在英语教育教学实践中，能够正确处理师生关系，尊重学生人格，尊重学生的学习和发展权利及个体差异，对学生富有爱心和责任心，乐于为学生成长创造发展的条件和机会。	撰写《教育研习报告》。报告以一篇教研论文作为成果，研究题目源自教育实习中发现的教育教学难题，包括英语课程教材研究、英语教学方法研究、英语教学设计开发、班主任工作方法创新研究、英语课外活动指导研究、中小学生英语竞赛指导研究等。	抽样班级总人数为90人，抽样人数25人。	85.20%	0.30	0.260	0.878
课程目标2	具备良好的英语教学设计能力，掌握中学英语课程的重难点教学策略、跨文化思维方式、文化品格、思维品质培养等英语教学知识，能够依据课标，分析教材，把握学情，进行教学环节设计。具备一定的教学研究能力，能依据中学英语课程标准，展开有效的学业评价，并能针对教学难点问题，进行实证化的行动研究，形成研究成果。	撰写《教育研习报告》。报告须通过准确规范的语言描述所进行的某项教学研究，可以是英语课程教材研究、英语教学方法研究、英语教学设计开发等，也可以是班主任工作方法创新研究、英语课外活动指导研究、中小学生英语竞赛指导研究等。		89.30%	0.40	0.357	

续表

任课教师：朱伊革	教学班级：2018 级英语师范 1 班、2 班、世承班		授课学期：2021—2022 学年第 2 学期			
课程目标 3	具有专业自主学习的能力，掌握英语教师专业发展的核心内容、成长阶段和路径方法，制定并实施教师学习和发展规划。具有一定的自主实践和自主研究能力，具有反思意识、反思能力和反思习惯，理解反思价值，具有教师是实践性反思者的角色意识，能够独立思考判断，自主分析解决问题。在教育研习过程中，能够从学生学习、课程教学、学科理解等不同角度，收集分析自身实践活动信息，自我诊断，自我改进。	撰写《教育研习报告》。报告中体现出通过研读相关教育教学文献，发现教研实践中的问题，并能独立思考判断，自主分析解决问题等能力。	抽样班级总人数为 90 人，抽样人数 25 人。	86.80%	0.30	0.260	0.878

说明：

分目标得分率：课程分目标对应的题目平均实际得分/对应题目总分

分目标权重：根据课程教学大纲，自行设定

分目标达成度＝分目标得分率×分目标权重

课程目标达成度＝$\sum$ 分目标成达度

"教育研习"课程成绩采样表

样本	课程目标 1(总分 30 分)	课程目标 2(总分 40 分)	课程目标 3(总分 30 分)
1	25	35	25
2	25	35	27
3	25	35	26
4	26	37	27
5	25	35	27
6	27	37	26
7	25	35	26

续表

样本	课程目标1(总分30分)	课程目标2(总分40分)	课程目标3(总分30分)
8	27	37	26
9	26	35	26
10	22	35	24
11	26	36	27
12	27	36	27
13	25	34	25
14	26	36	26
15	26	36	26
16	27	38	28
17	25	37	26
18	25	36	26
19	25	33	25
20	26	36	26
21	26	36	26
22	26	36	26
23	26	36	26
24	24	35	25
25	26	36	26
平均值	26	36	26
分目标得分率	85.20%	89.30%	86.80%

第四章　毕业论文课程板块

本科毕业论文(即学士学位论文)是专业本科人才培养方案中重要的教学环节,是对学生综合运用基础知识、基础理论和基本教学技能去分析、解决学科实际问题的实践过程,亦是开展相关科学研究工作的初步训练。本科毕业论文的撰写是对学生的科学研究能力的初步培养,是提高其综合运用所学知识、理论和技能分析和解决问题能力的重要途径,在培养学生科学研究、创新意识、创新能力、提高综合实践能力与素质等方面具有不可替代的作用。

第一节　毕业论文课程概论

1.1　毕业论文定义

毕业论文(又称学位论文)是学术论文的一种特殊形式,指在导师指导下完成的学术研究与科学实验成果的书面报告,主要用来考察高等院校学生的基本学术能力,以判定其是否具有申请相应学位的资格。依据学位论文本身的内容和性质,研究领域、对象、方法、表现方式的不同,学位论文有不同的分类方法。按内容性质和研究方法的不同,可以把学位论文分为理论性论文、实验性论文、描述性论文和设计性论文。第一种论文是各类专业都可以采用的普适性论文,而后三种论文主要是针对理科、工科的选择性论文。

教育部于 2018 年印发了教育部高等学校教学指导委员会研制的《普通高等学校本科专业类教学质量国家标准》。其中的《外国语言文学类教学质量国家标准》(以下简称《国标》)就毕业论文作出以下规定:毕业论文旨在培养和检验学生综合运用所学理论知识研究并解决问题的能力和创新能力。毕业论文选题应符合专业培养目标和培养规格,写作应符合学术规范,可采用学术论文、翻译作品、实践报告、调研报告和案例分析等多种形式。除翻译作品外,一般应使用所学外语撰写。各专业应制定毕业论文选题、开题、写作、指导和答辩等相关规定,明确指导教师职责、毕业论文写作过程和质量规范,指导过程应以适当形式记录(常俊跃、孙有中,2022:33-37)。

1.2　毕业论文目的

撰写毕业论文主要目的是培养学生综合运用所学知识和技能，理论联系实际，独立分析，解决实际问题的能力，使学生进行与本专业工作相关的基本训练。毕业论文应反映出作者能够准确地掌握所学的专业基础知识，基本学会综合运用所学知识进行科学研究的方法，对所研究的题目有一定的心得体会。论文题目由教师指定或由学生提出，经论文指导教师同意确定。论文题目的范围不宜过于宽泛，应是本专业学科发展或实践中提出的理论问题和实际问题，即本学科某一重要问题的一个侧面。选题确定之后，学生在指导教师的指导之下，就有关科学研究选题进行相关文献查阅、评述，制定研究方案，设计进行科学实验或社会调查，处理数据或整理调查结果，对结果进行分析、论证并得出结论，并且按照毕业论文相关写作要求和格式撰写论文。

学生在撰写完成毕业论文之后还需要进行学校组织的毕业论文答辩。毕业论文答辩的目的是对毕业论文作进一步的审查，即对作者所著论文的认识程度和当场论证论题能力的进一步考察和验证；对毕业论文作者所掌握的专业知识的深度和广度的进一步考察；对作者是否独立完成毕业论文等情况的审查。例如，在答辩会上，答辩小组成员就论文中阐述不清楚、不详细、不完备、不确切、不完善的问题进行提问，让作者当场作出回答，从而检查出作者对所论述的问题是否有较全面的知识基础、创造性见解和充分扎实的论证。又如，答辩小组成员也会就学生的实验、调查过程和数据进行提问，从而审查判断作者毕业设计的真实性和独立性。

1.3　毕业论文要求

依据《普通高等学校本科外国语文学类专业教学指南——英语类专业教学指南》（简称《教学指南》），毕业论文一般用英语撰写，正文长度一般不少于5000词，形式可为学术论文、翻译作品、实践报告、调研报告和案例分析等多种形式。按教育部有关文件要求，实践类教学环节的学分应不低于英语专业总学分的15%，其中毕业论文的学分不低于总学分的3%。为进一步保证毕业论文质量，2020年12月24日教育部印发《本科毕业论文（设计）抽检办法（试行）》的通知，提出本科毕业论文抽检每年进行一次，抽检比例原则上应不低于2%。

上海师范大学英语师范专业毕业论文主要通过论文选题、开题、论文撰写以及论文答辩四个主要阶段撰写完成。学校自2020年起，上述全过程均在中国知网上海师范大学毕业论文（设计）管理系统中进行。英语师范专业"毕业论文"考核分为毕业论文撰写和毕业论文答辩两个部分，各占总成绩的50%。总评成绩以百分计，满分100分。

由此，英语师范专业"毕业论文"既是对学生英语师范专业学习、研究与实践成果的全面总结，又是对学生英语语言素养与教学实践能力的全面检验，是英语师范专业本科学生取得毕业资格和获得学士学位的必要条件。参照教育部文件，结合《教学指南》、师范认证、一流本科建设要求，英语师范专业本科"毕业论文"作为高等院校英语师范教育实践类重要课程之一，对于深化高校英语教学改革，全面推进师范生素质教育，提高英语师范人才培养质量等具有十分重要的意义和作用。

第二节　教学大纲设计

2.1　课程简介

"毕业论文"是英语师范专业本科人才培养方案中重要的实践性教学环节，是对学生综合运用英语基础知识和基本技能开展相关科学研究工作的初步训练，是培养和提高学生分析问题和解决问题能力的重要途径，在培养学生科学研究、创新意识、创新能力、提高英语综合实践能力与素质等方面具有不可替代的作用。本课程旨在训练学生综合运用所学英语专业知识，观察和发现问题，确定选题，整理文献资料，分析、论证和解决问题的能力，以及培养学生尊重学术规范的习惯。本课程将通过集中讲授论文选题要求、文献综述、分析框架和分析方法、论文格式和体例、引证规范和要求，以及教师和学生一对一的指导、分组答辩、合议评定成绩等，来完成教学任务，实现教学目的。

2.2　课程目标

（1）能将所学的英语知识和技能应用于毕业论文工作中，对实际问题有较强的分析能力和概括能力；体现出一定的创新意识。（支撑毕业要求 3［学科素养］；毕业要求 7［学会反思］）

（2）能独立检索文献资料，并恰当运用。（支撑毕业要求 7［学会反思］）

（3）能根据毕业论文选题提出研究方案，选择合适的研究方法和手段。（支撑毕业要求 3［学科素养］；毕业要求 7［学会反思］）

（4）能运用英语独立撰写学术论文，要求论文结构完整、用语准确规范、语言表述清晰准确、参考文献引用正确、参考文献著录方式等符合相关的国家标准。（支撑毕业要求 3［学科素养］）

（5）答辩过程中，能在规定时间内熟练、扼要地阐述论文的选题意义、研究内容、研究方法，以及创新观点，能恰当回答与论文有关的研究问题，思路清晰、灵活应变、逻辑性强、阐释充分、英语口语表达准确流畅。（支撑毕业要求 3［学科素养］；毕业要求 8

[沟通合作])

2.3 课程目标与毕业要求对应关系

本课程的教学目标主要覆盖毕业要求中的学科素养、教学能力、班级指导和学会反思等内容，学生通过该门课程的学习能够获得毕业要求指标点中的能力，能够达到培养目标中从事英语语言教育教学的目标。

课程学习目标与毕业要求指标点对应关系

毕业要求通用标准	分解指标点	课程目标
学科素养	3-1 具有英语语言技能和综合运用能力：具有扎实的英语听、说、读、写、译基本功，英语综合运用能力强。 3-2 具有整合语言学、文学、文化和跨文化知识的基本能力：了解英美文学发展的主要脉络，熟悉英语文学的重要作家和作品，具有较高的英语文学赏析能力；了解英语国家的社会文化，具有较强的跨文化意识和能力；了解现代语言学的主要内容，具有一定的运用语言学理论解释语言现象、解决具体语言问题的能力；具有良好的双语表达能力。 3-3 掌握英语教育教学知识体系：掌握教育学、心理学、二语习得、英语课程与教学论、英语测试与评价方法，整合英语教育教学知识和英语专业知识，形成英语学科教学知识体系。 3-4 了解英语学科与其他学科、社会实践的联系：了解英语学科的人文性和工具性特征，引导学生扩大知识面、了解语言共性和差异；了解英语学科的社会服务面向，具有一定的学习科学知识的能力。	目标 1/3/4
学会反思	7-1 具有终身学习理念和良好的自主学习习惯：具有终身学习理念和英语教师专业发展意识，养成课堂自主参与和课外自主学习习惯。 7-2 具有专业自主学习的能力：掌握英语教师专业发展的核心内容、成长阶段和路径方法；能够确定就业愿景，明确学习目标，理清发展重点，选择自我管理策略，制定并实施英语专业学习和发展规划。具有一定的自主实践和自主研究能力。 7-3 具有反思意识、反思能力和反思习惯：理解反思价值，具有教师是实践性反思者角色意识，能够独立思考判断，自主分析解决问题。在教育见习、研习和实习全程中，能够从学生学习、课程教学、学科理解等不同角度，收集分析自身实践活动信息，自我诊断，自我改进。	目标 1/2/3

毕业要求通用标准	分解指标点	课程目标
沟通合作	8-1　具有团队协作意识和能力：理解和体验英语学习共同体的特点与价值，懂得学习伙伴是重要的学习资源，系统掌握团队协作学习知识与技能，积极主动参加小组学习、专题研讨、团队互动、网络分享等协作学习活动；能够在教学实践中，深入体验观摩互助、合作研究、小组实习等，乐于与学习伙伴分享交流实践经验，共同探讨解决问题。 8-2　具有良好的人际沟通能力：具备与学校领导、同事、学生、家长及社区沟通交流的知识与技能，具有相关经历体验。	目标 1/3/5

2.4　课程教学目标与教学内容和方法对应关系

本课程的教学目标主要覆盖了毕业要求中的学科素养、学会反思、沟通合作等内容，学生通过对该门课程的学习能够获得毕业要求指标点中的能力，能够达到培养目标中从事英语语言教育教学的目标。教学内容对课程学习目标的支撑见下表。

教学内容对课程学习目标的支撑

项目与时长	主要内容	课程目标1	课程目标2	课程目标3	课程目标4	课程目标5
毕业论文选题(2周)	确定英语专业毕业论文的范围、步骤、结构，查找参考文献等	√	√	√		
论文开题报告(4周)	收集资料，列出参考文献，撰写文献综述；撰写开题报告，拟定提纲	√	√			
毕业论文撰写(8周)	理论基础与文献综述写作、论文正文写作、图表、文献规范，或完成翻译项目	√	√	√	√	
毕业论文答辩(2周)	答辩前准备，答辩(补答辩)				√	√

2.5　课程教学目标与考核方式及成绩评定的关系

"毕业论文"课程考核分为毕业论文撰写和毕业论文答辩两个部分，各占总成绩的 50%。总评成绩以百分计，满分 100 分。各考核环节的分值和支撑权重，课程考试的分值对课程学习目标的支撑权重，课程考核方式对本课程的学习目标的支撑分别见以下三表。

考核环节的目标分值与支撑权重

考核环节	考核形式	目标分值	支撑权重
毕业论文撰写	论文撰写	50	50%
毕业论文答辩	论文答辩	50	50%

毕业论文撰写考核环节对课程目标的支撑关系

课程目标	考核环节	考核分值	目标分值	支撑权重
课程目标 1	专业能力水平	30	18	30%
课程目标 2	文献检索及运用	10	6	10%
课程目标 3	选题合理性	20	12	20%
课程目标 4	论文质量	40	24	40%

（注：论文评阅占比 60%，论文答辩占比 40%，即"目标分值＝考核分值＊60%"）

课程考核方式对课程目标的支撑

目标	考核内容	考核方法	评分标准
课程目标 1	论文选题与论文正文撰写等维度	综合评价	详见考核说明
课程目标 2	论文选题与文献综述等	综合评价	详见考核说明
课程目标 3	论文研究设计等	综合评价	详见考核说明
课程目标 4	论文正文质量	综合评价	详见考核说明
课程目标 5	论文答辩质量	综合评价	详见考核说明

考核说明：

（1）选题方向及研究内容：英语语言教学、英语文学、语言学、翻译、跨文化交际等方面。

（2）记分方式：优秀（100～90），良好（89～80），中等（79～70），合格（69～60），不合格（<60）

（3）论文指导教师评分细则包括态度、选题、写作能力、写作规范等维度，具体细则见下表。

毕业论文指导教师评分细则

等级	评 分 细 则
优秀 A 90~100分	1. 在毕业论文撰写工作期间，工作刻苦努力，态度认真，自觉遵守各项纪律和规章制度，表现出色。 2. 能按时、全面、独立地完成与毕业论文有关的各项工作，表现出较强的综合分析问题和解决问题的能力。 3. 选题符合专业培养目标，体现学科专业特点和综合训练的基本要求。 4. 论文立论正确，理论分析透彻，解决问题方案恰当，结论正确，并有一定创新性，有较高的学术水平或实用价值。 5. 论文使用的概念正确，语言表达准确，条理清楚，逻辑性强。 6. 论文结构完整，符合学术论文的基本要求。用语、格式、图表、数据、量和单位、各种资料引用规范、符合标准要求。 7. 具有较强的独立查阅并运用文献资料的能力，原始数据搜集得当，实验或计算结果准确可靠。 8. 答辩时，能够简明正确地阐述论文的主要内容，思路清晰，论点正确。回答问题准确、深入，有自己的见解，有应变能力，有较强的语言表达能力。
良好 B 80~89分	1. 在毕业论文撰写工作期间，工作努力，态度认真，自觉遵守各项纪律和规章制度，表现良好。 2. 能按时、全面、独立地完成与毕业论文有关的各项工作，具有一定的综合分析问题和解决问题的能力。 3. 选题符合专业培养目标，体现学科、专业特点和教学计划的基本要求，达到综合训练的目的。 4. 论文立论正确，理论分析得当，解决问题方案实用，结论正确。 5. 论文使用的概念正确，语言表达准确，条理清楚。 6. 论文结构完整，符合学术论文的基本要求。用语、格式、图表、数据、量和单位、各种资料引用规范、符合标准要求。 7. 具有一定的独立查阅文献资料并运用的能力，原始数据搜集得当，实验或计算结果准确。 8. 答辩时，能够简明和正确地阐述论文的主要内容，思路清晰，论点基本正确。回答问题准确，有应变能力，有较好的语言表达能力。

等 级	评 分 细 则
中等 C 70~79分	1. 在毕业论文撰写工作期间，工作努力，态度比较认真，能够遵守各项纪律和规章制度，表现一般。 2. 能按时、全面、独立地完成与毕业论文有关的各项工作，具有一定的综合分析问题和解决问题的能力。 3. 选题符合专业培养目标，体现学科、专业特点和教学计划的基本要求，达到毕业论文综合训练的目的。 4. 论文立论正确，理论分析无原则性错误，解决问题方案比较实用，结论正确。 5. 论文中使用的图表能够执行国家相关标准，基本规范。 6. 能独立查阅并运用文献资料，原始数据搜集得当，实验或计算结果基本准确。 7. 答辩时，能够简明地阐述论文的主要内容，回答问题基本正确，但缺乏深入的分析。
合格 D 60~69分	1. 在毕业论文撰写工作期间，基本遵守各项纪律和规章制度，表现一般。 2. 能按时完成毕业论文有关任务。 3. 选题符合专业培养目标，体现学科、专业特点和教学计划的基本要求，达到综合训练的目的。 4. 论文立论正确，理论分析无原则性错误，解决问题方案有一定的参考价值，结论基本正确。 5. 论文使用的概念基本正确，语句通顺，条理比较清楚。 6. 论文中使用的图表和设计图纸的绘制基本规范，能够执行国家相关标准。 7. 能够查阅并运用文献资料，原始数据搜集得当，实验或计算结论基本准确。 8. 答辩时，能够阐述出论文的主要内容，主要问题能回答出，或经答辩教师启发答出，回答问题较为肤浅。
不合格 E 0~59分	1. 剽窃他人学术成果、伪造数据、图表和实验结果。 2. 在毕业论文撰写工作期间，有违纪违规行为，态度不积极。 3. 不能按时完成毕业论文有关任务，或雷同部分超过40%。 4. 论文中理论分析有原则性错误，或结论不正确。 5. 论文中使用的概念有不正确之处，栏目不齐全，书写不工整。 6. 论文中的图、表，设计图纸绘制不规范，未正确执行国家标准。 7. 原始数据搜集不得当，实验或计算结论不准确。 8. 答辩时，不能够正确阐述论文的主要内容，基本概念不清楚，经参加答辩的教师启发，回答有错误或回答不出。

第三节　教学内容设计

《外国语言文学类本科专业教学质量国家标准》(以下简称《国标》)提升了毕业论文在整个人才培养方案中的地位,使之成为课程体系的一部分,即课程体系由通识教育课程、专业核心课程、培养方向课程、实践教学环节、毕业论文五个部分构成。《国标》中毕业论文不再是一个与课程体系相对独立的评测环节,而是课程体系的有机组成部分。同时也与其他类型课程的教学目标、教学内容互嵌,共同达到培养规定中对人才素质、知识和能力的培养要求。《国标》丰富了毕业论文的功能,兼具了能力培养和考核的功能(王兴军,2020:20-25)。

"毕业论文"作为英语师范专业课程体系中的重要课程,是英语师范专业本科人才培养方案中重要的教学环节,是基于学生四年包括专业核心课程、专业方向课程以及实践教学环节在内的专业学习、研究与实践成果的全面总结。根据《中共中央国务院关于全面深化新时代教师队伍建设改革的意见》,教师教育应大幅提升教师的综合素养、创新能力和专业化水平,培养卓越教师和教育家型教师。教育部印发的《义务教育课程方案和课程标准(2022年版)》要求课程修订与改革坚持核心素养导向、问题导向和创新导向,要求师范院校不论是培养未来的卓越教师,还是教育家型教师,都应培养未来教师学会在一线教育教学实践中学会关注教学情境、关注学生,善于发现问题、研究问题,并在研究教育、教学现象中发展批判性反思能力和创造性解决问题的能力,从科研成果中提炼教育教学理论,进而更好地指导实践。

"毕业论文"课程,首先旨在引导学生发现教育教学中的问题,学会选择和采用合理的研究方法调查问题,并在理论学习和研究实践中发展批判性反思能力和创造性解决英语及跨学科教学情境中的问题的能力。同时,课程强调论文写作的规范性,帮助学生熟悉英语学术论文写作结构性、论述性、分析性、批判性、清晰性等基本特点,运用流畅、自然、正式、符合逻辑的英语撰写论文。

其次,"毕业论文"课程用全英文讲授国内外教育研究方法和国际学术论文写作规范,是积极响应《教育部关于实施卓越教师培养计划2.0的意见》的号召,助力我国教师教育国际化、拓展师范生的国际视野在教师教育课程教学中的落地与实施。我国未来教师,特别是英语专业的师范生,不仅要学会做研究并分享研究成果,而且要学会阅读与分析国内外文献(特别是英文文献),关注国际学术社区最前沿的教育教学研究,在学习借鉴国际经验的同时,开展教育教学创新研究,积极参与国际交流和对话。

"毕业论文"课程不仅引导学生如何阅读与分析文献,并学会从中理解自身选题的意义，而且鼓励他们在课堂学习中善于思考、敢于质疑、乐于分享。同时，课程注重学生团队合作能力和研究协调能力的培养，有助于学生学会如何与论文指导老师进行及时沟通与交流，如何与中小学教师、学生等进行有效交流并获得进入具体情境开展教学与研究的机会，如何与同学、同事协作和分享研究成果。

"毕业论文"课程作为专业方向课程，其教学方法主要是研究方法和学术论文写作理论知识与实践练习有机结合，鼓励学生在"学中做、做中学"，注重学生教学研究能力和学术论文写作能力的培养和运用。具体教学方法有讲授法、案例教学法、批判教学法、探究教学法、调查法、线上自主学习和体验教学法。《毕业论文课程教学大纲》中的教学目标主要覆盖了毕业要求中的学科素养、学科反思、沟通合作等内容，学生通过课程学习能够获得毕业要求指标点中的能力，能够达到培养目标中从事英语语言教育教学的目标。课程的主要教学内容，即在论文指导教师的指导下进行论文的撰写与答辩，主要涉及以下四个环节及具体内容：

（1）毕业论文选题（2周）：确定英语师范专业毕业论文的范围、步骤、结构，查找参考文献（支撑课程目标1-3）。选题要体现学术性、应用性、合理性、规范性和专业培养目标要求，难度、广度和深度符合本科学生水平和实际情况，有利于巩固、深化学生所学的知识，使学生得到科学研究能力的基本训练，培养学生理论联系实践能力。学生选题提交之后，由专业负责人在"知网毕设"系统内对论文题目进行审定，对于范围过大的题目、互相撞车的题目、与本专业不相关的题目，要求学生进行修改或重新选题。鼓励学生结合自身兴趣特长、前期科研经历和毕业去向自拟题目。

（2）论文开题报告（4周）：收集资料，列出参考文献，撰写文献综述；撰写开题报告，拟定提纲（支撑课程目标1-2）。学生根据要求，做好毕业论文（设计）前期调研、查阅中外文献资料等准备工作；在指导教师的指导下，撰写开题报告和文献综述，完成《本科毕业论文选题登记表》。专业负责人审查学生开题情况。

（3）毕业论文撰写与"查重"检测（8周）：理论基础与文献综述写作、论文正文写作、图表、文献规范，或完成翻译项目，并进行"知网毕设"系统查重（支撑课程目标1-4）；学生在指导教师的指导下撰写毕业论文，接受指导教师指导和检查，积极主动与指导教师交流，有意识地培养独立工作和创新能力，养成严肃、认真、求实的治学态度，认真按照毕业论文开题报告中既定的内容和进度独立完成论文。本专业于2008年制定了英语（师范）本科毕业论文格式的修订稿，2010年对论文指导工作设计的论文格式核查列单，又于2020年对论文的格式等要求作进一步规范的基础上，不断完善，使之更科学、更合理，同时把格式要求挂在学院的网上，供学生和指导教师下载。指导教师认真指导和管理学生撰写毕业论文，掌握和控制学生毕业论文的进度、质量，全程指导至少6次，并在"知网毕设"系统认真填写《毕业论文指导记录表》，用心答疑解惑和科学引导，及时发现问题，严格纠正错误，确实保证毕业论文工作质量。论文撰写完毕后，经指导老师认可，学生论文可以进入"查重"程序。论文全文重合率≤20%，为通过；超过20%，为不通过，不可进入下一程序，需要修改，再次查重。第一次不通过者只有一次再查重机会；仍不通过，将无法正常毕业。

(4)毕业论文答辩(2周)：答辩前准备，答辩(补答辩)(支撑课程目标4-5)；依据答辩规则、评分标准、程序要求，落实答辩地点，安排答辩和补答辩时间。分组答辩时论文指导教师不作为其指导的学生所在小组的答辩委员，实行回避。答辩不通过的学生依据相关规定给予补答辩机会。

第四节 评分量表设计

毕业论文评分量表分为《本科毕业论文评定表》以及《本科毕业论文答辩记录及答辩小组评分表》，分别由论文指导教师、论文评阅答辩教师完成打分与评语。评分量表主要内容设计如下：

本科毕业论文评定表(部分)

指导教师评定部分			
项目	内　　容	满分	得分
学习态度	学习态度认真，科学作风严谨，严格保证设计时间并按规定进度开展各项工作。	15	
调研论证	认真阅读教师指定的参考文献，能独立查阅文献以及从事其他形式的调研，能较好地理解课题任务并提出实施方案，有分析整理各类信息、从中获取新知识的能力，按要求填写选题登记表。	10	
外文应用能力	能阅读、翻译一定量的本专业外文资料、外文摘要和外文参考书目，体现一定的外语水平。	5	
技术水平与实际能力	论点鲜明，有创见；论据确凿，论文表现出对实际问题有较强的分析能力和概括能力，文章材料翔实可靠，有说服力。	25	
基础理论与专业知识	反映出作者很好地掌握了有关基础理论与专业知识，并对研究的问题能较深刻分析或有独到之处。	20	
创新	有重大改进或独特见解，富有新意，有一定学术价值或应用价值。	10	

续表

指导教师评定部分			
论文撰写质量	结构严谨、逻辑性强，论述或设计说明层次清晰、语言准确、文字流畅，完全符合规范化要求。标点、符号、计量单位使用准确，图纸、框图、表格、曲线等符合国家标准或工程要求；内容完整、表达充分、文本制作精良。	15	
总分			

毕业论文答辩考评分为评阅60分，答辩40分两部分，共计100分。

评阅部分评分内容涉及选题质量、撰写规范、资料综合归纳能力、综合运用知识能力、论文质量、学术水平与创新以及完成情况。其中，"撰写规范"具体评阅学生选题登记表的填写、题目、摘要、关键词、目录、正文、致谢、附录、参考文献等是否符合规范，篇幅是否符合规定。"论文质量"则主要考量学生论文是否论点鲜明，有创见；论据确凿，论文表现出对实际问题有较强的分析能力和概括能力，材料翔实可靠，有说服力。而"学术水平与创新"则主要考察学术论文是否有独到的见解或设计理念，富有新意或对某些问题有较深刻的分析和有效的解决方法，是否有较高的学术水平或较大的实用价值。

答辩部分评分涉及阐述、回答问题和语言表述，主要考察学生是否能够简明和正确地阐述论文的主要内容，思路清晰、论点正确；回答问题是否基本概念、基本理论正确，有自己的见解，应变能力较强并且有较强的语言表达能力。

本科毕业论文答辩记录及答辩小组评分表（部分）

项目		内　　　容	满分	得分
评阅部分	选题质量	选题符合专业培养目标，体现学科、专业特点和综合训练的基本要求；符合本学科的发展，有一定的学术意义和实际价值；规模适当；难度适中。	8	
	撰写规范	选题登记表的填写、题目、摘要、关键词、目录、正文、致谢、附录、参考文献等符合规范，篇幅符合规定。	5	
	资料综合归纳能力	查阅文献有一定广泛性；能较好地从中获取与课题有关的内容；有较强综合归纳资料的能力和自己的见解。	6	
	综合运用知识能力	能运用所学专业知识阐述问题；论文（设计）内容有适当的深度、广度和难度。	6	

项目		内　　容	满分	得分
	论文质量	论点鲜明，有创见；论据确凿，论文表现出对实际问题有较强的分析能力和概括能力，材料翔实可靠，有说服力。	20	
	学术水平与创新	论文有独到的见解或设计理念，富有新意或对某些问题有较深刻的分析和有效的解决方法，有较高的学术水平或较大的实用价值。	6	
	完成情况	内容充实，完成情况较好。	9	
答辩部分	阐述情况	能够简明正确地阐述论文的主要内容，思路清晰，论点正确。	15	
	回答问题	基本概念、基本理论正确，回答问题准确、深入，有自己的见解，应变能力较强。	15	
	语言表达	有较强的语言表达能力。	10	
答辩小组评分				

第五节　教学案例及点评

英语专业毕业论文必不可少的构成部分是中英文标题、中文诚信声明、中文选题登记表、中文指导记录表、英文致谢、中英文摘要、中英文关键词、英文目录、英文正文、参考文献、附录（如有）。其中中英文摘要和正文中的引言、文献综述以及研究方法是论文组成部分的重中之重，因为中英文摘要是论文的核心观点，引言说明选题的价值和意义，文献综述是论文写作的学术基础，研究方法是研究的工具和手段。这四部分的写作质量基本奠定了整篇论文的写作质量，是论文评审老师重点关注的地方。

很多学生把摘要、引言和结论混为一谈，导致这三部分内容就是相同段落的复制粘贴，这是论文写作的大忌。摘要、引言和结论中关键词的重复再现、主要观点中的重点文字的重复再现是必要的，但表述方式要有区别，表述重点也要有所区别。摘要重在自己核心观点的表达，引言重在选题的价值和意义，结论重在对整篇论文的总结。

文献综述是学术论文写作的基础，是对论文选题相关研究状况的总体把握。部分学生认为自己在没有看别人论文的情况下，完成的论文就是自己独创的和创新的，这是非常错误的理解。学术研究首先是学习前人成果，然后是发现问题和不足，最后是寻找解决问题的方法和途径，这就是为什么有些论文，要做学术研究的原因。

研究方法是运用智慧进行科学思维的技巧，一般包括文献调查法、观察法、思辨法、行为研究法、历史研究法、概念分析法、比较研究法等。因本书篇幅有限，无法完全展示毕业论文全文，只分别节选了四篇较为优秀的论文的中英文摘要、引言、文献综述、研究方法为案例，来呈现这些优秀本科论文重要部分的写作方式以及优点和不足，供后学者借鉴学习。

5.1 学生毕业论文摘要案例及点评

A Study of Discourse Markers Used by English Student Teachers in the Classroom
英语师范生课堂话语标记语研究

Huang YC

Abstract

Discourse markers are regarded as an inevitable component of teachers' discourse in the classroom. They not only play a significant role in facilitating the teaching process but also have a great impact on students' learning. Discourse markers in pedagogical setting have been one of the hotspots of studies at home and abroad. However, existing studies rarely pay attention to English student teachers' use of discourse markers. Based on the gaps in this field, this study combines quantitative and qualitative methods. This research builds corpora based on the real classroom discourse collected from ten English student teachers majoring in English education and one expert English teacher in junior middle school. Detailed analysis of the corpora is conducted with the aim of exploring the features and problems of discourse markers used by English student teachers and offering practical suggestions for improvement. The following research questions are explored and answered in this study: (1) What is the general distribution of discourse markers used by English student teachers? (2) What are the features of discourse markers used by English student teachers? (3) What difference do English student teachers have in discourse markers use from the expert teacher? The major findings of the study are as follows: (1) Discourse markers in English student teachers' discourse are classified into four categories: referential markers, structural markers, interpersonal markers and silence fillers. Structural markers are the most frequent discourse markers used in the classroom, which is closely followed by interpersonal markers and referential markers. Silence fillers are rarely used in their discourse. Twenty-five types of discourse markers are found in student teachers' discourse, among which and, so and ok are the three discourse markers that occur for the most times. (2) The integrated discourse marker categories proposed in this study can comprehensively cover the markers used by English student teachers and demonstrate their dominant function. Moreover, simplification of discourse markers and multifunctionality of simple markers are the two traits of discourse markers used by English student teachers. （3）Compared with the expert teacher, English student teachers' use of discourse markers is of less diversity and lower quality, especially shown in referential markers and interpersonal markers respectively. Therefore, the author suggests that English student teachers systematically learn the basic knowledge of discourse markers and target their practice according to the specific problems in each category of discourse makers so as to internalize appropriate use of discourse markers into their own language ability.

Key words：discourse markers；English student teachers；classroom discourse

摘　要

话语标记语是教师课堂话语中不可缺少的组成部分。话语标记语在教学过程中发挥着重要的作用，对学生的学习也有很大的影响。教学语境中的话语标记语一直是国内外研究的热点之一。然而，现有的研究很少关注英语师范生课堂话语标记语的使用情况。本研究采用定量和定性相结合的方法，收集10名英语师范生和1名初中英语专家教师的真实课堂话语，建立小型语料库，深入分析语料库，以探究英语师范生话语标记语的使用情况，针对其中存在的问题提出可行的建议。本研究主要探讨并回答了以下研究问题：(1)英语师范生使用的课堂话语标记语有哪些常见的类型？(2)英语师范生使用的课堂话语标记语有什么特点？(3)英语师范生在课堂话语标记语的使用上与专家教师有什么不同？研究发现：(1)英语师范生在课堂中使用的话语标记语可分为四类：指称标记语、结构标记语、人际标记语和沉默填充语。结构标记语是英语师范生课堂中使用频率最高的话语标记语，其次是人际和指称标记语，而沉默填充语使用较少。另外，英语师范生的话语中出现了25种话语标记语，其中and，so和ok是出现频率最高的3种话语标记语。(2)本研究整合创新的话语标记语分类能够较为全面地覆盖师范生使用的标记语并展现其主导功能。此外，英语师范生所使用的话语标记语具有两个特点：标记语的简化和简单标记语的多功能性。(3)与专家教师相比，英语师范生使用的话语标记语缺乏多样性，指称标记语的简化较为严重，同时，师范生在某些场景下使用的话语标记语质量较低，省略、误用在人际标记语的使用上较为突出。本研究建议英语师范生系统学习掌握话语标记语的基本知识，在教学实践中针对不同话语标记语的使用问题进行练习，有意识地将话语标记语的恰当使用内化为自己核心语言能力的一部分。

关键词：话语标记语；英语师范生；英语教师课堂话语

☞ **教师点评：**

　　黄同学的论文被评定为优秀等第。总体上看，该论文选题以现实语言问题为导向，融合语言学与英语教学研究，体现了英语师范专业的知识结构与特长。论文的研究方法规范，写作逻辑清晰，展示了良好的专业知识与研究素养。论文行文流畅、语言表述准确，引用与参考文献等格式规范。该论文的详细点评如下。

　　第一，选题意义充分。首先，选题以现实语言问题为导向；课堂话语使用是师范生的核心能力，但已有研究针对师范生的探索不多，师范生的课堂话语能力、话语质量都是极有价值的现实论题。其次，选题融合语言学与英语教学研究，具有理论意义；课堂话语研究既有话语分析，也有英语教学探索，该论文很好地体现了英语师范生的专业特长。

　　第二，分析框架合理。论文的文献分析扎实、理论梳理及阐述清楚。作者详细梳理了已有的话语标记分类，并借鉴前人研究成果，提出了针对英语师范生课堂话语标记的分析框架，包含四类与十六个小类。论文研究结果验证了该分析框架的可行性。

　　第三，研究方法规范。论文基于研究规范自建课堂话语语料；使用主流工具对数据进行分析和统计（如 AntConc、SPSS 工具）。论文研究的逻辑清晰，研究问题聚焦标记语的频次、分布与特征，并通过对比分析考察师范生与专家教师话语使用的差异，提升了该项研究的价值。

　　第四，研究发现有价值。论文归纳了英语师范生课堂话语标记语的分布特征，如结构标记语、人际和指称标记语的频次顺序。同时，依据对比研究，提出了其话语标记语的使用特征，如指称标记语过于简化、标记语过于单一等。这些研究发现对英语师范生的课堂话语使用，及今后的课堂话语能力培养具有现实价值。

（点评教师：李四清）

5.2　学生毕业论文引言案例及点评

An Analysis of the Influence of English Extracurricular Reading on Junior Middle School Students' Learner Autonomy
初中英语课外阅读对学生自主学习能力的影响
Pan ZY

Ⅰ. Introduction

In order to fill the limitation of reading in class and help students enrich their English learning, extracurricular reading has occupied a part of many students' English learning, whether in the form of mandatory homework or out of the cultivation of their reading habit. During the extracurricular English reading process, it seems great that students will turn into independent learners without the guidance of the teacher, since we usually want students to develop a lifelong learning habit through reading. However, if students encounter some tedious post-reading assignments or inappropriate reading materials chosen by teachers or themselves and adopt inappropriate reading methods, the effect of extracurricular reading will only be half achieved with twice the effort—students may lose their interest in reading and their learner autonomy. From this starting point, the thesis intends to investigate the underlying factors causing barriers to students' extracurricular English reading and put forward some practical guidance to stimulate their learner autonomy.

1.1 Research Background

The English Curriculum Standard for Compulsory Education (2021 Edition) mentions that "language learning requires a lot of input." Therefore, it is difficult to meet the students' learning needs if they only rely on textbooks. The Standard suggests that teachers should creatively use and develop up-to-date English learning resources in real life, which are quite important for English learners, and actively use audio-visual materials, television, magazines, online information and so on to expand the channels for students to learn and use English. As a result, English extracurricular reading has become an important way for students to come into contact with authentic language use, acquire language knowledge, and understand the society as well as the world.

At the same time, with the publication of Basic Education Curriculum Reform (Trail) by the Ministry of Education in 2001, the traditional teaching model has been changing. Compared with knowledge itself, cultivating learning methods and thinking patterns are paid more attention to by contemporary teachers, students, and parents. In other words, learning how to learn is more important than what you learn. From the basic level of knowledge acquisition, then mastery, to final application, self-evaluation, reflection, and enhancement of learning effects arewhat teachers are more concerned about. Autonomous learning, in this way, has received a wider range of attention, leading teachers to implement conscious training. As a way of independent learning, the performance of students should not only hold the thought of "I want to learn," but also reflect the tangible ability of "I can learn."

Many teachers have been aware of the limitation of textbook teaching and the importance of cultivating students' autonomous learning ability, and thus have encouraged their students to do extracurricular English reading. Coupled with the enforcement of Double Reduction Policy, which leaves students more time to do fun extracurricular activities, English teachers encourage students to enrich themselves by the means of English extracurricular reading under the policy. But for students, especially those who have just begun extracurricular English reading have no plans, goals, or strategies, which makes it difficult to see the value of doing so. Moreover, some students insist they have problems with extracurricular reading with excuses such as a lack of proper reading materials or inadequate time, which actually can be overcome. Being an autonomous learner, namely, learning out of self-motivation, needs teachers' guidance as well as cultivation in a step-by-step and planned manner with the method of doing extracurricular English reading. But before that, they need to figure out some true reasons for barriers hidden behind the students' resistance to extracurricular English reading.

1.2　Research Significance

This study combines the theoretical bases with pedagogical implication to find out how English extracurricular reading influences junior middle school students' learner autonomy. According to the previous study, scholars have started to call for learner autonomy in English subject and some English teachers have provided their findings about English extracurricular reading at home based on their observations or experiments. Even if the importance of autonomous learning ability has been acknowledged, only a few researches are carried out, mainly emphasizing its value without adequate practical methods accompanied with, which means more effective ways need to be found and practiced. Therefore, thisthesis tends to focus on English extracurricular reading, which is a good choice for English teachers to fill in the gap of in-class reading, to discover how it helps to promote students' learner autonomy. Since it is obvious that the status quo fails to meet our expectations and we cannot ignore the problems, the writer will carry out a questionnaire and an interview to explore the current situation of junior students' English extracurricular reading in Shanghai. Based on the concepts of learner autonomy theory, input hypothesis and metacognitive strategies, this thesis will point out some existing problems and put forward some practical improvements or methods for English student-teachers and in-service teachers so that they can take as reference and implement in future teaching.

1.3　Structure of the Thesis

The whole thesis is divided into five chapters in all. The first chapter explains the research background, significance and the structure of this thesis. The second chapter is about literature review, expatiating the related concepts about their definitions or origins and relevant researches at home and abroad. The third chapter illustrates the research method, which includes the research questions, subjects, instruments and procedures. Chapter Four is the detailed analysis of the results collected from the questionnaire and the interview. In the last chapter, the major findings of the research, suggestions for the implementation of English extracurricular reading and limitations of this thesis will be summarized.

☞ **教师点评：**

潘同学的论文被评定为良好。总体上看，该论文选题是在落实国家"双减政策"背景下，英语教师是否能引导学生使用更多的课后时间自主英语阅读以实现终身学习为切入点展开的研究。论文内容以实际教育问题为导向，融合英语师范专业大学四年的所学所思。论文结构清晰合理，研究方法适当，语言表述流畅，参考文献梳理与引用规范。论文符合英语师范专业毕业论文撰写规范要求。

首先，选题具有一定现实教学意义。以现实教育背景与教学问题为导向，挖掘初中学生通过英语课外阅读获得了哪些具体的自主学习技能以及学生在课外阅读中存在的潜在问题，并尝试进一步明确教学目标，有针对性地提出有效的教学措施。论文在引言部分就将此选题的研究背景、研究意义进行了论述。

第二，论文框架清晰合理并在引言部分作了简要介绍。通过文献综述，作者较详细地梳理了国内外有关"英语课外阅读""自主学习"等相关重要概念的定义与研究现状，结合当下初中英语教学实际，提出了具体的研究问题，并据此展开调查研究，最终有了一定的研究结果与发现。

第三，研究方法较规范。论文的研究逻辑清晰，作者从初中学生英语课外阅读安排、阅读内容、阅读策略等角度通过问卷调查和访谈的方法发现七年级学生英语课外阅读与自主学习能力的现状。数据真实可信，但限于教学实验条件等原因，问卷与访谈的规模以及研究方法的多样化可以作进一步的提升。

第四，研究发现有意义。通过调查研究，作者发现虽然大部分学生和教师都承认课外阅读的价值，但课外阅读并没有得到全面的实施，成效不明显。鉴于初中生在阅读前、阅读中、阅读后分别能够进行自我规划、自我监控和自我评价，课外英语阅读有助于培养学生的学习自主性，此研究为初中英语教师提供参考，具有一定的现实意义与价值。

（点评教师：宋梅砚）

5.3　学生毕业论文文献综述案例及点评

Cultivation of English Education Majors' Critical Thinking
in the Course Advanced English
英语师范生《高级英语》课程批判性思维能力培养研究

Huang CT

Ⅱ. Literature Review

Critical thinking abilities, as mentioned above, are essential abilities students should do their utmost to acquire. Considering the ubiquity of critical thinking demanded in a myriad of domains, this thesis only expounds on the definition of critical thinking, the theoretical model of critical thinking on which this thesis is based, and rubrics applied to facilitate the English language teaching, learning, and assessing process.

2.1　Definition of Critical Thinking

The word "critique" has its origin in Greece and Socrates is regarded as the torchbearer of western critical thinking. Later in education, researches on critical thinking usually refers to Dewey (1933: 37-53) as a key milestone or first famous user of the world in English: "The essence of critical thinking is suspended judgement; and the essence of this suspense is inquiry to determine the nature of the problem before proceeding to attempts at its solution". Critical thinking would thus be an initial skepticism to take inquiry and better understanding of the problem before proposing solutions into consideration.

However, researches on critical thinking seemed to be stagnant in the following years. After a long fallow period, it was Ennis (1987: 165-184) who first proposed that critical thinking is a kind of reasonable reflective thinking, requiring one to concentrate on his own decision and behavior with internal belief. After that, several other researchers went with the growing tide. Facione (1992: 7-24) initiated that critical thinking ability covers interpretation, analysis, evaluation, speculation, explanation, and self-adjustment ability, which shows that it does not yield authority or blindly seek authenticity. It possesses the traits of openness, analysis, and tenacity. Paul (1992: 3-24) considered critical thinking as a reflection of one's personal thinking process that allows a thinker to ponder on one problem from different perspectives and tackle it comprehensively.

Entering the 21st century, in the current educational literature, there has been a lack of unanimity on the exact definition of critical thinking (Green et al., 2009). Fischer and Spiker

（2000）found that researchers have diverse understandings of critical thinking with a variety of focuses on one or several aspects including reasoning or logic, judgement, reflection, metacognition, questioning and mental processes. Zhong Qianqian（2002：34-38）stated that critical thinking is a prudent and doubtful thinking activity which guides people's beliefs and actions through several communicating psychological processes involving observing, reflecting, reasoning, and communicating. Other scholars like WenQiufang（2009：37-43）stressed that critical thinking is conscious thinking guided by certain criteria with the goal of making rational judgment. This in turn reflects and improves the rational thinking, thereby regarding reflective thinking as the thinking skill. To achieve this, a logical method is required to lay a solid foundation, which is conflated with people's daily thinking and psychology together with the development tendency of a series of thinking skills and ability. Consequently, people can distinguish authentic and useful information from vast amounts of plausible information data.

As time elapses, researches on critical thinking have flourished and scholars have summarized the viewpoints from the predecessors and have been forging ahead with a more comprehensive understanding of critical thinking. Hitchcock（2018）summarizes some recent conceptions by defining critical thinking as "careful goal-directed thinking", fairly akin to what Ennis（2018：165-184）defines it："reasonable reflective thinking concentrated on determining what to believe or do". But after careful study of the preceding definitions, this thesis eventually adopted the definition of critical thinking proposed by OECD（2019）by virtue of its comprehensiveness and authoritativeness：

Definitions of critical thinking emphasize logical or rational thinking in many cases; namely the ability to reason, assess arguments and evidence, and argue appropriately to reach a relevant and practicable solution to a problem. However, it also includes a dimension of "critique" and "perspective-taking". Aside from rational or logical thinking, critical thinking includes two other dimensions involving the recognition of multiple perspectives（or probability to challenge a given one）and the recognition of the limitations（and assumptions）of any perspective whether or not appearing superior to all other feasible ones.

2. 2　Theoretical Models of Critical Thinking

Having clarified the definition of critical thinking, we need to ascertain the theoretical models which would lay the solid foundation for the cultivation of critical thinking. Traced back to the ancient times, the Socrates method is probably be the earliest critical thinking model in Europe（Zhen Zhou, 2017：349-353）. By applying the heuristic teaching method, ancient students were able to ponder clearly and carefully through questioning the authenticity, thereby cultivating their independent and critical thinking under the guidance of the mentor.

Contemporarily, the following five most influential domestic and foreign theoretical models of critical thinking involve the two-dimensional structure model initiated by the Delphi Research Group (American Philosophical Association, 1990: 315-423); the Ternary structure model proposed by Paul and Elder of Foundation for Critical Thinking (2006); the multi-level model formulated by Anderson et al. (Wen Qiufang, 2009: 37-43); the three-edged structure raised by Lin Chongde (2006: 35-42) and the hierarchy theory model of critical thinking illuminated by Wen Qiufang (2009: 37-43).

The Delphi research model stresses that critical thinking ability involves cognitive and affective qualities. It should be mentioned that skills such as understanding, analysis, making inference, explanation, evaluation, and self-correction are considered cognitive skills (1990: 315-423). However, Paul and Elder (2006) defined the critical thinking model from three dimensions: the measure standard, the thought element, and the intelligence characteristic which subsequently divide critical thinking into eight elements and nine standards. The former comprises "purpose, problems, concepts, information, conclusions and assumptions together with implication and perspective, whereas the latter constitutes "clarity and truth, accuracy, relevance, depth, breadth, meaning, justice and logic.

The Anderson et al. cognitive multi-player model, instead, categorizes critical thinking abilities into a higher level and a lower level comparatively. While the former involves application, analysis, evaluation and creation, the latter includes the basic skills of memorization and understanding. This model classifies approximately all kinds of skills in critical thinking, highlights the process and dynamics of them and elaborates on the relationship between the ability to criticism and the ability to innovate (WenQiufang, 2009: 37-43). Subsequently, based on the critical thinking models abroad, Lin Chongde's three-edged structure consists of only six elements including thinking process, thinking purpose, thinking content, thinking quality, self-monitoring in thinking as well as the cognitive and non-cognitive factors.

Last but not least, the hierarchy model, which integrates those previous four models, divides critical thinking into two levels: meta-thinking and thinking ability. Being the first level, meta-thinking indicates the ability to plan, adjust, check, and assess one's individual thinking. The second level, the thinking ability incorporates the cognitive abilities (reasoning ability, analytical ability, and evaluating ability), standard (clarity, profundity, flexibility, relevancy, and logic) and emotional traits (curiosity, open, confidence, just, perseverance, and integrity) (Wen Qiufang, 2009: 37-43). Conceivably, the second level is managed and monitored by the first level.

With those studies, OECD (2019) has also established a theoretical model of critical thinking clarifying the cognitive processes and sub-skills involved in critical thinking, which could be summarized by the following headings: inquiring, imaging, doing, and reflecting.

In terms of "inquiring", one is required to determine and understand the problem including its boundaries. It's advisable for one to even question the problem itself about why it's posed in this certain way, examine whether the associated solutions or statements may be supported by inaccurate facts or reasoning, and identify the knowledge gaps. In many cases, inquiring involves acquiring knowledge, verifying knowledge, and examining in detail the problem itself and every component subdivided.

With regard to "imagining", imagination veritably plays an indispensable role as the mental elaboration of an idea, albeit every thinking involves imagination to some extent. Imagining is also regarding identifying and reviewing alternative, competing world views, assumptions and theories as required at a higher level, thereby considering the problem from multiple perspectives. Consequently, a better identification of the strengths and weakness of proposed arguments, assumptions, and evidence emerges. Just as Dennett (2013: 387-453) stated, imagination is also a means of exploring alternatives and making a point when experimentation is not possible.

As for "doing", the product of critical thinking is the individual's position or solution to a problem (or judgement about the position or solution from others). This implies good inference, a balancing act between different ways of analyzing the problem, thereby recognizing its (possible) complexities.

Finally, concerning "reflecting", critical thinking implies some self-reflective process about the perspective the individual endorses, its possible uncertainties and limitations, and thereby a certain level of humility and openness to other dissidents' ideas. For the sake of the acceptability, simplicity, and practicability of this theoretical model, the author will adhere to it as the theoretical and methodological foundation of this thesis.

Bibliography

American Philosophical Association. Critical thinking: A statement of expert consensus for purposes of educational assessment and instruction. [R] The Delphi Report Executive Summary: Research findings and recommendations prepared for the committee on pre-college philosophy. ERIC Doc., (1990): 315-423

Dennett, D. C. *Intuition Pumps and Other Tools for Thinking* [M]. Boston: Penguin Books, 2013.

Dewey, J. *How We Think: A Restatement of the Relation of Reflective Thinking to the Education Process* [M]. Boston: D. C. Heath & Company, 1933.

Ennis, R. Critical thinking across the curriculum: A vision [J]. *Topoi*, 2018: 165-184.

Facione, P. A. Using the California Critical Thinking Skills Test in Research Evaluation and Assessment [M]. *California: California Academic Press*, 1991: 7-24.

Fischer, S. C & Spiker, V. A. A framework for critical thinking research and training [R]. Report prepared for the US Army Research Institute, 2000.

Green, W., Hammer, S., & Star, C. Facing up to the challenge: Why is it so hard to develop graduate attributes? [J]. *Higher Education Research and Development*, 2009: 1-29.

Hitchcock, D. "Critical thinking" [OL]. in: The Stanford Encyclopedia of Philosophy (Fall 2018 Edition), Zalta, E. N. 2018. Retrieved 27 Feb. 2021. 〈https: // plato. stanford. edu/archives/fall2018/entries/critical-thinking.〉

Lin, Chongde. Reflections on the Researches of Thinking Psychology [J]. *Journal of Beijing Normal University*, 2006: 35-42.

OECD. *Going Digital: Shaping Policies, Improving Lives* [M]. Paris: OECD Publishing, 2019.

OECD. *OECD Employment Outlook* 2019: *The Future of Work* [M]. Paris: OECD Publishing, 2019.

OECD. *OECD Skills Outlook* 2019: *Thriving in a Digital World* [M]. Paris: OECD Publishing, 2019.

Paul, R. (eds). *Critical thinking: What, why, and how* [C]. San Francisco: Jossey-Bass, 1992.

Paul, R. W., & Elder, L. Critical Thinking: Learn the Tools the Best Thinkers Use [M]. New Jersey: Pearson Prentice Hall, 2006.

Wen, Qiufang. To construct the theoretical framework of Chinese foreign language college students' thinking ability [J]. *Foreign Language World*, 2009: 37-43.

Zhen, Zhou. *A Study on the Cultivation of Critical Thinking Ability of English Majors* [D]. Unpublished Master's Dissertation, Nanchang Normal University, Jiangxi Province, China, 2017.

Zhong Qianqian. Prospect of critical thinking and teaching [J]. *Global Education*, 2002: 34-38.

☞ **教师点评：**

　　黄同学的毕业论文选题来自上海师范大学参与的世界经济合作与发展组织(OECD)教育研究及创新中心近年来开展的名为"培养和评估高等教育中的创造性和批判性思维技能"的国际项目，该项目旨在推动世界各国在课程中融入对于批判性思维的理解、教学与形成性评估。上海师范大学作为代表中国三所试点大学之一，鼓励各专业在课程中融入对于学生批判性思维与创造性思维能力的培养。英语师范专业率先在"高级英语"课程开展为期两年的教学改革实验研究。黄同学本人以学生身份参与了第一年的实验，以助教身份参与了第二年的实验，论文是对两年教学实验及其结论的全方位总结与提升。黄同学的文献综述部分较全面地梳理了批判性思维的定义及其理论模式，文献充分、述评结合、语言表达成熟到位。特别需要肯定的是黄同学梳理的文献与他研究的问题有高度的相关性，文献质量较高。除了经典文献外，以近年来的文献为主，反映了当代批判性思维研究的新趋势和新的关注点，积极回应人工智能时代，外语学习人才培养如何从鹦鹉学舌、死记硬背到注重批判性思维的培养问题。

（点评教师：卢敏）

5.4 学生毕业论文研究方法案例及点评

A Study of Junior High School Students' English Deep Learning under the Double Reduction Policy
"双减"政策下初中生英语深度学习研究
Fu XY

III. Methodology

　　This study adopts a mixed-methods approach. Compared with using a quantitative approach or qualitative approach alone, the mixed-methods approach can gain a more comprehensive picture which contributes to having an in-depth study of the status quo of junior high school students' English deep learning under the background ofDouble Reduction Policy. Besides, weaknesses in their English learning can be figured out. The following parts introduce the specific details of this research methodology, including research questions, sites, subjects, instruments, and procedures.

3.1 Research Questions

The following three research questions are discussed and addressed by integrating the quantitative method and qualitative method:

1) What is the understanding and attitude of teachers and students towards deep learning?

2) What is the status quo of junior high school students' English deep learning?

3) How to promote students' English deep learning so that they can adjust to the changes brought by the policy better?

3.2 Research Site

Considering the limitations of time, energy, and capability, it is impossible to investigate a large number of students for this research. So, a case study, which is conducive to describing, comparing, evaluating, and understanding different aspects of the research problem, is chosen as the research design. This case study is conducted in QP Experimental Middle School in Shanghai for three reasons. Firstly, this school is a famous old school in QP district, with a highly qualified faculty and sound teaching facilities. Secondly, it is easier for the author to interview the research subjects and to distribute the questionnaire during the internship. Thirdly, graduating from this school means that the author is much more familiar with this school than other middle schools which can make the research run smoothly.

3.3 Research Subjects

The subjects of the research are chosen from the students and teachers in Junior 2 inthe author's intern school. Three classes, namely, Class 1, Class 6, and Class 11, are randomly selected from 12 classes in Junior 2. According to the mid-term examination in this semester, the English level of Class 1 and Class 6 is above the average grade level, while the English level of Class 11 is below the average grade level. The subjects of the questionnaire are 133 students in these three classes, ranging from 13 to 14, and the subjects of the interview are 5 English teachers who have more than ten years of teaching experience.

3.4 Research Instruments

The empirical literature on deep learning was measured from multiple dimensions and theextensively-used research instruments include questionnaires, tests, interviews, observations, etc. (Shen Xiajuan et al., 2019). In this research, questionnaires and interviews are employed as research instruments.

3.4.1 Questionnaire

The questionnaire is the most commonly-used method to estimate deep learning. It can obtain information from a large number of research objects in a short time (ShenXiajuan et al. 2019). Considering the convenience, flexibility, and scalability of the questionnaire, this research adopts the paper questionnaire as an important research instrument. Before distributing the questionnaire, the purpose of this research has been clarified. The students are told that the results of this questionnaire are only for research use and are not linked to their academic performance so that students can eliminate their concerns to ensure the authenticity of their answers.

The questionnaire (Appendix I) is composed of four parts. The first part is to know students' basic information, including their class, gender, and their English level. The second part isa deep learning evaluation scale to get an overall picture of the status quo of students' English deep learning, which is the most important part of this questionnaire. This part is mainly revised from The Revised Two-Factor Study Process Questionnaire (R-SPQ-2F) designed by Biggs et al. (2001) and from other authoritative deep learning research. It covers three domains: cognitive domain, interpersonal domain, and intrapersonal domain, which is adapted from National Research Council (2012) mentioned in 2.4 of the thesis. The design of cognitive domain is based on the characteristics of deep learning which was put forward by He Ling and Li Jiahou (2005), and Zhang Hao and Wu Xiujuan (2012). It includes 4 sub-dimensions: integration and construction, transfer and application, creativity, and critical thinking. The interpersonal domain and intrapersonal domain are compiled from deep learning competencies illustrated by The William and Flora Hewlett Foundation (2012). Interpersonal domain involves two sub-dimensions: collaborative work and effective communication, while intrapersonal domain includes three sub-dimensions: learn how to learn, learning interests, and learning motivation. This evaluation scale adopts the five-point Likert scale which is strongly disagree, basically disagree, indeterminate, basically agree, and strongly agree, with scores ranging from 1 point to 5 point. The distribution of the questions of this part is shown in Table 2. The third part mainly focuses on students' understanding and attitude towards deep learning, including 4 multiple-choice questions, while the last part is about the changes brought by the policy to students' English learning, which contains three multiple-choice questions and one open-ended question.

Table 2	Questionnaire's Dimension and Question Number	
Domain	Dimension	Question Number
Cognitive Domain	Integration and Construction	1, 2, 3, 4, 5, 6
	Transfer and Application	7, 8, 9, 10
	Creativity	11, 12, 13
	Critical thinking	14, 15, 16

Table 2	Questionnaire's Dimension and Question Number	
Domain	Dimension	Question Number
Interpersonal Domain	Collaborative Work	17, 18, 19
	Effective Communication	20, 21, 22
Intrapersonal Domain	Learning Interests	26, 27, 28
	Learning Motivation	29, 30, 31

3.4.2　Interview

Asemi-structured interview is used in this research to make the whole study more thorough and reliable by drawing on the experiences and perceptions voiced by the interviewees. During the semi-structured interview, researchers develop relevant and revealing semi-structured questions so that they can have an in-depth understanding of the studied issue and provide reliable and comparable qualitative data (Heather, 2018).

This interview (Appendix Ⅱ) is carried out on a small scale, with 5 teachers participating in the interview. They are labeled sequentially from T1 to T5. The outline of this interview is mainly designed to find out their understanding and attitude towards English deep learning, problems in students' English deep learning, challenges of promoting deep learning in their teaching practice which can provide some hints about the status quo of students' deep learning. Meanwhile, some other questions related to the topic are asked according to teachers' answers.

3.5　The Reliability and Validity of the Questionnaire

In view of the fact that the second part of the questionnaire is a deep learning evaluation scale, it is crucial to assess the quality of the scale. So, its reliability and validity should be taken into consideration to ensure that the latter analysis of its specific information is accurate and trustworthy.

Cronbach's alpha and KMO are applied to test the reliability and validity of the whole deep learning evaluation scale. Additionally, Zhang Wentong et. al. (2004) stated that it is necessary to provide the reliability of each sub-scale. Thus, the reliability of each sub-scale is also analyzed. The results are shown in Table 3 and Table 4.

Table 3　The Reliability and Validity of the Whole Deep Learning Evaluation Scale

Cronbach's α	KMO	Bartlett's Test of Sphericity	
0. 967	0. 939	p	0. 000***

According to Table 3, the KMO is over 0. 9 and the corresponding p-value is 0. 000, which is smaller than 0. 05, indicating that this evaluation scale is of relatively high validity. According to Table 3 and Table 4, Cronbach's Alpha of the whole evaluation scale is 0. 967 and Cronbach's Alpha of each sub-scale is over 0. 8, suggesting that this evaluation scale has rather high internal consistency. Hence, the status quo of students' English deep learning can be well evaluated through this scale.

3. 6　Research Procedures

There are 4 steps in this research and each step is conducted with purpose, plan, and control.

The first step mainly adopts the literature research method to collect and locate the relevant literature on deep learning in English education, the relevant concept of deep learning as well as the existing mature deep learning evaluation models at home and abroad. Then, the authority and quality of the literature are evaluated so that the credible, truthful, and reliable information is sorted out. This step provides the research direction and the theoretical base for the whole research.

The second step is to design and distribute the questionnaire. The design of the questionnaire draws experiences from the previous mature evaluation models and the actual situation of the research subjects so that the status quo of students' English deep learning and thechanges brought about by the policy can be figured out. And three classes are randomly chosen to finish the questionnaire during their lunch break.

The third step is to have a semi-structured interview with 5 English teachers who have rich teaching experience in Junior 2. The interview outline is designed according to the research questions and the problems found in the author's internship.

The last step is to analyze the data and discuss the results. For the quantitative data collected in the questionnaire, the descriptive statistics method is used for analysis. The data are calculated by EXCEL and SPSS to find the status quo and shortcomings of students' English deep learning. For the qualitative data collected in the interview and the questionnaire, the thematical analysis method is adopted. After combining the qualitative data with the previous quantitative data, feasible suggestions on how to promote students' deep learning are offered based on the major findings of the research.

☞ **教师点评：**

该论文研究双减政策下的英语深度学习，选题立足于现实问题，选题新颖。研究采用混合式实证方法，针对较大样本的受试学生进行深度学习调查，研究方法得当。研究发现受试学生的英语深度学习能力处于中等水平，作者还依据研究发现设计了深度学习理念下的英语教学框架，研究成果对双减政策下的英语教学极具参考价值。该论文达到了优秀本科毕业论文的学术要求。现针对论文的研究方法进行点评。

该论文的研究方法有如下几个优点。第一，研究设计规范。论文采用了量化为主与定性为辅的混合设计，使用问卷调查与访谈相结合的思路，研究设计符合实证研究的三角互证规范。第二，研究方法写作规范，内容涵盖研究问题、受试对象、研究工具和过程等，内容完整、描述详尽。第三，研究问题设计合理。针对受试的深度学习调查包含受试的主观认知与客观反馈，同时设计了如何提升学生深度学习的问题，研究问题互为相关并渐次递进，体现了清晰的研究逻辑。第四，研究工具描述科学。论文使用了权威的调查问卷，相关标注与说明详细，同时使用本项研究数据对问卷的信度和效度作了进一步检验，充分验证了问卷的信度和效度。

当然，研究方法部分也有可以提升的地方。研究方法中对受试对象的描述略有欠缺，比如没有描述学生的性别信息，以及教师受试的年龄信息，这些信息可能是本项研究中的一个相关因素。

（点评教师：李四清）

第六节 课程目标达成度报告样例

6.1 课程教学基本信息

教学班名称：2018 级英语师范世承班   教学班代码：01

考核方式：<u>毕业论文</u>

总人数：<u>27</u>　　　　命题情况：<u>无</u>　　　　是否有 AB 卷：<u>无</u>

是否有评分标准及答案：<u>有评分标准无标准答案</u>

综合成绩统计：

成绩	A	B	C	D+	D	F
人数	12	13	2	/	/	/
百分比	44	48	8	/	/	/

6.2 学习情况分析

毕业论文既是对学生英语学习、研究与实践成果的全面总结，又是对学生英语素养与能力的全面检验，是英语师范专业本科学生取得毕业资格和获得学士学位的必要条件。世承班是全年级的拔优班级，本班毕业论文选题 90% 左右与英语教学实践相关联，毕业论文总评成绩优秀率约达 44%，大部分学生牢固掌握了毕业要求中的学科素养、教学能力、班级指导和学会反思等内容，达到培养目标中从事英语语言教育教学的要求。

6.3 课程目标实现情况分析

(1) 课程目标与考核结果对照表

课程目标	考核内容	考核形式	得分率	权重
课程目标 1-4	1. 能将所学的英语知识和技能应用于毕业论文中，对实际问题有较强的分析能力和概括能力，体现出一定的创新意识。 2. 能独立检索文献资料并恰当运用。 3. 能根据毕业论文选题提出研究方案，选择合适的研究方法和手段。 4. 能运用英语独立撰写学术论文，要求论文结构完整、用语准确规范，语言表述清晰准确，参考文献引用正确、符合标准。	论文撰写	0.88	50%
课程目标 4-5	4. 能运用英语独立撰写学术论文，要求论文结构完整、用语准确规范，语言表述清晰准确，参考文献引用正确、符合标准。 5. 能扼要阐述论文的意义、内容、方法及创新点，回答问题思路清晰、灵活应变、逻辑性强，阐释充分，英语口语表达准确流畅。	论文答辩	0.87	50%

（2）课程目标达成度评价

考核内容	得分率	分目标权重	课程目标达成度评价值
论文撰写	0.88	50%	0.88
论文答辩	0.87	50%	

6.4　课程设计合理性论证

评价内容	合理性判断			存在问题及改进措施
	合理	较合理	不合理	
课程目标定位	√			
教学内容	√			
教学方法	√			
课程评价方式		√		继续细化论文的综合评价方法。
课程对毕业要求的支撑指标点和权重		√		密切关联毕业要求，有针对性地培养学生的研究兴趣和素养。

6.5　课程教学改革计划

本学期师生通过线上指导和线下拓展的有机联动，顺利完成了毕业论文的各项工作，优秀率达到44%，但毕业论文仍存在一些不足之处，如某些论文选题创新性不足，英语表达欠佳，文献综述梳理不到位，分析欠深入，理论与实例尚未完全有机结合，结论较草率欠周详等。针对以上问题，在后续工作中会继续加强并落实毕业论文质量的过程管理、中期检查、院内抽检和工作总结。

附："毕业论文"课程成绩采样表和分目标得分率计算表

教学班名称：2018级英语师范＊班　　　　　　　教学班代码：＊＊＊

序号	学号	姓名	总评成绩（100%）			
			指导教师评阅成绩(50%)		答辩成绩(50%)	
			原题分小计	学生得分	原题分小计	学生得分
1	＊＊＊	施＊＊＊	100	89	100	88
2	＊＊＊	陈＊＊	100	90	100	88
3	＊＊＊	陈＊＊	100	95	100	91
4	＊＊＊	潘＊＊	100	82	100	85
5	＊＊＊	许＊＊	100	83	100	85
6	＊＊＊	何＊＊	100	91	100	88
7	＊＊＊	陈＊＊	100	82	100	86
8	＊＊＊	钱＊＊	100	90	100	85
9	＊＊＊	赵＊＊	100	90	100	86
10	＊＊＊	俞＊	100	98	100	92
11	＊＊＊	曹＊＊	100	91	100	92
12	＊＊＊	沈＊＊	100	85	100	86
13	＊＊＊	林＊＊	100	90	100	91
14	＊＊＊	朱＊＊	100	70	100	75
15	＊＊＊	陆＊	100	78	100	73
16	＊＊＊	陈＊	100	94	100	91
17	＊＊＊	沈＊＊	100	82	100	84
18	＊＊＊	富＊＊	100	93	100	96
19	＊＊＊	顾＊＊	100	98	100	95
20	＊＊＊	沈＊＊	100	82	100	85
21	＊＊＊	朱＊	100	95	100	85

续表

序号	学号	姓名	总评成绩（100%）			
			指导教师评阅成绩（50%）		答辩成绩（50%）	
			原题分小计	学生得分	原题分小计	学生得分
22	＊＊＊	黄＊＊	100	95	100	85
23	＊＊＊	吴＊＊	100	80	100	84
24	＊＊＊	金＊＊	100	88	100	86
25	＊＊＊	于＊＊	100	92	100	92
26	＊＊＊	黄＊＊	100	95	100	90
27	＊＊＊	吴＊＊	100	86	100	85
平均分				88		87
得分率			0.88		0.87	

第五章　综合育人活动课程板块

　　综合育人活动是各高校丰富多彩的校园文化活动和实践活动的总称，深受大学生欢迎，这些活动多由团委、学工处牵头，在学生课余时间展开。这些课余活动具有丰富的育人价值，但是历来被认为是业余性质的，多娱乐，少学术，是大学生校园生活的增味剂或减压阀。随着立德树人教育理念的不断深化，高校课堂之外的活动的育人价值得到越来越多的重视，"第二课堂"的提出是挖掘校园活动育人价值的第一步，而综合育人活动的课程化则将校园活动育人价值的重要性提高到课程学业的高度，从而调动全体学生参与活动的积极性，并在活动中提高综合能力。上海师范大学英语师范专业积极开展"第二课堂"活动，在近 28 年的发展过程中打造了 15 个综合育人品牌活动。在此基础上，结合师范认证要求，本专业探索综合育人活动课程化途径，首先在 2019 年将爱心学校活动纳入培养方案，开设"爱心学校班级管理及教学实践"课程，又在 2021 级培养方案中加入"综合育人品牌活动"课程。下文主要以爱心学校活动课程化为代表展示综合育人活动板块的具体做法。

第一节　综合育人活动课程概论

　　2022 年义务教育新课程标准的发布带来了新一轮基于核心素养的促进学生全面发展的英语教育课程改革，对相关学段的英语教师，特别是对新入职教师的教学实践能力提出了更高的要求。上海师范大学作为培养基础教育骨干教师的高等师范院校，及时对英语师范专业培养方案中实践类课程的比重做调整，形成了专业主干课引领，专业方向课补充，专业拓展课实践，以体现综合性、实践性、多层次特点的培养模式。

　　20 世纪 90 年代，科克伦（Cochran）、德鲁特（De Ruiter）和金（King）从建构主义教与学的观点出发，将舒尔曼（Shulman，1986）首次提出的学科教学知识（Pedagogical Content Knowledge，PCK）概念修订为学科教学认知（Pedagogical Content Knowing，PCKg），提出了学科教学认知是一个包含教学法、学科内容、学生知识和教学情境知识四个要素的动态发展过程。这一修订强调了关于学生知识、教育情景知识的重要性，这两种知识正是职前教师培养所缺乏或者是影响师范生教学能力快速提升的一个障碍。通过实践证明，在职前培训中只有通过增加师范生在基础教育具体真实的教学情境下完成一定时长的教学实践，才有可能在实践中学会理解学生和教育情境的基础上，选择适当的教学策略，完成合理的教学设计，提高学生的学习效能，同时提高教师自身的教学认知水平。

上海师范大学英语师范专业在 66 年的办学基础上，已经打造出 15 个综合育人品牌活动，分别是上海师范大学爱心学校、上海师范大学外语综合能力大赛、上海师范大学爱尔兰月、上海师范大学外语文化月、"人生导师"系列专题沙龙、"语萃菁英"师范生就业指导系列活动、译言议语话经典——"习近平用典"英译解读网络文化育人产品、"价值观的力量——社会主义核心价值观中华优秀传统文化小故事双语读本"精品课程、"早安师大"特色晨读活动、上海师范大学英语角、田林老年英语沙龙志愿服务、中国国际进口博览会语言翻译志愿服务等。这些活动每年连续举行，时间最长的达 28 年，最短的 2 年，得到参与者各方好评，定性评价一律为"优秀"。师范生在活动中不但提高自身英语学科水平和人文素养，还能学会组织活动，学会综合育人，学会将自身的综合发展和未来英语教师职业紧密结合，在见习、实习、教师资格证面试、教师招聘面试中脱颖而出。在 15 个综合育人品牌活动中，"爱心学校"最早被课程化，于 2019 年纳入课程体系，课程名称为"爱心学校班级管理及教学实践"。

上海师范大学"爱心学校"是上海大学生社会实践的一个优秀品牌项目，受到中国共青团中央委员会等社会各界的广泛报道和好评。经过 28 年的发展，上海师范大学已累计开办"爱心学校"2000 余所。英语师范专业鼓励师范生发挥专业特长，坚定不移往社区走，开设爱心学校，参与上海市实事工程爱心暑托班服务工作，解决双职工家庭子女暑假托管问题，已开设豪庭爱心学校、欣园爱心学校、甘泉社区爱心学校、康健爱心暑托班、汇师爱心暑托班、共和新路爱心暑托班等多个服务点，同时连续 24 年在徐汇区田林街道开设老年英语沙龙课程。2020 年新冠疫情期间，英语师范专业学生第一时间开设抗击疫情医护人员子女网络爱心学校，发挥专业特长，守好疫情防控后方阵地，该项活动被《光明日报》等主流媒体报道。

自 2019 年起，爱心学校活动已纳入英语师范学分计算，写入培养方案，要求学生在爱心学校熟悉教师的常规管理工作，配合爱心学校负责老师做好所在班级的日常管理工作，在实践班主任工作或和学生沟通中体现理解、关心、尊重学生，创建一个促进学习的教学环境。本课程为师范专业拓展实践类课程，是培养师范生学科教学知识和学科教学认知的有效且重要途径之一，从师德养成、实践积累、反思学习三个维度有效发展英语学科教学知识。具体体现在：(1)通过参加各类教学实践(线上线下爱心学校)，帮助英语师范专业学生增强教师职业的认同感，在获得班级管理与教学实践的体验的同时进一步理解教书育人的责任和具体实践；(2)在爱心学校的教学实践中继续培养学生的语言基本功，特别是在教学环境中语言的实际运用能力，延伸和补充第一课堂中所学知识和技能，同时将学科知识和教学知识融合，形成在具体教学情境下教师特有的实践能力，主要体现在根据学生的个体差异性进行教学目标、教学内容和教学方法以及评价方案的设计；(3)在具体教学过程中主要培养学生的班级管理能力、教学组织能力，考核学生教学计划的完成情况以及对教学效果进行总结和反思的能力，在不断反思中提升教学技能与班级管理的能力，努力实践言传身教。

第二节 教学大纲设计

2.1 课程简介

"爱心学校班级管理及教学实践"课程为师范专业拓展实践类课程，旨在延伸和补充第一课堂中所学知识，帮助师范专业学生获得班级管理与教学实践的经验，提升教学技能与技巧，以及唤起大学生对教师身份的认同。在爱心学校的教学实践中继续培养学生的语言基本功，特别是在教学环境中语言的实际运用能力，主要体现在根据学生的个体差异性进行教学目标、教学内容和教学方法以及评价方案的设计。在具体教学过程中主要培养学生的班级管理能力、教学组织能力。考核学生教学计划的完成情况，和对教学效果进行总结和反思的能力。

2.2 课程目标

(1)学生在爱心学校实践中以准教师的身份、以为社会作奉献的精神，完成10个工作日的教学管理工作，包含不少于8节英语课的16课时教学任务，达到唤起大学生对教师身份的认同和提升获取教师实践性知识的能力。

(2)熟悉教师的常规管理工作，配合爱心学校负责老师做好所在班级的日常管理工作，在实践班主任工作或和学生沟通中体现理解、关心、尊重学生，创建一个促进学习的教学环境。

(3)在实践过程中体现以学生为中心的教学原理，根据班级学生的特点，设计个性化教学内容，并通过合理的教学活动和方法实施教学安排。在实践中体现具有初步教学基本功完成教学任务的能力，以及反思教学实践和总结教学管理经验的能力。

2.3 课程目标与毕业要求对应关系

毕业要求	分解指标点	课程目标
师德规范	1-1 践行社会主义核心价值观，以立德树人为己任。 1-2 遵守中小学教师职业道德规范，做有道德情操、扎实学识、仁爱之心的好老师。	课程目标1 课程目标2
教育情怀	2-1 充分认识教师职业的意义和价值。 2-2 树立正确的学生观，能尊重学生、关爱学生，重视学生的知识、能力和品德的全面协调发展。	课程目标1 课程目标2
学科素养	3-1 具有扎实的英语语音、语法、词汇等基础知识以及相关的语言基础理论和良好的知识结构。 3-2 具有良好的人文底蕴和科学精神，具备跨学科应用能力等适应中小学英语教育的学科综合素养。	课程目标1
教学能力	4-1 掌握教育学、心理学、英语教学的基本概念和理论。 4-2 针对中小学生身心发展和学科认知特点，进行教学设计、实施。具备初步的教学能力和一定的教学科研能力。	课程目标1 课程目标2 课程目标3
班级指导	5-1 正确运用教育心理学原理组织教学，引导学生。	课程目标2
综合育人	6-1 运用英语教材中体现出的人文精神，进行学科育人的教学设计。	课程目标2 课程目标3
学会反思	7-1 充分认识主动学习、自主学习和终身学习的重要性。 7-2 初步掌握反思方法和技能，学会分析和解决教育教学问题。	课程目标3
沟通合作	8-1 理解学习伙伴是重要的学习资源，通过协同学习获得直接经验。 8-2 乐于与他人分享实践经验，共同探讨解决问题。能够有意识地参与或组织小组合作学习。	课程目标1 课程目标2 课程目标3

2.4 课程内容和建议学时分配

爱心学校的开设时间为寒暑假，故学生们可利用放假时间进行教学实践。具体的开设时长和日期根据服务点的需求做出相应的调整与变化，无统一开设时间。学生在爱心学校累计授课时间不少于16课时，其中教授英语课时不少于8课时，达标完成所有考核任务，方可获得2学分。

在教学过程中，英语师范生应将课堂所学融入教学实践，在分析学情的基础上，完成有一定主题、符合学生学科认知水平的教学方案。在教学过程中，通过运用恰当的教学方法和策略，帮助学员在形式多样的语言实践中提升综合运用语言的能力。针对个体差异较大的学员群体，在教学目标、教学内容和教学方法以及教学评价各方面制定差异化教学方案。

在班级管理方面，参加爱心学校教育实践课程的英语师范生要学会做好所在班级的日常管理工作，在实践班主任工作或和学生沟通中体现理解、关心、尊重学生，创建一个促进学习的教学环境。同时要学会与学员或学员家长和所在爱心学校街道负责人沟通，具备针对学员具体问题进行辅导并解决的能力。运用所学的知识体系对教育现象、教育问题进行分析、研究与讨论，在理论与实践的互动、在探索与反思的交替中提升师范生的职业认同感和专业敏感性。

总之，通过撰写教案、课程反思、班主任工作体会等促进师范生的专业自主反思，将感性的经验上升为理性的思考，实现在实践中创新，将所学的教师教育理论知识作为指导，开展基础教育中对教育问题的思考，并探求新的教学模式、教学内容、教学方法等方面的研究与实践。

2.5　修读要求

(1)缺席实践规定的 10 个工作日的 1/3 时间，不得参加最终考核。

(2)按照所在爱心学校的作息规定按时到校，完成爱心学校布置的教学和班级管理工作，并最后得到爱心学校有关负责老师的评语和鉴定。

2.6　学习评价方案

本课程采用实践训练项目过程性和终结性相结合的考核方式与评价规则，包括评价形式和评价标准，一般包括实践训练项目表现、项目报告、指导教师考评等部分：

实践训练项目评价方式：过程性考核(50%)+终结性考核(50%)

评价标准：

过程性考核(即实践训练项目表现)由出勤率(30%)+班级管理时间(30%)+教学时间(40%)三部分构成。

终结性考核由不少于 10 张照片的 PDF 版爱心相册或教学方案和视频(50%)+ 不少于 2000 字的爱心学校班级管理与教学实践项目报告(50%)两部分构成。

指导教师根据实践训练项目表现、爱心相册和实践报告质量将课程评价分为优、合格、不合格三个等级，获得合格以上的学生可获得 2 学分，不合格的学生不能获得学分。

(一)考核方式及比例分配

考核形式	考核途径	所占比例(或得分)
过程性考核	出勤	30%
	班级管理	30%
	教学实践	40%
终结性考核	爱心相册	50%
	实践报告	50%

(二)课程目标、考核内容和评价依据

课程目标、考核内容和评价依据表

课 程 目 标	考核内容	评价依据(学生作业、活动等)
课程目标1：爱心学校实践中以准教师的身份、以为社会作奉献的精神，完成10个工作日的教学管理工作，包含不少于8节英语课的16课时教学任务，达到唤起大学生对教师身份的认同和提升获取教师实践性知识的能力。 (支撑毕业要求1、2)	小组合作能力 教学管理能力 适应新工作环境能力 工作的负责敬业精神	出勤率 爱心学校鉴定评语
课程目标2：熟悉教师的常规管理工作，配合爱心学校负责老师做好所在班级的日常管理工作，在实践班主任工作或和学生沟通中体现理解、关心、尊重学生，创建一个促进学习的教学环境。 (支撑毕业要求2、7、8)	班级管理能力 协调沟通能力 具体问题的分析和解决能力	爱心学校鉴定评语 实践小结、 上课视频/照片
课程目标3：在实践过程中体现以学生为中心的教学原理，根据班级学生的特点，设计个性化教学内容，并通过合理的教学活动和方法实施教学安排。在实践中体现具有初步教学基本功完成教学任务的能力和反思教学实践和总结教学管理经验的能力。 (支撑毕业要求3、4、7、8)	合作学习能力 阅读分析能力 语言运用能力 教学实践能力	实践小结、 上课视频/照片

2.7　课程资源

［1］ Cook, Vivian. *Second Language Learning and Language Teaching*［M］. Beijing：Foreign Language Teaching and Research Press & Edward Arnold（Publishers）Limited, 2000.

［2］ Scrivener, Jim. *Learning Teaching*［M］. Shanghai：Shanghai Foreign Language Education Press, 2002.

［3］ Thornbury, Scott. *How to Teach Vocabulary*［M］. Essex：Pearson Education, 2003.

［4］ Thornbury, Scott. *How to Teach Grammar*［M］. Essex：Pearson Education, 2003.

［5］ Woodward, Tessa. *Designing Sequences of Work for the Language Classroom*［M］. Cambridge：Cambridge University Press, 2009.

2.8　其他说明

第一，本课程在由上海师范大学外国语学院开设的爱心学校进行教学实践，这些常规服务点均已获取相关街道或机构的认证，也可参与其他学院开设的服务点，或者自行联系街道获取认证，开设相应的爱心学校。参与的师范生，必须具有一定的教学经验和教学知识储备，或愿意进行教学相关活动，从而获取相关经验和知识。

第二，爱心学校自 1994 年开办至今，已历经 28 年，早已成为上海师范大学的品牌项目。爱心学校是上海师范大学师范生检验教学基本技能的实验室，也是上海师范大学师范生锻炼毅力、砥砺品格的训练场，更成为培养明日教师、塑造高尚师德的重要基地。师范生参与爱心学校，无论是对于专业育人抑或思想政治教育都是不可或缺的一个环节。鼓励师范生参与爱心学校，是在不断改革创新教学实践模式，是把教学实践的创新发展落到实处，也体现了对师范生的专业知识以及教师教育技能培养的重视。增强教师的职前培训，有利于为师范生发展为优秀教师奠定基础。

第三节　教学内容设计

爱心学校的开设时间为寒暑假，故学生们可利用放假时间进行教学实践。具体的开设时长和日期根据服务点的需求做出相应的调整与变化，无统一开设时间。学生在爱心学校累计授课时间不少于 16 课时，其中教授英语课时不少于 8 课时，达标完成所有考核任务，方可获得 2 学分。

在教学过程中，英语师范生应将课堂所学融入教学实践，在分析学情的基础上，完成有一定主题、符合学生学科认知水平的教学方案。在教学过程中，通过运用恰当的教学方法和策略，帮助学员在形式多样的语言实践中提升综合运用语言的能力。针对个体差异较大的学员群体，在教学目标、教学内容和教学方法以及教学评价各方面制定差异化教学方案。

在班级管理方面，参加爱心学校教育实践课程的师范生要具备并实践教学管理规则制定和执行能力，承担包括考勤、上下学、午休以及午餐等一系列教学以外的活动安排和管理责任，确保学生在爱心学校学习期间安全守则、学有所获。同时要学会与学员或学员家长和所在爱心学校街道负责人沟通，具备针对学员具体问题进行辅导并解决的能力。运用所学的知识体系对教育现象、教育问题进行分析、研究与讨论，在理论与实践的互动、在探索与反思的交替中提升师范生的职业认同感和专业敏感性。

近两年爱心学校教育实践课程的开设出现了一些新趋势和新实践。具体体现在五个方面。

第一，课程功能多元化。本课程已经经历了两个发展阶段，从开设初期的为本专业师范生提供实践环节的评价途径，到为师范生尤其是申请课题的师范生进行教学研究提供教学实践和收集研究数据的平台，指导老师为带项目进行爱心学校教育实践的学员制定个性化评价方案，体现在内容上任务驱动，契合项目主题，量身定制教学目标、内容和评价方案，同时指导学生如何为研究项目收集数据。

第二，课程内容自主化。参加爱心学校实践课程的师范生在本课程负责老师的指导下，确定教学内容并参与教学材料的编撰，为师范生熟悉并参与教学各个环节的实践搭建平台。以2018年由我院师生共同合作编译的"价值观的力量：社会主义核心价值观中华传统文化小故事双语读本"为例，通过选取并翻译有关社会主义核心价值观12个词的中华传统小故事，从国家、社会、公民三个层面诠释了社会主义核心价值观的内涵，并以通俗易懂、生动形象的语言和多媒体素材，深入挖掘中华优秀传统文化蕴含的思想观念，推动中华优秀传统文化的创造性传承，使中华优秀传统文化成为涵养社会主义核心价值观的重要源泉。在爱心学校看一看、听一听、说一说、演一演等形式多样的教学活动中，社会主义核心价值观在学员心中生根发芽，教学实践得到学员们的一致好评。

第三，教学对象差异化。教学对象从原来的由和外语学院共建的部分街道校团委牵头联系的街道爱心学校，逐步拓展到分布在各区的我校附属中小学或是我校的实习基地学校。学员群体也从街道爱心学校的小学生发展为实习基地学校的初中在校生。

第四，实践时间弹性化。师范生在爱心学校实践的时间也从原来的最少两周发展为现在为期三周或四周不等的实践项目。依托项目的爱心学校实践由指导老师为所在团队师范生提供专业指导，以完成项目为首要目标同时兼顾学员的学习需求，及时做好学员学习反馈，完成学习效果的监控。

第五，授课形式技术化。参与的师范生从单一的线下教学，到设计和组织线上线下混合式教学。学会信息科技和学科教学与教学管理充分融合，运用线上平台进行师生之间的沟通联系和教学管理工作，包括考勤、课后作业的提交与反馈等，为毕业后从事教书育人工作奠定坚实的基础。

第四节　评分量表设计

根据本课程的教学目标和教学内容，遵循可评价、可操作性、体现过程性评价的原则，制定了评价方法及对应的考核内容和课程目标（见教学大纲 2.6）。同时根据本课程的特点，为各考核手段中的各项具体任务制定了评分细则。

实践课程小结评分细则

等第	得分	标　　准
A	20~30	充分阐述对教师职业的认识和对教与学基本理念的认识，对班主任工作的内容和感悟有充分的说明和分析，在教学实践反思的基础上多角度总结教学心得和今后需要完善的方面。有具体实例和影像资料作证。
B	10~20	能够阐述对教师职业的认识，但对教与学基本理念的认识还不够充分，对班主任工作的内容和感悟有比较充分的说明和分析，在教学实践反思的基础上有总结教学心得，但对今后努力的方面没有详细阐述。有提供一定数量的具体实例和影像资料作证。
C	5~10	能够简单说明对教师职业的认识，但未涉及教与学基本理念的认识，对班主任工作的内容和感悟有一定的说明和分析，教学实践方面只停留在罗列事实信息，没有形成完整的教学心得的总结。没有提供足够的实例和影像资料作为佐证。

观课/评课表的评分细则

等第	得分	标　　准
A	15~20	表格各项填写内容充实，很好地分析教学活动体现的教学理念，有理有据，教学感悟分析透彻，并提供合理的改进方案。
B	10~15	表格各项填写基本完整，较好地分析教学活动体现的教学理念，基本能做到有理有据，提供较合理的改进方案。
C	5~10	表格记录教学过程和内容填写不完整，分析教学活动体现的教学理念比较肤浅，没有提供足够的依据，提供的改进方案不合理或没有提出改进方案。

教案的评分细则

等第	得分	标准
A	20~30	格式正确，符合特定学生的学习要求，教学目标明确合理，教学活动多样有层次感，并衔接合理，教学评价有针对性，符合语言教学的基本规律。
B	10~20	格式基本正确，基本符合特定学生的学习要求，教学目标比较合理，教学活动比较多样，比较有层次感，并衔接比较合理，教学评价比较有针对性，基本符合语言教学的基本规律。
C	5~10	教案不完整，不是独立完成，与学生的实际学习水平和能力有距离，教学目标不太合理，教学内容不充实，教学活动层次感较差，并且衔接不够合理，教学评价针对性不强，不太符合语言教学的基本规律。

爱心学校班级管理和教学实践项目日常工作考核

所在爱心学校　　　　　　学生姓名　　　　　　年级班级　　　　　　学号

日期	是否按时到校/完成全天工作	当天的主要工作安排	完成情况(优/良/合格/不合格)

爱心学校班级管理和教学实践项目日常工作评价表

教学工作评价	班级管理工作评价	负责人签名
		日期：

第五节　教学案例及点评

5.1　学生1爱心学校教案设计及教师点评

个性化英语教学在爱心学校中的实践
吴同学

一、学情分析

本系列课程的上课地点是上海徐汇康健爱心学校,学生来自不同的小学,分布在二到五年级不等,其中五年级学生偏多。爱心学校意在解决暑期看护问题,不具有分班制度,没有严格的考勤制度,时期短、流动性大,同一班级中的学生年龄参差不齐,学科能力水平不同。经过问卷调研和访谈,发现有约六成的学生对于爱心学校先前所开设的英语课程内容掌握度不高,13%的学生认为课程内容过难,并不适合自己,大部分学生对于学术性较强的内容不感兴趣。经过笔试、口试结合的前测练习对学生的综合英语能力水平进行摸底,学生整体被分为A、B、C三个级别层次。A级学生在英语综合能力上表现优异,且有一定的课外阅读积累,笔试的分数排名在前30%~35%;B级学生的测试表现一般,不突出但可塑;C级学生英语学习能力较弱,测试卷结果不太理想,大部分是低年级的学生。

二、单元教学内容和设计思路

本单元以外国友人的生日派对为主题语境,包括:词汇与句型教学、邀请函制作、礼物选取与DIY、社交礼仪知识、垃圾分类五节课程,以及一节展示课。在教学设计时,更加侧重于寓教于乐,旨在通过游戏互动、竞争机制等方式,激发学生英语学习兴趣,满足不同层次学生的学习需求。

本单元各个课时设计之间紧密相连,围绕外国友人Thomas的生日聚会展开。第一课时交代背景,教授了与派对食物相关的词汇和句型,并通过Bingo游戏和接龙游戏进行操练,最后对于中西饮食文化的差异和过度食用垃圾食品的危害进行了讨论,让学生认识到均衡饮食、健康饮食的重要性。第二课时介绍了邀请方式和派对食物清单。邀请有两种方式,教师通过动画视频教授口头邀请的表达方式,通过范例模仿的方式教授如何写书面邀请。最后带领学生复习第一节课所学词汇并完成生日派对的食物清单。第三课时介绍如何选择礼物并学习制作贺卡和蛋糕。通过让学生选择合适的礼物,介绍礼物选取时的注意事项和中西方文化的差异。随后,带领学生一起制作生日贺卡以及纸杯蛋糕,并学习相关词汇表达。第四课时介绍生日派对上的用语。以情景导入的方式教授学生见面问好以及恭喜称赞的用语，随后回顾之前课程的内容，教授学生如何表达自己对食物的喜爱与厌恶，并以击鼓传花的方式进行操练。最后讨论该何时祝贺寿星，让学生意识到社交礼仪的重要性。第五课时介绍生日派对后要如何进行垃圾分类。教师准备一些派对后可能会出现的垃圾让学生进行分类，随后介绍垃圾的分类方法以及相应的英语单词，并运用抱团游戏的形式进行巩固。最后讨论了垃圾分类的意义并以小组的形式制作垃圾分类的海报。第六课时为展示课，以 Sam 举办 potluck party 为背景，每个小组的学生进行角色扮演，一人饰演 Sam，其余的学生饰演 Sam 的朋友。从 Sam 在学校邀请朋友参加派对开始，表演到 Sam 和朋友一起收拾好派对现场并道别，展示学生的学习成果。

本单元教学强调对于学生语言能力、情感态度等方面的培养，运用短视频、图片、卡片、PPT 等形式，促进学生的课堂活跃度和积极性。在教学形式上，采取分层教学，根据学生前测分数将其分为 A、B、C 三个能力水平并将其分为 8 个小组，针对不同能力水平的学生予以不同的课程要求。在学习目标不同的基础下，各层次的学生的课堂练习和课堂要求也是不同的。例如，三个级别层次的学生有不同的邀请函模板：A 级学生的邀请函模板提示给予得非常少，学生有很大的发挥空间；B 级学生的邀请函模板是以填空的形式让学生补充完整；C 级学生的邀请函上附上了中文解释，以帮助学生更好地理解和回顾。

三、单元目标

本单元教学旨在通过语境学习培养学生初步用英语在特定情景下进行简单交流的能力以及合作能力，激发学生学习英语的兴趣和积极性，使他们初步建立学习英语的自信心，为进一步学习打下基础。在课程结束后，学生可能达到的能力目标水平如下表。

能力水平	教 学 目 标
A 级	1. 能够熟记相关词汇和句型的意义和用法，并能够在日常相关语境中进行运用；
	2. 能够以英文的形式完成思维导图、邀请函、食品清单、生日贺卡、海报的制作；
	3. 能够了解到中西方文化差异，并用英文进行表达；
	4. 能够意识到均衡饮食、社交礼仪、垃圾分类的重要性，并用英文进行表达。

B 级	1. 能够熟记相关词汇和句型的意义和用法；
	2. 能够以中英结合的形式完成思维导图、邀请函、食品清单、生日贺卡、海报的制作；
	3. 能够了解到中西方文化差异，并用英文进行表达(可以使用一些中文)；
	4. 能够意识到均衡饮食、社交礼仪、垃圾分类的重要性，并用英文进行表达(可以使用一些中文)。
C 级	1. 能够在图片等线索的提示下了解相关词汇和句型的意义；
	2. 能够以中文的形式完成思维导图、邀请函、食品清单、生日贺卡、海报的制作；
	3. 能够了解到中西方文化差异，并用中文进行表达；
	4. 能够意识到均衡饮食、社交礼仪、垃圾分类的重要性，并用中文进行表达。

四、教学设计课例

Period 5：Food Garbage Classification

Students level：Grade 3-5

Lesson duration：50 minutes

Teaching objectives：（Students are divided into three levels according to their competence in English）By the end of this class,

Level	Teaching Objectives
A	1. Memorize the meaning and usage of the words related to garbage classification；
	2. Understand the methods of garbage classification in English and classify the food garbage that are commonly used in daily life correctly；
	3. Finish the poster of garbage classification in English；
	4. Realize the importance and significance of garbage classification and express it in English.
B	1. Memorize the pronunciation and meaning of the new words；
	2. Understand the methods of garbage classification and classify the food garbage that are commonly used in daily life；

	3. Finish the poster of garbage classification in English with some Chinese;
	4. Realize the importance and significance of garbage classification and express it in English with some Chinese.
C	1. Read the new words and recall their meanings with clues such as pictures;
	2. Know something about garbage classification and learn to classify the food garbage that are commonly used in daily life;
	3. Finish the poster of garbage classification in Chinese;
	4. Realize the importance and significance of garbage classification and express it in Chinese.

Learning strategies: cooperative learning, taking risks
Teaching aids: PPT (video & pictures), real objects, garbage cards, poster drafts
Teaching procedures:

Stages	Learning Activities	Purposes
Lead-in (5 mins)	1. Watch a video about garbage classification; 2. Answer the questions: How many types of garbage cans do we have in China so far? Do you do garbage classification in your daily life? 3. Learn different ways to say garbage and the differences between them.	To elicit the topic and activate students' previous knowledge; to let students know about different expressions for garbage and the differences between them.
Activity 1 (8 mins)	1. Taste different things and make garbage like paper cup, green plum fruit pit, packaging bag, Coke bottle; 2. Classify different garbage they made; 3. Learn the four types of garbage and the corresponding English expressions.	To arouse the students' interest; to introduce the new knowledge of garbage classification by using some real objects.
Activity 2 (8 mins)	1. Learn how to classify the garbage; 2. Match the garbage to its corresponding can.	To let the students know how to classify the garbage and practise by doing the match.

Stages	Learning Activities	Purposes
Activity 3 (10 mins)	Each student is randomly assigned a card on which is a word or a picture. Students need to first judge what kind of garbage they get, and then to find their partners who have the same kind of card in the class. Finally, students who have the same kind of cards tend to form a small group. If someone stands in the wrong group, he or she may have to sing a song as a small punishment.	To consolidate the topic-related vocabulary through meaningful language practice and physical game.
Activity 4 (15 mins)	1. Answer the question: What will happen if there is no garbage classification? 2. Watch a video about the meaning of garbage classification; 3. Write down some key words and phrases about the meaning of garbage classification.	To let students know the meaning and importance of garbage classification.
Activity 5 (14 mins)	Group work in three or four: Make a poster Student 1: List different kinds of garbage. Student 2: Classify garbage. Student 3: Draw the garbage in different garbage cans on the poster. Student 4: Write down your feelings on garbage classification.	To let students present the vocabulary, ways to classify and feeling they have got during the lesson on the poster.
Homework	For A level students: Show your poster to your family, introduce it to them and upload a two-minutes video (including ways of garbage classification and importance of it) in English. For B level students: Show your poster to your family, introduce it to them and upload a one-minute video in English about how to classify garbage. For C level students: Show your poster to your family and friends, introduce it to them and upload a one-minute video in Chinese with some English words.	

☞ **教师点评:**

　　本教案的设计体现了教员对单元教学整体设计的能力,在本单元的主题引领下,从大观念出发,依据学生的学习能力和学习需求,合理设计每堂课的教学内容和目标,从食物到日常生活中与饮食有关的社交活动再到餐后的垃圾分类,做到环环相扣、逻辑递进的整体性、综合性、实践性相统一的教学设计。

　　本教案是基于学情分析的差异化教学的实践。爱心学校学员的组成比较复杂,包含小学各个年级的学生,且流动性大。教员根据开班时的前测结果,按照不同年级和不同语言能力将学生分成 A、B、C 三个级别八组,同时在教学活动设计和教学要求方面体现差异化设计,另外本单元教学采用团队多教员协作完成,由一名教员主讲,团队中的 2~3 名助教协助,对完成任务有困难的小组进行个别指导。几乎每堂课都有设计小组活动,做到活动形式多样,更重要的是为学生在小组活动中互相帮助、取长补短搭建平台。在作业设计环节同样采取分层设计,使每个学生在能力范围内完成对主题的学习,并完成具有一定挑战的真实任务。

　　在活动设计方面做到复现本单元的词汇,做到单元教学的整体呼应,活动形式涵盖听说、读、写综合能力的训练,结合小学生学习规律和特点,适当增加游戏环节和动手制作环节,激发学生学习兴趣,体现"做中学"的教学理念。

（点评教师：吕晓红）

5.2 学生2爱心学校教案设计及教师点评

本单元教学目标

顾同学

1. 理解和表达有关下列话题的简单信息：个人基本情况、兴趣爱好、家庭、日常生活与活动、学校、人际交往等相关话题项目。

2. 通过讨论不同环境中的自我身份,了解中华传统美德和社会主义核心价值观,提高为子(家庭)、为生(学校)、为民(社会)的道德修养和审美情趣。

3. 通过不同形式的作业,提高动脑思考、动手操作、动嘴演讲的能力,体会到学习英语的乐趣,从而更加热爱语言学习。

Self-Discovery（1st period）

1. Background information

Students：20 primary school students, Grade 4

Lesson duration: 90 mins (10-minute break included)

2. Teaching objectives

By the end of this period, the students are expected to:

1) Find out the difference between English and Chinese names, and use "first name" and "last name" correctly;

2) Enlarge the vocabularies about hobbies and personalities;

3) Think about their future career based on their personalities and hobbies;

4) Make a complete self-introduction with the help of guiding questions;

5) Discover themselves and prepare for the future.

3. Teaching procedure

1) The teacher interprets the goal of the course.

T: Why do you choose this course? In the coming 3 weeks, you are expected to:

—*discover yourself and find out how you are related to the world and how to lead a meaningful life;*

—*describe how Chinese people live in the past, at present and in the future;*

—*explore the important part of Chinese culture passed from generation to generation.*

2) The teacher introduces herself with the aid of her name card.

My Chinese name is Gu Jiahua. My English name is Helen.

On my name card, you can see the sun, the camera and the musical notes, because I like the sunny days, taking photos and listening to music.

3) The teacher helps students find out the difference between English and Chinese names, and use "first name" and "last name" correctly. (Reading materials are presented on the slide.)

T: What are first names and last names? How are English and Chinese names different?

After learning the rules of "first name" and "last name", students consolidate the knowledge by matching information to the corresponding part.

The teacher introduces the origin/story/meaning of her name.

My last name is from my father's family name.

My mother picks the first name for me.

The meaning of my first name is that I am like the tree in my family. My parents take care of me just like we water the tree to make it grow every day. They think I will grow into a tall tree and protect the family.

4) The teacher plays the game "WHO AM I" with the student. There is numbered information about the teacher. Students are to choose a number and ask a question that they think matches with the answer on the screen. Students can get a "star" for the correct question.

After the game, the teacher classified all the questions into different groups based on their content.

Group 1: basic personal information

Group 2: favourite things or things you like

Group 3: daily life

Group 4: other questions, like keeping pets

5) Students listen to the recordings of self-introduction from their classmates and repeat as much information as possible. When repeating, they should use complete sentences.

6) Students listen to the recordings of self-introduction from their classmates and ask one question to get more information. Student A ask Student B one question, and Student B answer the question.

7) The teacher Camille plays the game about personalities and hobbies with the students.

8) Students watch the video about jobs and learn that each of us has different values depending on our role in society and the work that we do.

Students then look at the pictures to review the words of jobs mentioned in the video.

9) The teacher shows her future job and shares the reason for being a voluntary teacher with the students.

I will be a voluntary teacher in a small town in Gansu Province for one year.

I want to help children there to know more about the world through learning English.

10) Students firstly guess the job according to the job description, and then talk about whether they would like to do the job or not.

Students share their dream job and the reason freely.

4. Homework

1) Record a video about a complete self-introduction at least for 1 minute. Information should be included in four parts:

- basic personal information
- the origin of your name (Who picks the name for you? What is the meaning of your name?)
- personalities and hobbies
- dream job (What is your dream job? Why?)

录制一段完整的自我介绍视频，时长至少 1 分钟，内容需要包括：基本个人信息、对自己姓名的介绍(来源、意义等)、对性格和兴趣爱好的介绍和自己的未来职业理想。或是通过图文结合的形式将四部分信息演绎出来，用"照片"的方式上传作业，并准备在下一节课上分享。

2) Homework evaluation

内容(25 分)：是否说满了 1 分钟，是否包含了基本个人信息、对家庭成员和自己姓名的介绍(来源、意义等)、对性格和兴趣爱好的介绍和自己的未来职业理想。

语音(10 分)：是否发音标准，吐字清晰

语速和音量(5 分)：语速和音量是否适中

熟练程度(5 分)：是否脱稿、流畅自然

仪态(5 分)：是否大方得体

5. Students' self-assessment

1) 你对上课表现的自我评价：

　　A. 全程认真听讲，积极主动举手发言，全程开启摄像头。

　　B. 大部分时间认真听讲，老师提问我才回答，回答问题时才打开摄像头。

　　C. 偶尔会开小差，有时会错过老师的提问，回答问题时也没有打开摄像头。

2) 你对上课的学习内容和掌握情况的评价：

　　A. 100%都能听懂，并能做出适当回应。

　　B. 80%~90%能听懂，个别问题不知道如何回答。

　　C. 60%~70%能听懂，一半问题回答有困难。

☞ **教师点评：**

　　本教案设计体现了教员对课程定位和目标的准确把握，在单元主题的引领下，通过明确单元教学目标，并在此基础上从自我到小家到社会大家的逻辑递进设计本单元的三堂课，充分体现了该教员的单元整体教学设计意识和能力。在教学内容上没有简单重复学员在学校课堂上学过的内容，而是围绕单元主题和教学目标重新选择教学素材，并设计有层次、兼顾各种语言能力的学习活动。

　　本教案的另一大亮点是作业环节的实际，充分体现教学评一体化设计的教学原理，在作业设计中注重联系学生生活实际，给不同层次的学员充分发挥的空间，同时给予学生对作业呈现方式的选择，充分考虑到学员的多元智能因素，旨在为学员强化优势技能，鼓励学员尝试不同完成任务的形式。作业环节的优点还体现在对作业评价量表的制定，体现该

教员一定的评价素养，为提升学生作业完成的质量和有效评价提供指导和依据。教员为学员设计了课后自测环节，帮助学员及时总结所学内容，同时也有助于教员及时收集学员的学习反馈，在反思教学的基础上及时完善和调整之后的教学活动。

本教案设计的另一特点是凸显学科德育目标与语言教学的完美融合，充分体现教员对立德树人教育观的理解和言传身教的实践能力。通过鼓励学生探究名字的由来，促进家庭成员之间的沟通和家训的传承。通过对未来职业的思考和描述，帮助学生树立正确的职业观，以及个人梦想和中国梦之间的关联，从而提升文化自信和家国情怀。

（点评教师：吕晓红）

5.3 学生3爱心学校单元教案设计及教师点评

《中国二十四节气》（The 24 Solar Terms）单元教案设计
郭同学

一、单元教学目标

By the end of this unit, students are expected to：

1. know the English names of the 24 solar terms and the weather conditions of each of them；

2. know the foods we eat and activities we do according to different solar terms；

3. use topic-related expressions to introduce a solar term from different aspects；

4. realize the practical and cultural meaning of the 24 solar terms.

二、教学内容

本单元围绕中国"二十四节气"展开，旨在向同学们介绍二十四节气的中英文名称以及对应的气候特点、相关习俗及其对我们生活的重要影响。单元包括三个课时的教学内容。

第一课时主要介绍二十四节气的来源、不同节气的中英文名称及其对应的物候、气候特征。讲授过程中以"四季"为授课顺序，逐一介绍春、夏、秋、冬四个季节中对应的六个节气及其气候特点。教学过程中穿插描述气候的相关词汇、句型教学。

第二课时主要介绍二十四节气对人们生活的影响，具体内容围绕农事活动、食物以及习俗活动三个板块展开。课时首先介绍二十四节气与时间测算的关系，并重点介绍立春、清明、立夏、白露、立冬、冬至等重要节气的农事活动与相关习俗。讲授过程中与中国传统节日的相关知识链接，引导学生体会二十四节气对人们生活的多方面影响。

第三课时主要为单元复习课。通过展示学生作业以及针对学生作业进行提问，梳理、总结单元所学，并回顾了前两个单元的相关学习内容。学生作业展示以春、夏、秋、冬四个主题为序，通过分享作业和提问的形式回顾本单元所学的词汇、句型以及语音知识，并适当链接前两个单元所学内容。最后，教师对本单元的教学内容做简单的总结。

三、学情分析

本次授课对象为上海师范大学附属外国语小学的 20 位小学四年级学生。学生英语学习能力较强，具有一定的知识储备。本单元的教学为线上授课模式，以"腾讯会议"为授课平台。根据线上授课特点，教学设计突出了师生互动、生生互动的重要性，加入了观点分享、pair-work、线上小游戏等教学环节，旨在提高学生的课堂参与度与学习积极性。同时，上课过程中学生需全程打开摄像头，方便教师观察学生的学习状态，保证线上教学质量。

第二课时

Ⅰ. Teaching objectives

By the end of the class, students are expected to：

1. know the foods we eat and activities we doaccording to different solar terms；

2. introduce a solar term from the aspects of weather, foods and activities；

3. realize the importance of solar terms to our life in different aspects.

Ⅱ. Teaching procedures

1. Share students' homework（10 mins）

1）Display some students' homework；

2）Ask several homework-related questions and invite students to answer the questions；

3）Students are encouraged to ask further questions about the video or poster displayed；

4）Emphasize some important words in last class and highlight the phonetic knowledge such as word stress, liaison and use of the correct tone in parallel structure.

2. Lead-in：Briefly summarize how can the 24 solar terms guide our life.（1min）

3. Introduce the relation between solar terms andtime.（5 mins）

1）Introduce how we count time and tell solar terms from thecalendar.

2）Explain how the length of day and night changes in correspondence to different solar terms.

4. Introduce the farming activity on Pure Brightness.（5 mins）

1）Elicitation：Ask students the weather in Spring.

2）Identify the farming activities on Pure Brightness：Spring planting.

3）Explain the meaning of the Chinese idiom "清明前后，种瓜点豆" to students.

5. Introduce the farming activity on Grain in Ear. (5 mins)

　　1) Check the Chinese name of Grain in Ear and the weather in Summer.

　　2) Explain the meaning of "芒种".

　　3) Display pictures of farming activities in northern China and southern China and introduce the farming activities on Grain in Ear.

　　4) Teaching new words: wheat, rice.

6. Introduce the farming activities on White Dew. (5 mins)

　　1) Checking the Chinese name of White Dew.

　　2) Elicit the new word "cotton" with pictures.

　　3) Role play: Ask students to talk about the farming activities with the given sentence pattern: "Farmers harvest… and… on White Dew."

7. Introduce the farming activities on Beginning of Winter. (5mins)

　　1) Elicit students the weather in winter.

　　2) Identify the farming activity on Beginning of Winter with the help of pictures.

　　3) Explain the new word "winter wheat" and the vegetables we harvest on Beginning of Winter.

(take a short break)

1. Introduce the food and activities inspring. (8 mins)

　　1) Elicitation: Ask students what do they usually eat in Spring.

　　2) Ask students to identify the seasonal vegetables we often eat in Spring.

　　3) Describe the special food we eat during the Beginning of Spring and Pure Brightness.

　　4) Brainstorming: Ask students what they usually enjoy doing in Spring.

　　5) Pair work: Describe some of the activities students usually enjoy in Spring.

2. Introduce the food and activities insummer. (8 mins)

　　1) Vocabulary teaching about the words of food and activities on the Beginning of Summer such as the game of cracking eggs through pictures and videos.

　　2) Elicit and say some words of seasonal foods on Summer Solstice such as the cold noodles.

　　3) Pair work: Ask students to work in pairs to talk about the food they like to eat in summer and why they like them.

3. Introduce the food and activities inautumn. (5 mins)

　　1) Elicit the vocabulary about seasonal food in autumn with the help of pictures.

　　2) Look and Say. With the help of some pictures of autumn, students learn to describe the customs of harvesting in the season of autumn with the given sentence patterns.

4. Introduce the food and activities in Winter. (6 mins)

  1）Ask students to identify the food we often eat in Winter：Jiaozi, mutton soup and Tangyuan by looking at the pictures.

  2）Describe the symbolic meaning of Jiaozi and Tangyuan.

  3）Role play：Ask students to talk about the activities they usually have in winter.

  4）Describe the customs during Major Cold with the help of given sentence patterns.

5. Play a game. (8 mins)

  A play a game of guessing the solar term according to video information

6. Display homework. (5 mins)

  Explain homework requirements of designing a poster or having a micro-teaching lesson.

三、Homework

    选择你最喜欢的某一个季节的1~2个节气，并以小报或微课的形式介绍这个节气。具体要求如下(二选一)：

1. 神笔马良：绘制一张海报，小报中需要包括节气的中英文名称、气候特点以及节气习俗(人们所吃的食物、所做的活动等)，并录制1~2分钟的视频介绍你的小报。(海报和视频需分别提交)

2. 小小老师我来当：做一份PPT，介绍你喜欢的一个节气，并在家长的帮助下以录屏的形式(腾讯会议等平台)录制一份2分钟左右的微课来介绍这个节气。微课中需要介绍节气的中英文名称、气候特点、人们所吃的食物和所做的活动等。微课画面要求：需要看到PPT以及同学们的人像。(需要提交微课视频)

注意：小报和微课中需要包含30%左右自己额外收集的资料。

☞ **教师点评：**

    本教案所在单元教学体现项目化学习原则，实现实践性、综合性和探究性相融合的主题引领下的学习活动。同时体现新颁布的《义务教育英语学科课程标准(2022版)》中有关语言工具性的描述，在选取24节气为单元主题，旨在帮助学员在学习语言的同时，学会用外语表达和传播中国传统文化，体现文化和语言学习的融合，同时达成学科德育的目标。

    本教案设计遵循单元整体设计原则，循序渐进带领学员走进中国非物质文化遗产24节气的学习。在课堂教学活动设计中突出问题导向，从24节气名字的来由以及与中国人生活的联系和对中国传统习俗的影响等不同方面带领学员进行探究。探究性还体现在完成作业的过程中，鼓励学生在学习课堂知识的基础上通过上网查资料或和访谈家人的方式获得更多有关 24 节气的相关信息。在作业设计环节突出多样化、实践性、综合性兼顾，学生既需要动手完成海报的设计和制作，同时要学会用英语介绍海报的内容，体现语言技能的综合运用能力。

本单元主题的选择是教员自主完成，并运用项目化学习原理进行教学设计，在爱心学校作为课外拓展课进行实践，体现了教员对先进教学理念的理解和对义务教育课程要求的把握，同时运用信息技术增强线上教学互动性和有效性的创新实践能力也值得推广。

（点评教师：吕晓红）

5.4 学生4爱心学校课程总结及教师点评

爱心学校创建感悟

王同学

上海师范大学非常重视寒暑期学生的社会实践活动，而"爱心学校"更是我校的传统品牌。在今年六月初，盛夏快要到来的季节里，我与"爱心学校"这个名字再次相遇。越离开自己的舒适圈，与更多的人接触，就越意识到培养一批品格良好、知识丰盈的青少年，并不是一件容易的事。这是一件对社会对国家非常有意义的事情，毕竟青少年的未来就是国家的未来。并且，青浦是我的故乡，我喜欢外出闯荡，但也想回馈这片生养我的一方水土。于是，我寻觅了八个不同专业的、志同道合的小伙伴，希望在大二暑假，尝试以自己的能力为家乡的教育事业做一点实事。十分有幸地，我请来了外国语学院的吕晓红老师担任我们的指导老师，一起开始了这段从零出发的爱心学校创建旅程。

事实上，我们的团队是逐渐壮大的，一开始都是上师大的青浦小伙伴，后来半道遇上了同在上师大但不是青浦人的同学，以及同是青浦人但不是上师大学子的朋友，现在我们的团队横跨上师大和上政，聚集了6个专业的优秀学子。8个小伙伴，分工合作，发挥各自的特长。作为"上善同心"的校长，我负责所有事宜的统筹协调；钟思韬是我们学校的班主任，负责与家长和学生进行沟通，以保证更好的教学质量；万佳乐是我们学校的新媒体策划老师，负责制作每周的微信宣传推送；审计专业的谢之是我们学校的教务老师，负责每日考勤、每周作业分数等的数据统计；影视传媒学院的仲舟宜是我们学校的艺术总监，负责海报制作以及开幕式和闭幕式的策划和主持；倪欣怡是我们学校的对外联络人，负责制作并回收问卷；姚子维是我们学习的 up 主，负责 B 站视频制作。

在创建好队伍后，前期筹备和实际运行的过程仍然可以用六个字概括——不断推倒重建。成员们对于给我们的学校取名异常踊跃，大概是想体验一下当爸妈的快乐。想出了有关陪伴、双减、青浦等各种元素的校名候选，最后经过民主商议，将我们学校的名称定为——上海师范大学"上善同心"爱心学校。融合了"绿色青浦，上善之城"的slogan，以及师生同心同行，共建多彩课程的祝愿。英文校名并不是直译的，而是从Michael Jackson的歌曲《Heal The World》中找到的灵感，又结合了我们的中文名"上善同心"。最终形成了——"Love Together" Voluntary School of SHANGHAI NORMAL UNIVERSITY。爱在一起，天下大同。

校徽制作也是灵感多多。青浦地标建筑、"同心"的爱心形状……最后决定用上善同心中"善"字的篆体作为我们校徽的主要成分，并且篆体"善"字的下半部分，就像两个人形，所以我们把这两个人形用浅绿色突出，并且把人的脚部更加形象化了一些。整体就像是两个人站在一个屋檐下，寓意师生同在。外圈就是我们的中英双语校名。而校徽的配色差点难倒了我们影传的同学，历经多次才最终定稿。

生源方面，我们考虑过是否和青浦区的消防救援队合作，专门为消防员们的子女授课；考虑过和青浦聋哑人福利中心联系，为他们身体机能正常的孩子授课；考虑过是否和青浦博物馆合作，开展一系列有关青浦历史、中国文化方面的课程……但都遇到了主客观阻碍，没能实现。但一切都是最好的安排，最后在吕老师的介绍下，与清河湾中学达成了合作，确定了在今年9月份七升八的学生中，筛选出成绩优异、学习态度良好的30名学生，进入"上善同心"学习。于是，我们遇到了一批积极又可爱的初中生，让我们的课堂十分活跃，偶尔忍俊不禁。

课程设计上，主要有学科拓展课和生涯课两大类课程。学科拓展课方面，为了践行"双减"政策带来的红利，我们奉行"快乐成才"的原则——让学生在趣味性课堂中，收获专业知识。并且，我们将《义务教育科学课程标准(2022年版)》中对各学科核心素养的要求融入了课程，物理和化学课程以生活现象中的物理化学原理入手，激发学生对未知学科领域的求知欲。在传授科学原理的基础上，引导学生在日常生活中主动探索，并在保证安全的前提下，自行尝试新的实验。化学课程还要求学生严谨地撰写实验报告，周全地准备实验器材，包括保证实验人员安全的绝缘手套等。

另外，课程设计的另一大特点是主题引领下的学科融合。开班前，通过问卷调查，了解学员的学习需求，分析数据后，定下了四个周主题——名人大家、航天、世界建筑、大自然。每一个周主题中，我们都会将学科知识和适应个人终身发展且社会发展所需要的正确价值观、必备品格和关键能力相融合。譬如在"名人大家"主题下，各科老师带领学生们和弗里达、梅西、叶嘉莹等世界各地的、各领域的杰出人物进行了一场场跨时空

"对话"，在掌握墨西哥文化、自主学习能力等专业知识的同时，领会他们坚毅、乐观、保持自我的精神品质，从而对自身的价值追求进行深刻反思，并加以精进。做到学科德育润物细无声的渗透，体现教书育人的实践智慧。

学科融合同样体现在作业设计上，我们打破传统分科目做题、做练习的模式，尽量将多门学科相融合，布置跨学科项目化学习作业，以培养学生跨学科运用的思维和能力，努力践行综合性、实践性、思维能力培养、自主学习能力培养等课标要求。譬如第一周，我们将语文、英语、文化艺术三门课相融合，让学生完成一份手抄报，内容涵盖一首原创现代诗、中英文名人名言、绘画配图，以及对本周学习的名人大家的精神品格进行共性概括。在学生提交作业后，各科老师会认真批改自己学科涉及的融合作业，并给每一个学生以详细的个性化评语，并在下周的课堂上进行总体评价以及对优秀作品给予表扬。第二周，在老师课堂讲解各种航天科学知识和相关中国文化后，让同学们自行搜集资料，当一回小老师，以 PPT 或 Word 小报的形式介绍一个科学知识或中国航天器的文化故事。第三周，我们鼓励同学们实地探访青浦的一处景致，在与当地居民聊天或访谈的过程中，了解青浦这个小镇的地域文化和人文精神。

本次爱心学校教学实践项目的另一大收获就是教学管理能力突飞猛进。

第一，面对从未谋面的初中生以及线上教学带来的挑战和沟通上的困难，明确考勤制度，初期出现了许多诸如上课迟到、迟交作业、上课挂机等问题，于是我们向同学们告知了考勤监测手段，重申了课堂和作业提交规则，也与学生、家长甚至清河湾的班主任进行沟通，确保正常的教学秩序和端正的学习态度。

第二，帮助学生尽快熟悉线上学习平台的创建和使用，对个别学生遇到的问题提供个性化辅导。我们将"超星学习通"定为统一作业平台，进行作业发放、提交和批改。因为同学们没有接触过这个平台，所以我们制作了"学习通使用教程"，并发放给学生和家长。后续也出现了一些譬如初中生还没有身份证，只能用家长的账号，以至于学习通班级中无法找到这些学生的名字等其他意外情况，我们都一一加以了解，并告知解决方案。

第三，注重过程性评价和质量监控。第一周课程结束后，为了解同学们对于我们这种新型课堂、新型作业的接受程度，我们发放了"课程满意度调查问卷"，问卷数据显示学生反馈良好。

第四，制定多元化的评价方案，既给学生的作业完成和互评提供指导，也给老师的评价提供依据。评价方案主要分为三大块——考勤10%+作品70%+发言20%。依据评分细则去统计每一个学生的考勤、作业完成质量、课堂发言情况。并在整个爱心学校课程的结业式上，给予学生等级评价，推选出整体的和单项的优秀学员，授予证书和奖状。不断完善的评价方案旨在鼓励同学们全程参与课程，并积极思考和探索，希望他们能满载而归。

概而言之，本次爱心学校的自主创建过程让我和每一个团队成员都感受到了创办一所学校的艰辛和复杂，以及像是养育一个孩子般的喜悦和成就感。整个过程中，吕老师始终不辞辛劳、不舍昼夜地陪伴在我们身边，为我们提出改进建议，或清除前进障碍。偶尔争吵，偶尔大笑，像是整整齐齐的熬大夜一家人了。

☞ **教师点评：**

该生在课程总结中谈到了创办"上善同心"爱心学校的初衷和构想，表达了在校师范生作为未来人民教师的使命感，并通过创办爱心学校践行了教书育人的责任和能力。本次爱心学校的创办和实践是师范生课外教学实践的一个创新案例，主要体现在以下三个方面：

第一，实践内容的创新。本次爱心学校项目除了延续之前课程的学习内容，即英语教学实践和班主任工作实践，增加了从前期调查、宣传到课程设计到过程性评价、作业管理，以及开学仪式和结业仪式等一切线上教学各个环节的筹备、组织和实施、评估小结工作。

第二，教师团队组成的创新。之前的爱心学校教学实践课程基本只有本学院的师范生参与，实践的内容也大多是英语课的教学。而本次爱心学校项目由来自我校五个学院的六名师范生组织教师团队，另有两名教务人员负责宣传和后台数据管理工作。其中外语学院有两名师范生参与，项目负责人是外语学院学生王佳艺，同时担任"上善同心"爱心学校的校长。

第三，课程设计的创新。体现在遵循义务教育学科课程新课标的教学理念，注重跨学科学习，运用项目化学习策略完成基于主题大观念的学科融合作业设计，并在教学实践中首次推出融合课型的教学，为参与本次爱心学校项目的师范生提供了创新实践的机会。

第四，课程运作的创新，本次爱心学校教育实践课程以参与项目的学生团队在指导老师带领下自主开发课程内容并组织管理课程实施的形式运作。充分发挥参与项目的师范生的主观能动性，同时指导老师全程保驾护航，为爱心学校的教员提供专业指导，确保项目的顺利进行。本次爱心学校结业仪式已上传 B 站(哔哩哔哩)，敬请观看。

（点评教师：吕晓红）

第六节　课程目标达成度报告样例

6.1　课程教学基本信息

任课教师：<u>吕晓红</u>　　　　教学班：<u>2017、2018 级英语师范 1—3 班混合</u>
考核方式：<u>爱心学校综合考核方式</u>　　　总人数：<u>33</u>　　无成绩人数：<u>0</u>
命题情况：<u>课题组命题</u>　　　是否有 AB 卷：<u>无</u>
是否有评分标准及答案：<u>有评分标准无标准答案</u>
综合成绩统计：

成绩	A	B+	B	C+	C	D+	D	F
人数	22	5	4	2	0	0	0	0
百分比	66.67%	15.15%	12.12%	6.06%	0%	0%	0%	0%

6.2　学生课程学习情况分析

英语师范生可选择由外国语学院开设的爱心学校进行教学实践，这些常规服务点均已获取相关街道或机构的认证，也可参与其他学院开设的服务点。参与的师范生，必须具有一定的教学经验和教学知识储备，或愿意进行教学相关活动，从而获取相关经验和知识。学生在爱心学校累计授课时间不少于 16 课时，其中教授英语课时不少于 8 课时，达标完成考核任务，方可获得 2 学分。

在教学过程中，我院师范生应将课堂所学融入教学实践，通过不同类型课程的传授，掌握相关教学方法，如通过语法、词汇、阅读、写作等英语基本技能课程，掌握如何针对不同阶段和层次学生来调整教学方法。应撰写相应教案、心得体会、课程反思等。

运用所学的知识体系对教育现象、教育问题进行分析、研究与讨论，在理论与实践的互动、在探索与反思的交替中提升师范生的专业敏感性。通过以问题为驱动的教育研习能够促进师范生的专业自主反思，将感性的经验上升为理性的思考，实现在实践中创新，将所学的教师教育理论知识作为指导，开展对基础教育中教育问题的思考，并探求新的教学模式、内容、教学方法与实践专业拓展课。

本课程开设时间为暑期，大一、大二、大三的师范生都可以选修这门课。本次选课的学生在学习过程中较为积极、主动，学生选择这门课的学习需求比较明确，从期末考核成绩分布来看，优良率较高，个别学生中等。

6.3　课程目标实现情况分析

课程目标	学生学习过程考核情况	期末考核情况	达成度
课程目标1：爱心学校实践中以准教师的身份、以为社会作奉献的精神，完成10个工作日的教学管理工作，包含不少于8节英语课的16课时教学任务，达到唤起大学生对教师身份的认同和提升获取教师实践性知识的能力。	考核内容：在规定时间内完成教学任务。考核形式：日常工作考核和评价表。考核结果分析：大部分学生递交了出勤表，有个别学生的出勤表没有所在爱心学校负责老师的评语。	考核内容：学生能对整个实践课程进行小结和反思，完整表述对教师职业的认识和对教与学关系的阐述。考核形式：个人小结考核结果分析：大部分学生此项目标达成度比较好，能比较完整地表述对教师职业的认识和所要具备素质的阐述。	优
课程目标2：熟悉教师的常规管理工作，配合爱心学校负责老师做好所在班级的日常管理工作，在实践班主任工作或和学生沟通中体现理解、关心、尊重学生，创建一个促进学习的教学环境。	考核内容：按照配合爱心学校对志愿者老师的工作安排，按时上下班，做好对学生的日常管理工作。考核形式：日常工作考核和评价表，学生提交的上课视频或照片。考核结果分析：大部分学生能按照学校的安排，认真完成对来自不同年级的爱心学校小朋友的日常教学和管理工作，并得到了爱心学校负责老师的好评。	考核内容：学生在个人小结中能通过实例说明班主任工作中的体会和收获。考核形式：个人小结/教案考核结果分析：大部分学生此项目标达成度比较好，能在日常的班主任班级管理工作中，团队协作、互相配合、做到关心爱护每个学生、营造良好的学习氛围。	良

课程目标	学生学习过程考核情况	期末考核情况	达成度
课程目标3：在实践过程中体现以学生为中心的教学原理，根据班级学生的特点，设计个性化教学内容，并通过合理的教学活动和方法实施教学安排。在实践中体现具有初步教学基本功完成教学任务的能力和反思教学实践和总结教学管理经验的能力。	考核内容：学生能独立完成英语课的授课。考核形式：老师观课或学生提供上课的视频或教案。考核结果分析：师范大学指导老师通过实地观课理解了部分学生的上课情况，并通过远程指导，对学生的教案给出建设性反馈，学生在此基础上完善教案。	考核内容：在教学设计中能根据学生的实际情况，确定教学目标，并进行简单的教学设计，在教学过程中做到教书育人。考核形式：教案/观课记录与反思。考核结果分析：大部分学生能独立完成或以小组协作的形式完成教案撰写和课堂教学，从提交的部分学生的作业看，取得了良好的教学效果。	良

6.4　课程目标达成度评价表

课程目标	得分率	分目标权重	课程目标达成度评价值
课程分目标1	0.97	20%	
课程分目标2	0.89	30%	0.91
课程分目标3	0.88	50%	

6.5　课程教学改革计划

课程目标达成度的结果表明：课程目标1达成度较高，这与学生自愿选择参加暑期爱心学校的实践课有关，从中可看出学生对教师职业的热爱。通过爱心学校的教学实践，学生亲身体验了教师的职业规范和所需的职业素养，并通过教学和班级管理的实践提高了自身的教师专业能力，保质保量地完成爱心学校要求的教学和管理任务。

课程目标2达成度良，这和部分2017级学生在上学期对教师语言课程的学习分不开。同时2018级学生也在此次爱心学校的教学实践中通过观课向有经验的专职教师学习，也通过线上和线下向指导老师探讨教学和班级管理的经验，在实际工作中充分发挥在同一个爱心学校实践的团队精神，分工协作，互相学习，共同完成实践教学和管理的工作，并得到所在学校负责老师的好评。

课程目标 3 的达成度是良，原因是大部分 2018 级学生没有经过教学法课程的训练，不熟悉教案的撰写，仅参考指导老师提供的教案模板进行教学设计，因此有些教学设计还比较肤浅。但是 2018 级师范生明显表现出较强的设计教学和组织教学的能力。同时部分 2017 级师范生利用爱心学校实践课程实施了大学生创新项目的实施，在指导老师的带领下，从学生实际出发，开发基于学生差异性的主题系列课，过程中也充分体现了团队力量，对教案反复打磨，并录制了精彩课堂，在分析学生的反馈和教学评价的基础上完成了课题预期的成果。这是一次很好的教学研究实例，在今后的课程实施中也可以融入项目化教学元素。

第六章　大学生创新创业项目板块

上海师范大学自 2012 年起实施大学生创新创业训练计划项目，经过 10 年的探索和发展，形成了以文科见长的师范类综合院校创新创业的发展路径。英语师范专业在此过程中积极推动大学生创新创业训练计划的申请、实施和结项，开设了"大学生创新创业能力提升"课程，部分学生成果在《中国英语教师教育研究》文集中发表（卢敏，2019）。其中 2017 年国家级大学生创新活动计划项目"新世纪东非英语文学年谱整理与研究（2000—2017）"发表论文七篇，其中一篇发表在 CSSCI 期刊《当代外国文学》上；另外，在《中国英语教师教育研究》上发表的《欧洲浪漫与非洲现实：格尔纳的〈我母亲在非洲住过农场〉》（林晓妍，2019：383-392）和译文《我母亲在非洲住过农场》，在 2021 年古尔纳获得诺贝尔文学奖后被国内"澎拜新闻""中国作家网""哔哩哔哩""网易新闻""中国教育新闻网""豆瓣""小红书""知乎""百度百科""凤凰网文化读书"等媒体广泛转载，产生较大影响，充分体现了学术研究创新的价值和重要意义。

第一节　大学生创新创业项目概述

我国高校创新创业教育以 1999 年清华大学承办首届"挑战杯"全国大学生创业计划大赛为开端，至今已整整 23 个年头。23 年来，创新创业教育的理论和实践由表及里、由浅入深，不断深化发展，在提升高等教育质量、促进创新创业人才培养、服务国家经济社会发展等方面发挥了重要作用（林成华，2019）。党的十九大报告明确表明：我国要在 2035 年基本实现社会主义现代化，其中，创新创业教育作为教育现代化的重要组成部分，不仅关系到立德树人的教育大计，更与创新型国家战略紧密相关。

1.1　大学生创新创业教育发展历程

大学生创新创业教育在教育部大力推动下，不断发展成熟。2010 年教育部发布《教育部关于大力推进高等学校创新创业教育和大学生自主创业工作的意见》（教办〔2010〕3 号），要求高校创新创业教育面向全体学生，融入人才培养全过程。2012 年，教育部根据《教育

部 财政部关于"十二五"期间实施"高等学校本科教学质量与教学改革工程"的意见》(教高〔2011〕6 号)和《教育部关于批准实施"十二五"期间"高等学校本科教学质量与教学改革工程"2012 年建设项目的通知》(教高函〔2012〕2 号),决定在"十二五"期间实施国家级大学生创新创业训练计划,发布了《教育部关于做好"本科教学工程"国家级大学生创新创业训练计划实施工作的通知》(教高函〔2012〕5 号)。

国家级大学生创新创业训练计划的目标是"通过实施国家级大学生创新创业训练计划,促进高等学校转变教育思想观念,改革人才培养模式,强化创新创业能力训练,增强高校学生的创新能力和在创新基础上的创业能力,培养适应创新型国家建设需要的高水平创新人才"(教育部,2012)。国家级大学生创新创业训练计划内容包括创新训练项目、创业训练项目和创业实践项目三类。自 2012 年起,大学生创新创业(简称"大创")概念开始切实进入我国高等学校本科教育体系,以大学生创新创业训练计划项目形式渗透到本科教育中。每年各大学校定期组织全校规模的大学生创新创业计划申请、答辩活动,并根据答辩情况确定是否立项。由于国家级项目有严格的名额限制,各省教育委员会和各大学校也推出相应的省部级和校级大学生创新创业训练计划,以鼓励更多的大学生有机会参与创新创业计划项目,并通过校级、省部级项目孵化,向国家级大学生创新创业训练计划迈进。

《2015 年国务院政府工作报告》明确将"大众创业、万众创新"和增加公共产品、公共服务作为驱动经济发展的"双引擎",这表明"大众创业、万众创新"将是政府 2015 年全年乃至更长时期内的政策指向(蒋德勤,2015:1-4)。同年,国务院办公厅印发《关于深化高等学校创新创业教育改革的实施意见》(国办发〔2015〕36 号),全面部署深化高校创新创业教育改革工作。由国务院发布文件,推进深化改革,标志着中国高校创新创业教育进入了在国家统一领导下深入推进的新阶段(王占仁,2016:30-38)。2020 年新冠疫情对世界经济和就业造成巨大冲击。2021 年国务院办公厅《关于进一步支持大学生创新创业的指导意见》(国办发〔2021〕35 号)要求从三方面提升大学生创新创业能力:将创新创业教育贯穿人才培养全过程、提升教师创新创业教育教学能力、加强大学生创新创业培训。

1.2　大学生创新创业训练计划选题

上海师范大学自 2012 年实施大学生创新创业训练计划工作以来,探索出一条以文科见长的师范类综合院校创新创业的发展路径。创新创业计划选题至为重要,不论是申请学生,还是评审专家老师,对选题价值的正确把握是培养创新创业人才的关键。但是大创项目实施初期,学生和评审专家老师对创新创业的理解都比较模糊。英语专业学生首次接触大学生创新创业训练计划申请书时,都感到茫然不知所措,觉得创新创业是理工商科等专业学生的专利。辅导员为完成申报指标,指令每个班级的班长和团支书必须组织团队,填写申请书。多数学生根据申请书的一些提示文字,认定社会调查是大创的主要任务,便挖空心思寻找社会调查内容，如有些学生申请调查中国消费者购买奢侈品的情况，有的申请调查大学食堂为何不能竞争过街头小吃，还有的申请调查校园流浪猫狗的情况。从这些申请可以看出，学生对创新创业缺乏基本的认识，对社会的认识也非常肤浅，对社会调查的价值和意义缺乏清晰的文字表达，因此立项可能性为零。

大创项目实施初期，从文科组评审专家老师的角度来说，他们对创新创业的理解也各不相同，更为重要的是他们也和学生一样初次面临国家提出的新课题，也没有经验可言，不过可以肯定的是评审专家老师对社会调查的含义、价值和意义的把握肯定比学生更为准确，这是评审专家老师能够评判学生项目的地方。就大创项目和专业的关系问题来说，评审专家老师的认识也存在分歧，因为是师范大学，教育类实践和研究项目被认为更具有应用价值，似乎更契合创新创业的理念，而学术类研究项目则被认为与创新创业无关。因此，在文科大组答辩中，有学生申请与语言文学专业相关的学术研究课题，包括文学研究等，但是评审专家老师意见出现较大分歧，有的认为学术研究不属于创新创业，不予立项，这也挫伤了一些有较大学术潜力学生的积极性。上述问题无论是学生方的还是评审专家老师方的，在学生、学院、教务处及评审专家各层面都得到一定反映，一般也能得到反思性的反馈和一定程度的推进和改善。

经过多年磨合，再加上学习和对比教育部每年公布的国家级大学生创新创业项目立项名单，上海师范大学师生对文科类大创项目选题逐渐形成如下共识：（1）文科项目以创新训练项目为主，创业训练项目和创业实践项目在绝大多数情况下需要与理工商科等其他专业进行跨学科合作；（2）文科项目应该与专业紧密结合，以提升专业能力；（3）文科学术研究要回答当下时代提出的问题，以此产生创新；（4）文科教育实践和研究项目应关注到现代信息技术的发展和应用；（5）指导教师应该具有较丰富的学术科研经验，大创项目依托指导教师的国家级、省部级项目能形成更切实有效的合力，学生能尽早进入学术前沿，指导教师的本人的研究和指导学生研究相契合，时间和精力更加集中，成果更加显著。在这些共识的推动下，大创概念已深入师生人心，越来越多的学生参与项目申报，竞争越来越激烈，项目成果质量也越来越高。

1.3　大学生创新创业教育课程化

大学生创新创业训练计划名额有限，是选拔优秀性质的，而大学生创新创业教育课程化是普适性质的，旨在培养每位大学生的创新创业意识。"大众创业、万众创新"需要激活和培育每个人的创新创业意识和能力。自2017年起，上海师范大学英语专业在暑假实践周开设了"大学生创新创业能力提升"课程，课程性质为选修课，属于专业拓展课程，学生主要是已获得校级、上海市级和国家级大创项目的成员。

该课程简介如下：

课程名称：大学生创新创业能力提升

英文名称：Innovation and Entrepreneur Training for University Students

课程类别：专业拓展课　　　适用专业：英语(师范)　　　学分：2

预修课程：专业基础和通识教育课程

课程目标：

1. 通过指导，引导学生确定选题，掌握收集资料、查阅资料和分类整理的基本策略。指导学生进行文献综述，了解研究的背景和研究现状，归纳出研究问题及其意义，为下一步研究做好准备。(支撑毕业要求3[学科素养])

2. 通过学习，教给学生如何进行问卷、访谈和实验的设计，以及如何进行实验研究等创新创业研究的基本技能。指导学生能根据小组成员分工，使用权威且适用的分析软件/工具，计算、统计分析和总结。(支撑毕业要求4[教学能力])

3. 通过指导，向学生传授成果总结、结题报告的写法，如何提交科研成果和提出可行性建议。培养其沟通合作和独立地发现问题、解决问题、探究新知、形成自己的成果的能力，为将来高级阶段的学习、科研打下良好基础。(支撑毕业要求7[学会反思])

主要内容：

"大学生创新创业能力提升"是英语专业的一门实践性课程。本课程主要指导学生进入与专业有关的调查研究，通过设计、发放、收集问卷，统计分析，获得第一手资料和数据，为获得可行性报告打下扎实基础。掌握语言、文学研究的基本技能、基本理论与科研方法，具有较扎实的专业及其创新研究知识以及相关的科研的理论，具有团队协作精神，掌握沟通合作技能。旨在为学生今后调查研究提供方法上的帮助，使其养成深入严谨的治学态度。

考核方案：

在指导教师的指导下，项目团队成员按期完成项目，提交结项报告和相应的项目执行周记、调研报告、论文等与结项指标匹配的材料，通过结项答辩，获得结项证书者获得2个学分。等级与结项证书上的等级一致，分为优秀、良好、合格三等，在正式期刊上发表论文者优先推荐为优秀。

参考书目：

刘淑慧，严军. 大学生创新创业教程[M]. 北京：北京大学出版社，2020.

汤锐华. 大学生创新创业基础[M]. 北京：高等教育出版社，2016.

该课程已连续开设5年，极大提升了学生完成项目的能力，省部级和国家级项目结项率达100%，校级项目结项率达95%。该课程仍需改进的地方有：(1)选课学生受立项情况限制，未能普及英语专业全部学生；(2)没有协调好任课教师和各指导教师之间的关系，任课教师只有 1 位，但因每年各级别的立项数目在 10～20 项，指导教师可达 10～20 人，研究领域不同，甚至有一定隔阂，造成对学生的评价出现偏差；（3）个别学生在投稿发表论文过程中受骗，在伪期刊发表论文、获奖，而结项答辩和验收专家老师未能辨真假，以假为真，优秀结项，但事后被举报，造成不良影响，有损师德规范。

大学生创新创业教育任重而道远，学界也格外关注创新创业教育的评价问题，如创新创业教育评价理论与方法研究、创新创业教育评价指标体系构建研究和不同类型高校创新创业教育评价体系研究等（宋跃芬等，2020：126-131）。目前英语师范"大学生创新创业能力提升"课程的评价方式仍以评语为主，课程达成度评价尚无采用量化分析，而学生研究论文在正式刊物上发表，被学界引用、转载，产生较广泛的社会影响力无疑是课程达成度的最醒目的指标之一。下文案例及评语也是本书对实践类教学课程达成度的一种探索。

第二节　文学类大创项目论文成果案例及点评

对于英语语言学习者来说，大量阅读英语文学作品原著是提高整体素养和英语语言能力的主要途径之一，而英语语言学习者通过论文撰写来展示其对英语文学原著的理解、鉴赏和批评能力是更高层次的提升。但是大学生创新创业训练计划似乎更侧重应用性和时效性，这使得貌似"无用"的文学类大创项目的申报和立项比例都处于明显的弱势。对于本科生来说，经典英美英语文学研究无论如何都是无法超越前人经典文论的，但是抓住文学学术研究前沿领域，本科生就有可能发挥优势并有所作为。非洲英语文学研究是我国学术研究前沿，自 2015 年起，上海师范大学英语专业的本科生在导师的带领下步入此研究领域，取得了可喜的突破性成绩。2021 年坦桑尼亚作家阿卜杜勒拉扎克·古尔纳（Abdulrazak Gurnah）获得诺贝尔文学奖，在很多学者都不了解古尔纳的情况下，上海师范大学英语师范的本科生抓住机遇，将沉淀已久的学识和能力展示出来，迅速在新闻媒体和学界发声，发表若干篇相关论文，取得大创项目立项。下面通过 2019 级周煜超同学负责的项目《诺贝尔文学奖得主古尔纳作品研究》为案例，展示文学类大创项目的优秀成果。

2.1　项目简介

周煜超同学负责的项目《诺贝尔文学奖得主古尔纳作品研究》获批 2022 年上海市大学生创新创业训练计划，该组成员是周菁妍、周橙、顾滢霏、杨翼昭，指导老师是卢敏教授。该项目依托国家社科重点基金项目《非洲英语文学史》（项目批准号：19ZDA296），起点高，任务明确，有强大的研究团队，有明确的研究方法和路径，已经获得一定数量的一手资料，并在导师指导下发表了 2 篇相关论文，分别是卢敏、周菁妍发表在《文艺报》上的

《故乡总在记忆中》(2021.11.12第4版),卢敏、周煜超发表在《中国作家网》上的《古尔纳〈多蒂〉:"中国公主布杜尔"的文化深意》(2021.11.12)。该项目团队成员英汉双语语言功底好,有强烈的学术研究探索欲望,有较强的资料搜集整理能力,已经掌握一定的文学批评方法。在师生共同努力下,项目成员按计划、高质量地完成了本项目,为国家重点科研项目和国家文化战略发展尽到了一份力量。

该项目以坦桑尼亚作家阿卜杜勒拉扎克·古尔纳(Abdulrazak Gurnah)的文学作品为研究对象,选取他的五部小说《离别的记忆》(*Memory of Departure*,1987)、《朝圣者之路》(*Pilgrim's Way*,1988)、《多蒂》(*Dottie*,1990)、《绝妙的沉默》(*Admiring Silence*,1996)、《抛弃》(*Desertion*,2005)作为细读文本,从作品的政治背景、内容概况以及作品特色等展开研究;在对作品赏析的基础之上,对古尔纳的生平、创作特点以及其作品背后的深刻含义和意义进行进一步的研究。

研究以诺贝尔文学奖得主古尔纳为代表的坦桑尼亚文学具有重要学术价值和现实意义。

(1)在文明互鉴和交流上迈出关键一步

当下世界我们眼中所认知的世界文学是西方所构建的以各大国为主、其他地区国家为辅的片面化的世界文学,所反映的并非世界文学全貌,因而无法实现真正的文明互鉴。文学作为文化的重要载体,展现的应是不同地理位置、不同民族国家、不同精神文化的多样性。研究坦桑尼亚文学能够让我们站在中国文化立场,打破西方话语模式,建立属于我们自己的文学观,并在文明的互鉴和交流上迈出关键性的一步,构造中非文学文化共同体。

(2)拓宽国人对于非洲的视野

非洲大陆这个重要的自然地理区域和人类文明世界,长久以来一直是中国人眼中的一块"遥远边疆"、一片"清冷边地"。一百多年来,世界对非洲文明与非洲艺术的认知方式与认知角度,其实是被西方人建构出来的一个"西方的非洲""西方的非洲艺术"。而非洲不应成为我们的奇怪想象,而应该是具体形象的现实。文学反映现实、再现人生。非洲社会的本真状态和非洲精神在本土作家的文学作品中得到描绘和表现。走进非洲文学的世界,就是对古老非洲的再发现,就是对我们关于非洲大陆认识的纠正和加强,就是对非洲人民理解的增进和深化。通过阅读和研究非洲文学,走近非洲人的心灵世界,了解和认识其主体性和创造性,深入内部了解本质从而理解现在,这就是非洲文学研究的意义。

(3)促进中国与坦桑尼亚的精神共识

中国对于自身的理解建立在古今和中西的对比之上,但我们忽视了中国现代文化运动和精神与第三世界的文艺运动的相似之处。因而研究坦桑尼亚文学,也是引起共鸣的过程。作为同样受到过西方压迫的中国,看到第三世界在西方殖民统治下的历史进程,我们能与之建立精神共鸣,抨击西方统治的同时,生成东方历史的再认识。

该项目研究难点在于：

(1)国内外古尔纳作品的研究成果都比较有限，相对而言国外英语文献要多于国内中文文献，在项目申请时，国内相关文献仅有 10 篇左右。因此对英文资料的搜集、阅读和正确理解和表达是一个难点。

(2)古尔纳的作品中包含很多东非语言文化现象，虽然所有作品都是以英文写作，但斯瓦西里语、阿拉伯语、波斯语等语言以夹杂形式出现在许多作品中，这对作品的阅读和理解造成一定挑战。此外，作品中出现的大量有关种族歧视的历史事件、穆斯林与基督教之间的宗教信仰冲突，以及殖民与被殖民国家的矛盾冲突和意识形态斗争等问题都是研究的难点。

(3)项目成员都是大三学生，刚刚开启学术研究探索之门，相关研究经验不足，需要在研究过程中不断探索、积累、反思。

该小组已完成 5 部作品的阅读，针对每部作品中的内容概况及写作特点，结合其所处的时代背景，完成了每部小说的 10000 字论文，并进行数次优化修改。其中周煜超、卢敏的论文《古尔纳小说〈多蒂〉中的黑人文化之根》已被《名作欣赏》录用，于 2022 年 12 月发表。下文以顾滢霏的《古尔纳小说〈遗弃〉中的人生种种遗弃》为案例，展示大学生的科研创新学术论文写作水平。

2.2　论文成果案例及点评

古尔纳小说《遗弃》中的人生种种遗弃

顾滢霏

摘要：2021 年诺贝尔文学奖得主坦桑尼亚作家阿卜杜勒拉扎克·古尔纳的小说《遗弃》通过多个叙述视角讲述两段殖民与后殖民时期东非沿海地区的禁忌之恋，写尽了女性和他者在殖民和后殖民社会因种族歧视、文化差异而遭受的种种"遗弃"：个体被时代遗弃、个体对社会身份的遗弃以及个体与家乡的双边遗弃。古尔纳笔下的小人物在时代洪流下被各种畸形的规矩与偏见束缚，无奈接受人生各种失意与碰壁。

关键词：古尔纳；《遗弃》；种族歧视；非洲东海岸

Various Kinds of Desertion in Abdulrazak Gurnah's Novel *Desertion*

Abstract：2021 Nobel Prize winner Tanzanian author Abdulrazak Gurnah's novel *Desertion* tells the story of two forbidden love affairs in colonial and post-colonial East Africa through multiple narrative perspectives, and it illustrates various kinds of "desertion" suffered by women and "the other" in colonial and post-colonial societies due to racial discrimination and cultural differences：individuals deserted by the times, individual's desertion of his/her social identity, and individual's desertion of his/her homeland and in turn deserted by his/her homeland. Gurnah portrays the little people who are bound by all kinds of perverse rules and prejudices of the times and resign to disillusionment and frustration in life

Key words：Abdulrazak Gurnah；*Desertion*；racial discrimination；East coast of Africa

《遗弃》(*Desertion*，2005)是 2021 年诺贝尔文学奖得主坦桑尼亚作家阿卜杜勒拉扎克·古尔纳(Abdulrazak Gurnah)的第七部小说。《遗弃》以非洲东海岸为主要的创作背景，故事跨度从 19 世纪与 20 世纪之交的殖民时期一直到 20 世纪 60 年代的非洲独立阶段，主要围绕两段试图跨越种族与文化隔阂的爱情悲剧展开。整part小说采用了多个来自不同种族的人物的视角对故事进行叙述，从多个角度切入，描绘了小说中各个人物为了追寻爱情与理想，对种族与文化壁垒的反抗，同时也体现了受不同种族文化影响的人物之间思想观念的不同。小说中两段爱情故事，都以男性遗弃女性为结尾，是小说标题"遗弃"最直接的呈现。而标题"遗弃"所包含的意思绝不止于此。本文将围绕小说《遗弃》的标题展开，探析小说中蕴含的种种"遗弃"，包括个体被时代遗弃，个体对社会身份的遗弃以及个体与家乡的双边遗弃，同时对这些"遗弃"背后的个人情感、社会因素进行分析。

一、个体被时代遗弃

《遗弃》的故事开始于 1899 年，英国白人旅行家马丁·皮尔斯(Martin Pearce)在非洲东海岸旅行途中遭到导游的抢劫和遗弃，被印度裔小店主哈撒纳里(Hassanali)带回了家，得到救治和收留。不久，地方白人官员弗雷德里克·特纳(Frederic Turner)带走了皮尔斯。皮尔斯康复后，回到哈撒纳里的家致谢，之后他与哈撒纳里的姐姐瑞哈娜(Rehana)相恋。这段跨种族恋情不为当地社会所接受，为了躲避流言蜚语，皮尔斯和瑞哈娜去了蒙巴萨(Mombasa)，但生活一段时间后，皮尔斯选择离开，留下瑞哈娜和女儿。这段故事大部分是由拉希德(Rashid)叙述的。他生活于 20 世纪 50 年代独立以前的桑给巴尔。他的兄弟阿明(Amin)，与瑞哈娜的外孙女贾米拉(Jamila)相爱，但阿明的父母发现他们的关系之后阻止了他们继续交往见面，阿明没有反抗父母的勇气，最终贾米拉像她的外祖母一样遭到了遗弃。拉希德后来到英国学习，不久家乡桑给巴尔爆发革命，刚宣布独立的新政府被推翻，持续的动荡让他无法回家。

小说中的两位女主人公——瑞哈娜和贾米拉，她们不只是被爱人遗弃了，更是被这个时代遗弃了。小说中曾写道："这是 1899 年，而不是波卡·洪塔斯的时代，那个与野蛮公主之间的浪漫爱情可以被描述为冒险的时代。"(Gurnah，2005：116-117)波卡·洪塔斯(Pocahontas，1595-1617)，又译为宝嘉康蒂，是一位印第安首长的女儿。波卡·洪塔斯最早出现在英国探险者约翰·史密斯(John Smith，1580-1631)的《关于弗吉尼亚的真实叙述》(*A True Relation of Virginia*, 1608)中。波卡·洪塔斯救了约翰·史密斯一命，并且对欧洲文化表现出极大的向往。她嫁给了一个英国移民，改名为丽贝卡(Rebecca)，并改信基督教，但年仅21岁就病逝了。史密斯将波卡·洪塔斯形容为极富智慧与美丽，远优于她的族人，因其对欧洲文明表现出的向往与偏爱，而这体现出"欧洲中心主义"思想，"欧洲"对"非欧洲"的贬低已经开始显现(仇云龙，2013：316-324)。

如果称波卡·洪塔斯所处的时代是"欧洲中心主义"的萌芽阶段，那么到了《遗弃》故事发生的时代，"欧洲中心主义"已经变得系统化、体制化，这一主义是英国作为宗主国统治其殖民领地社会秩序的重要武器。帝国的尊严要求被殖民者的绝对臣服，高亢的精神思想和勇敢的冒险也许可以被容纳，然而英国殖民者与非洲本地被殖民者之间的爱情却注定不会再被社会接纳。在这个前提下，瑞哈娜作为一个本地印度裔居民，她与马丁的爱情注定是不被时代与社会所接受的。

自古以来非洲东海岸这块土地上生活着很多不同种族的人，包括斯瓦西里人、印度人、阿拉伯人以及英国人等。欧洲殖民者带来的种族观念，使这里的社会关系复杂化，种族歧视和偏见无处不在，跨种族婚姻成为禁忌。瑞哈娜和皮尔斯，一个是印度裔，一个是英国人，他们的相爱显然是违背了社会准则的，而皮尔斯的离开给这个故事画上了悲剧的结尾。在皮尔斯之前，瑞哈娜曾经与一个印度商人阿扎德(Azad)结过婚，但他为了利益遗弃了她回到印度。皮尔斯的离开意味着她又一次被遗弃。在那个时代，对于一个先后被两任丈夫遗弃，还育有一个女儿的女人来说，没有未来可言，围绕她的只是流言蜚语、谩骂指责。

比悲剧的结尾更可怕的是悲剧的循环往复。故事没有停在瑞哈娜和皮尔斯的分离。相反，她的遭遇只是故事的开端。书中曾这样写道：

在她们家里，她的故事是一切麻烦的起源。很长一段时间，这些故事层层混杂，其中很多细节早已无人知晓。后来，当贾米拉想要弄清故事全貌时，她甚至不知道这一切是从什么时候开始的，又是在什么时候结束的。(Gurnah, 2005：237)

因为瑞哈娜先后被两任丈夫遗弃，最后又和一个年老的苏格兰人同居生活，她的外孙女贾米拉被周围人看不起，不被爱人阿明的父母所接受，最后同样被爱人和世界遗弃。一个女性为了爱情不顾一切，试图打破种族的约束，最后却只换来了自己和孩子被丈夫遗弃，以及给子孙后代带去了无数的麻烦的悲惨结局，体现了当时殖民时期社会讽刺而无奈的现实。

马丁·皮尔斯遗弃瑞哈娜回到英国的行为，被拉希德描述为一个从某种意义上来说比较清醒的举动。他在爱情与现实中选择了向现实屈服。而阿明对贾米拉的遗弃则是因为不敢同父母反抗的懦弱，与皮尔斯最终选择再次结婚生子不同，阿明的后半生都生活在遗弃爱人的煎熬与无奈中。马丁最终选择了顺应时代的规则，而阿明，从某种意义上来说，被时代击垮了。瑞哈娜和贾米拉的爱情故事都以被遗弃的悲剧结尾，她们的故事经历相似而不完全相同，但是都是为了爱情，想要遗弃那个时代阻隔在不同种族之间高高的壁垒以及缠绕着每一个人的社会偏见。然而她们的努力最终付诸东流。企图反抗的个体最终得到的依然是被时代残忍地遗弃。在时代洪流下，个体的努力与反抗显得苍白无力。

二、个体对社会身份的遗弃

马克思在《关于费尔巴哈的提纲》中说："人的本质不是单个人所固有的抽象物，在其现实性上，它是一切社会关系的总和。"（马克思，2012：139）简单来说，一个人的身份是他的社会关系带给他的。当一个人遗弃了自己所有的社会关系，他就失去了最重要的"身份"。在本书中，最直接地遗弃了属于自己的社会身份的人，是瑞哈娜和哈撒纳里的父亲。

小说以瑞哈娜的视角描述了她的父亲与的母亲相遇、相爱、结婚生子的过往故事。因为父亲是印度人，而母亲则是斯瓦希里人，尽管他们十分相爱，他们的婚姻依然被蒙巴萨的印度人歧视耻笑，父亲只能带着母亲从蒙巴萨搬到了一个没有多少印度人居住的小镇。对于瑞哈娜的父亲而言，蒙巴萨从某种意义上来说不再只是一个简单的城市，父亲作为一个印度人所有的记忆与他曾经拥有的社会关系都在那里，它就是父亲印度人身份的象征。在爱情与身份中，父亲选择了爱情，遗弃了自己作为一个印度人的社会身份以及对这一身份的认同感。

瑞哈娜的父亲在自己开的小商店中度过了一生，他似乎从不曾后悔。然而瑞哈娜描述的很多细节依然能够体现出他对遗弃这一身份的不舍与痛苦。在瑞哈娜的记忆中，她的父亲似乎从不因为自己是印度人而烦恼。在后来的几年里，当他不得不说古吉拉特语时，他会用夸张揶揄的声音和戏弄的语气。语言是文化中最重要的组成部分之一。会说古吉拉特语是瑞哈娜的父亲作为一个印度人最重要的身份标志之一。而父亲在不得不说古吉拉特语时会采用揶揄戏弄的腔调，不仅是对自己的嘲笑，也是对失去身份的失落感的掩饰，同时也侧面反映了他并没有能完全放下印度人这一身份带给他的影响。

印度商人阿扎德出现在他们的生活中时，哈撒纳里表现得尤为兴奋，这令瑞哈娜感到十分困惑不解。她并不觉得阿扎德印度人这一身份对他们而言有任何特殊意义，而哈撒纳里显然不这么认为。瑞哈娜猜测：

也许在只属于父子之间的对话中，他们的父亲和哈撒纳里谈过完全不同的话题，实则他一直为自己的损失感到痛苦。也许这些年来，哈桑纳利一直对印度有所向往，一种他们的父亲拒绝承认的向往。但这仍然令人感到惊讶，甚至是愚蠢。（Gurnah，2005：67）

　　从瑞哈娜的猜测中可以推测，尽管他们的父亲一直并未在人前表现出自己对失去印度人这一社会身份的后悔与失落，但是他是印度人这一不可否认的事实，以及他的言行举止依然对哈撒纳里的社会身份认同产生了一定的影响，使得哈撒纳里对阿扎德表现出格外的热情。而哈撒纳里表现出的对印度的向往与憧憬，则是他们父亲压抑内心的真实体现。

　　根据社会心理学家亨利·塔杰菲尔（Henry Tajfel，1919-1982）提出的"社会身份认同"的概念，个体内心拥有自己归属于某个社会群体的自我认知，而群体成员的身份会给个体带来相关的情感意义和价值取向。如果个体对自己的社会身份产生了不认同感，他会尝试改变该群体，或是从中脱离并加入令其更为满意的群体，从而强化或重构自身的社会身份认同感（Tajfel，1974：65-93）。在现代社会，大多数个体可以通过对事业、理想多方面的追求，以及其他种种途径来构建一个令自己满意的社会身份，以此获得较高的社会身份认同感。然而在殖民时期的非洲，英国按照种族的区分来进行统治，间接导致当地种族之间巨大的文化隔阂与交往壁垒，以及人们对族群与血缘的重视和各种偏见。在这种社会环境下，种族成了一个人建立社会身份的基础与前提。一旦个人因为对自己的种族归属产生了否认而放弃自己原有的社会身份，他很难再去建构一个新的社会身份。小说中，瑞哈娜与哈撒纳里的父亲至死都未能建立起一个完整的社会关系。因此在瑞哈娜对这段关系的叙述中，体现出的悲哀与无奈甚至大过于爱情与家庭带来的幸福。

　　三、个体与家乡的双边遗弃

　　小说中还暗含着另一层遗弃，即个体对家乡的遗弃，同时亦是家乡对个体的遗弃。受英国殖民文化的影响，书中的拉希德从小受到的教育与英国文学与思想息息相关，因此他对英国有着极大的向往与憧憬。在得到去往英国留学的机会之后，他毅然决定抛下自己的家人与正在独立进程中的家园，前往英国追寻自己的梦想。

　　然而，当他真正到了英国，却发现自己始终难以融入那里的社会，甚至遭到了无数的排挤与蔑视。"个人或群体由于各自原因离开祖国前往异域完成地理位置的徙移后，接着面临的主要问题就是他们自身所携带的母国文化因素与异国文化间的冲突与融合。"（朱振武 袁俊卿，2019：135-158）文化冲突带给人的打击是巨大的，尽管他深受殖民文化影响，精通英文，但是英国与家乡截然不同的气候，生活方式，人际交往依然令他感到不适。与异质文化冲突相伴而来的另一个重要问题是边缘化处境。外来者不仅很难在短时间内适应他国文化，面对数量庞大，外形迥异的本国居住者，被边缘化也是在所难免的。拉希德一开始就感受到了英国人对他的抵触。他给予英国同学最诚挚热烈的笑容，得到的永远只是勉强的回应。当他试图加入他们的课后活动，他们的眼神开始躲闪，眉头开始皱起。他永远被各种讨论聚会排除在外。尽管他具有相当的学识与能力，依然过着"二等公民"的生活，举步维艰。

如果说他的离开是主动遗弃家乡，那么后来发生的一切可以说是他被家乡桑给巴尔遗弃了。独立庆典一个月之后，他在晚间新闻中听到，新政府被推翻了。他的家乡步入了动荡的革命时期，暴力与屠杀充斥着那片土地，家乡最丑陋的姿态通过新闻被全世界人们看到。他家人的生活受到了很大的影响。父亲失去了工作，母亲的眼睛疾病得不到治疗。而令他最难过的是，他的父亲来信警告他，让他千万不要回来。尽管他是主动离开家乡，为了追求梦想来到英国，但当故乡陷入动乱时，他仍旧感觉自己是被家乡遗弃了，成了一个无家可归的流浪者：

我意识到，我一直以为自己只是处于一段有始有终的旅途中，在回家前立志要建立一番属于自己的事业，但是现在，我开始担心我的旅途已经被迫结束了，我可能要在英国度过整个余生，成为一个无家可归的异乡人。(Gurnah, 2005: 222)

在英国社会中挣扎了这么久，他终于意识到家乡对自己而言不只是物理意义上的归属，更是精神上的慰藉。然而革命的爆发让他失去了回家的机会，并且在那之后不久他的父母相继去世，他却只能从兄弟阿明的来信中得知这一切。

这里的遗弃，不仅是空间物理意义上的遗弃，更是精神文化上的遗弃。在后殖民理论中，西方人被称为主体性的"自我"，而殖民地的人民则被称为"殖民地的他者"，或简称为"他者"。他者的形成往往发生在对立且地位不平等的关系之中。自我一方对他者进行排挤和控制。而他者往往会在自我主体的掌控下被边缘化，产生自卑感（张剑，2011：118-127）。环境对人思想的影响不可谓不大，一个人的思想和价值观念会随着他所看到的，所学到的发生改变。尽管他在英国受到排挤与孤立，英国的文化与生活注定对他产生影响，他的思想注定会与家乡的人们产生巨大的差异。最终导致他在家乡也成为一个精神上的"他者"。

拉希德的故事与作者古尔纳的人生经历高度相似。古尔纳在桑给巴尔出生长大，青年时为了逃避桑给巴尔革命的迫害，他不得不逃离了家乡，远赴英国求学，在那里经历种种艰辛才得以生存，并最终成为大学教授。独自在异乡漂泊近二十年之后，他在1984年终于得到机会回到故乡看望父亲，不久之后父亲就去世了。这与拉希德青年离家，远赴英国求学，多年不得归家的经历几乎如出一辙。可以说，拉希德在英国所感受到的种种排挤，处于两种文化边缘的痛苦，以及对故乡的思念都是古尔纳本人最真实的情感体现。从拉希德这一角色，可以看到古尔纳作为一个难民，一个久居英国的移民者，甚至是一个"他者"，对家乡最真切的感情以及自我身份的思考与审视。

《遗弃》没有对杀戮与战争的细致描写，亦没有让人痛彻心扉的死亡，全书只是通过描写这些不同时期的小人物因为种族隔阂、文化差异而导致的生活上的各种失意与碰壁，就让人深切地感受到时代洪流下被各种畸形的规矩与偏见牢牢束缚之人的无可奈何，在犯禁后被时代与社会所遗弃的那种无力感，为了爱情不得不放弃社会身份的无奈与不舍，在离开家乡后因为动乱不得归去的愁苦，以及作为异乡人在异国他乡逐渐失去身份认同感的迷茫彷徨。这种精神上的折磨，甚至比战争与死亡更具压迫感、窒息感。

参 考 文 献

Gurnah, Abdulrazak. *Desertion* [M]. London：Bloomsbury Publishing, 2005.

Tajfel, Henry. Social Identity and Intergroup Behavior [J]. *Social Science Information*, 1974 (2)：65-93.

马克思，恩格斯. 马克思恩格斯选集：第1卷 [C]. 北京：人民出版社, 2012.

仇云龙. 新历史主义视阈下的宝嘉康蒂故事研究 [J]. 英美文学研究论丛, 2013 (1)：316-324.

张剑. 西方文论关键词：他者 [J]. 外国文学 2011 (1)：118-127, 159-160.

朱振武，袁俊卿. 流散文学的时代表征及其世界意义——以非洲英语文学为例 [J]. 中国社会科学, 2019 (7)：135-158.

☞ 教师点评：

该项目的创新点在于：(1)丰富国内古尔纳作品研究的内容，在古尔纳作品尚无中译本出版的情况下，从作品细读的角度向国内读者和学界介绍古尔纳作品丰富复杂的原貌、高深的创作技巧和广阔的创作世界。该项目重点研究的作品选取基本涵盖了古尔纳各个写作阶段，研究内容和研究方向有一定系统性。

(2)该项目研究更加注重感知和探索古尔纳作品的心灵世界。在古尔纳的文学世界中，主人公内心往往隐匿着难以弥合的精神创伤和一种矛盾的心态：一方面，出于对非洲故土不尽人意之处的不满，流散者希望在英国找到心灵寄托；另一方面，由于非洲文化根基难以动摇以及英国社会的排外，他们很难融入英国社会，因而不得不在痛苦之余把埋藏心灵深处的记忆召唤出来。他们不停地在现在与过去、现实与回忆之间徘徊。

(3)顾滢霏同学的论文《古尔纳小说〈遗弃〉中的人生种种遗弃》选题新颖，表现出初生牛犊不怕虎的探索精神。《遗弃》的叙事结构非常复杂，叙事者与被叙事者的关系非常复杂，初次阅读往往有纠缠不清的感觉，但是顾滢霏同学抓住作品标题，以主题研究为突破口，发现小说通过东非三代人讲述了各种被遗弃的故事，提炼出"个体被时代遗弃""个体对社会身份的遗弃"以及"个体与家乡的双边遗弃"三种遗弃，并分析了这些遗弃的背后深层的殖民文化、种族偏见、个体情感和选择等原因以及底层百姓接受人生无奈的生活现实。该论文写作历时近一年，在导师指导下反复修改打磨，不断提升文字质量和文献质量，显示出本科生学术研究能力的巨大潜能。

（点评教师：卢敏）

第三节　翻译类大创项目论文成果案例及点评

翻译研究是语言类学生必将涉猎的一个领域，对于本科生而言，翻译研究应该首先建立在翻译实践基础上，同时需要一定的翻译理论作指导。相对而言，申报翻译类大学生创新创业训练项目的学生不多，因为这类项目具有明显的学术性，对学生的翻译实践能力和翻译理论知识要求较高。更重要的是，学生翻译实践材料的选择并不容易，过简单的无法被认可，过难的无法驾驭，别人译过的说不清自己的功劳在哪里等。2021年古尔纳获得诺贝尔文学奖为翻译研究提供了一个契机。首先古尔纳的10部小说还没有翻译成中文，不过上海译文出版社2022年推出了5部小说译本；其次，古尔纳的小说很适合英语专业的大学生阅读，很多学生在老师的推荐下阅读了原著，发现原著引人入胜；再次，很多学生在阅读古尔纳原著遇到困难时会借助翻译软件，虽然百度、谷歌等翻译软件在一定程度上能帮助解决一些问题，但是也会提供诸多离奇、可笑的译文，这激发了学生的翻译和研究兴趣。正是在这样的背景下，2019级童玙霖同学组织团队申请了《古尔纳作品翻译研究》项目，取得了令人可喜的成果。

3.1　项目简介

童玙霖同学负责的项目《古尔纳作品翻译研究》获批2022年上海市大学生创新创业训练计划，该组成员是陈怡佳、钱婧妍、吴佳萱，指导老师是卢敏教授。本项目依托国家社科重点基金项目《非洲英语文学史》（项目批准号：19ZDA296），起点高、任务明确，有强大的研究团队、有明确的研究方法和路径，已经获得一定数量的一手资料，并在导师指导下发表了3篇相关论文，分别是童玙霖、卢敏的《〈蓝花楹之舞〉的双重历史书写》（《海外英语》2021年第23期），卢敏、童玙霖的《肯尼亚历史小说〈蓝花楹之舞〉的隐喻解读》（《名作欣赏》2021年第36期），童玙霖、卢敏的《诺奖得主古尔纳最新小说〈重生〉：在爱中重生》（中国作家网，2021-10-19）。该项目团队成员英汉双语语言功底好，有强烈的学术研究探索欲望，有较强的资料搜集整理能力，已掌握一定翻译研究方法，已经以"优秀"完成一个上海市大创项目，积累了一定项目研究经验，在师生共同努力下，项目成员能按计划、高质量地完成本项目，为国家重点科研项目和国家文化战略发展尽一份力量。

　　该项目选取古尔纳四篇比较具有代表性的作品为翻译研究对象：国内已有译文的短篇小说《博西》（*Bossy*，1985）和《囚笼》（*Cages*，1992）以及尚无译文的长篇小说《绝妙的沉默》（*Admiring Silence*，1996）和《海边》（*By the Sea*，2001）。对于已有译文的小说，该项目结合中文读者的阅读体验，联系相关的翻译理论，分析译文语言的优缺点，并提出改译后的版本供讨论与参考。对于尚未有正式译本的小说，该项目结合机器翻译结果，分析机器翻译文学作品的可能性及其质量问题，提出译后修改版本，探索翻译领域在人工智能的大背景下，人机之间的良性互动的可能性。

　　该项目的难点是：（1）可参考的平行文本数量较少。国内学术界对古尔纳作品的翻译成果较少，仅有两部短篇小说《博西》与《囚笼》，尚无长篇小说的译本可供团队学习参考；（2）非洲本土语言的翻译难度较大，古尔纳作品以英语为写作语言，但是夹杂不少斯瓦希里语、阿拉伯语、波斯语等语言，译者有必要初步学习和了解这些非洲本土语言；（3）项目成员相关研究经验较少也可能带来困难，对于非洲英语文学的研究需要研究者建立起中国视角和中国体系，对英美已有的研究体系保持批判性思考，因此翻译非洲英语文学没有太多可以借鉴的经验，需要依靠自己的力量步步探索。

　　该项目成员已完成对所选文学作品的研读、翻译和分析，在此基础上，团队成员在指导教师的指导下已完成四篇论文的撰写，其中童玛霖、卢敏的《古尔纳作品中的意识流语言特色和翻译》已被《语言与文化研究》录用，将于2022年12月发表。下面以钱婧妍的《〈海边〉的语言文化特点与翻译难点》为案例，展示大学生的科研创新学术论文写作水平。

3.2　论文成果案例及点评

古尔纳小说《海边》的语言文化特点与翻译

钱婧妍

　　摘要：古尔纳的小说《海边》以深刻细腻的笔触表达了难民在文化夹缝间的生存状态。古尔纳巧妙运用修辞、人物描写等多种写作技巧，为小说营造了一种特殊的张力，东非本土语言文化则通过语言混杂现象反映在小说中。本文从修辞性语言、人物语言和语言混杂三个方面，分析该小说的语言文化特点以及翻译过程中需要揣摩和匠心之处，以再现文学作品的语言文化特点和写作技巧。

　　关键词：古尔纳；《海边》；语言文化特点；翻译

Translation of the Linguistic and Cultural Features of Abdulrazak Gurnah's Novel *By the Sea*

　　Abstract：Abdulrazak Gurnah's novel *By the Sea* portrays the refugees' struggling survival between cultures in a profound and delicate way. Gurnah's skillful use of rhetoric devices, characterization, and other writing techniques creates a special tension in the novel, and the native languages and cultures in East Africa are reflected through linguistic hybridity. This paper analyzes the linguistic and cultural characteristics of the novel and the need for careful consideration and craftsmanship in translation from three aspects: rhetorical language, characters' language, and linguistic hybridity, in order to reproduce the linguistic and cultural characteristics and writing techniques of the novel.

Key words: Abdulrazak Gurnah; *By the Sea*; linguistic and cultural features; translation

　　2021 年度诺贝尔文学奖获得者坦桑尼亚作家阿卜杜勒拉扎克·古尔纳(Abdulrazak Gurnah)的小说《海边》(*By the Sea*, 2001)以第一人称的视角讲述了萨利赫·奥马尔(Saleh Omar)以非洲难民身份前往英国寻求政治避难期间与拉提夫·马哈茂德(Lattif Mahmud)的相遇、发现两人家族旧怨、选择和解的故事,以深刻细腻的笔触表达了难民在文化夹缝间的生存状态。书名《海边》别具心裁,隐藏着双重含义。它象征的不仅仅是一个地点,更是一种迷茫彷徨的难民状态。萨利赫·奥马尔从桑给巴尔岛抵达英国,居住于英国边境的贫民窟,他处于海洋与陆地的夹缝处,处于文化夹缝间,亦处于过去与现在的时光夹缝之间,是一个危险又迷茫的处境。《海边》的语言貌似无奇,但耐人回味,沉郁而有力。古尔纳巧妙运用修辞、描写等多种写作技巧,为小说营造了一种特殊的张力,东非本土语言文化也通过语言混杂现象反映在小说中。本文将从修辞性语言、人物语言和语言混杂三个方面,分析小说的语言文化特点以及翻译过程中需要揣摩和匠心之处,以再现小说的语言文化特点和写作技巧。

　　一、修辞性语言

　　修辞手法的精妙使用为小说增添了语言美感与说服力,也能为情节发展起到渲染与烘托的作用。而在翻译过程中,由于存在语言和文化差异,修辞手法的翻译常常很难做到完美的转换。翻译时对原文精妙的再现和对修辞的精心处理可以使文章更生动形象,译者应从读者的角度出发,针对不同的修辞手法,采用恰当的翻译策略。在《海边》中,古尔纳运用了反复和隐喻等诸多修辞性语言,貌似信手拈来,但翻译时却要仔细揣摩,才能传达出原汁原味,本文重点选取几个反复和隐喻的例子,来探讨翻译时需要的匠心。

　　反复,是指为了突出某个意思,强调某种感情,特意重复相同的某一语言部分,以增强表达的效果。"反复往往是作者苦心孤诣的陌生化文学性的表达,反复的效果是使其'前景化',从而达到一定的文学效果,译者应该尽力传达,在风格上忠实地再现原作。"(孙会军、郑庆珠,2010:50)《海边》中有这样一个典型的反复例子:

They brought with them their goods and their God and their way of looking at the world, their stories and their songs and prayers, and justa glimpse of the learning which was the jewel of their endeavours. And they brought their hungers and greeds, their fantasies and lies and hatreds, leaving some among their numbers behind for whole life-times and taking what they could buy, trade or snatch away with them, including people they bought or kidnapped and sold into labour and degradation in their own lands. (Gurnah, 2001：15)

他们带来了他们的货物、他们的上帝、他们看待世界的方式、他们的故事、他们的歌曲和祈祷，以及他们难得的好学之心。他们还带来了他们的饥饿和贪婪、他们的幻想、谎言和仇恨。他们中的一些人终生被抛在身后，带走了他们可以购买、交易或抢走的东西，包括他们购买或绑架的人，让他们在自己的土地上沦为奴隶。（笔者译）

这段话通过不断重复"their"，表达出主人公强烈的情感，强调斯瓦希里文明是由于那些亚非商人水手们将他们的文化带到这片土地，各种古代亚非文明杂糅而成的。本段有明显的反复修辞格的语言特征，故翻译时以直译为主，重在忠于原文，保留作者原来的意思与句式结构。原文中有多处连接词"and"，若都翻译出来就破坏了整齐的句式结构，因此笔者以顿号代替"和"，使译文读起来一气呵成，在气势上更为强烈。另外，笔者对两处进行意译：原文中"a glimpse of the learning which was the jewel of their endeavours"若将比喻修辞与定语从句直译出来，则译文冗长生涩难懂，于是将其意译为"好学之心"；段末"sold into labour and degradation in their own lands"若直译为"在自己的土地上劳动和堕落的人"则略显生涩，根据上下文语境可知，被购买或绑架来这片土地做苦工的都是奴隶，于是为使译文通顺易懂，意译为"让他们在自己的土地上沦为奴隶"。

在翻译反复修辞格时，如果做不到完全对应，可以采用些变通的手段，只要符合目标语的语言特点即可。这就需要译者非常熟悉两种语言的结构或形态特征，并能针对不同的反复做出相应调整。例如：

Though I have lived, I havelived. It is so different here that it seems as if one life has ended and I am now living another one. So perhaps I should say of myself that once I lived another life elsewhere, but now it is over. (Gurnah, 2001：2)

我过去过着另一种生活，但那都只是过去了。这两句完全不是一个意思，它仿佛预示着一段人生已经结束了，我现在过着另一个全新的人生。也许我应该告诉自己，我曾经过着另一个人生，但那已经结束了。（笔者译）

本段首句中反复出现"I have lived"，而前后两句"I have lived"根据语境义推断，表示不同的意思，间接达到了双关的效果。若如直译成："虽然我活过，但我活过。"读者无法理解作者想表达的双重含义，且语句不通顺。笔者在翻译时参照了比利时学者德拉巴斯替塔(Dirk Delabastita)双关语翻译理论的技巧之一，即将双关语转换为相关的修辞手段：用某些带有文字游戏性质的修辞手段(例如重复、头韵、脚韵、所指含糊、反语、矛盾修饰等等)，以求再造原文双关语的效果(Delabastita，1987)。双关语旨在使短句在特定情境下产生双重意思，一种是字面上的意义，另一种是"言外之意"，而通常"言外之意"才是表达的重点，是作者塑造人物形象的有力手段。"译者在翻译过程中，不仅要弄清原文的表达方式，原作者的交际意图和原文读者的反应，而且要力争采用对应的语言表达方式，将原文作者的交际意图忠实地传递给译文读者，使译文在译文读者身上产生相近的效果。"(艾琳，2010：34)

其实在本段第二句，古尔纳就对首句进行了解释：尽管奥马尔有一种强烈的欲望去叙述自己曾目睹和参与过的事情，但他不觉得自己渴望传授伟大的真理，也没有经历过能够照亮这个时代的宝贵经验，他认为自己过去在桑给巴尔的生活已经彻底结束了。原句中重复出现的"I have lived"有不同的含义，在翻译过程中，将双关语修辞转换为重复修辞，把作者强调的"曾经""已经结束"的意义附着在修辞上，改译为"我过去过着另一种生活，但那都只是过去了"，译文中重复出现"过去"，并增加副词"只"和转折连词"但是"来强调后半句的含义，进一步加深奥马尔想抹去与过去的联系的思想。在充分理解文章的基础上，巧妙的修辞转换不仅保留了原文的语言技巧，还能使作者的思想在译本中被读者清晰地捕捉到。

隐喻是比喻的一种，是用一个词或短语指出常见的一种物体或概念以代替另一种物体或概念，从而暗示它们之间的相似之处，起到丰富读者联想的作用。关联翻译理论在翻译比喻修辞格时具有指导性意义，恩斯特·奥古斯特·格特(Ernst August Gutt)提出译文不仅应该准确向译文读者转达原文作者的意图，还必须充分考虑译文读者的认知环境和接受能力，使译文读者能根据译文所提供的信息推理出原文作者的意图，获得足够的语境效果(Gutt，1991)。《海边》中有这样一个隐喻的句子：

As everyone knows you can't eat halwa without a cup of coffee in your hand, so when I stopped the halwa business I also cut his throat, as he put it. I assassinated him. (Gurnah, 2001：30)

众所周知，要是你手里没杯咖啡是不能吃甜食哈瓦的，所以就如他所说的那样，我不再经营哈瓦生意就如扼吭夺食，简直要了他的命。(笔者译)

本段讲述了由于奥马尔不再经营甜食哈瓦生意，导致侯赛因(Hussein)的咖啡店也无法经营下去，这毁了侯赛因的生意。古尔纳将"奥马尔不再经营哈尔瓦生意"比喻为"扼住他的脖子"和"我暗杀了他"，生动形象地写出"我"这一举动对侯赛因造成的影响之大，为后文尽管侯赛因在生意上与"我"有仇，但依旧被装有沉香木的红木小盒子所吸引入店这一强烈反差作对比。为使这一反差更为突出，在翻译时应尽可能精妙地再现比喻。在汉语中，成语"扼吭夺食"解释为扼住他人喉咙，夺走食物，比喻使人处于困境，与原文"割断了他的喉咙"意思贴近且语言形象凝练。另外，笔者将"I assassinated him"翻译成"简直要了他的命"，语言更口语化，使读者在阅读时更感同身受。在语序上，将"扼吭夺食"与"简直要了他的命"并列置于句末，使行文更自然，情绪更层层递进。比喻在文学作品中能够使语言更具感染力，凸显文章的生动性，将文中的情境形象地展现给读者，引发读者共鸣。

二、人物语言

人物语言在小说中能帮助作者塑造人物性格，有效传达信息，突出故事的主题，反映故事的背景，使读者更为身临其境。在英译中时，译文既要符合原文意思，又要顺乎中文的语言习惯，且贴合人物性格，做到个性化。《海边》中，奥马尔初到英国边境的盖特威克机场（Gatwick Airport），移民官对已经上了年纪、一贫如洗、又装作不会说英语奥尔马说：

"People like you come pouring in here without any thought of the damage they cause. You don't belong here, you don't value any of the things we value, you haven't paid for them through generations, and we don't want you here." (Gurnah, 2001：12)

"你们这些人一窝蜂跑来这里，一点也不知道自己造成了多大的损害。你们不属于这里，你们根本不尊重我们尊重的那些东西，你们几代人都没为他们付出过代价，我们也不希望你在这里。"（笔者译）

这番话以粗鲁、傲慢、直白、不满的方式说出了英国对难民的真实态度，同时也夹杂着移民官凯文·埃德尔曼（Kevin Edelman）的一点同情，正是这点同情让他改变了主义，让奥马尔进入英国，而没有把他送回来地。在翻译时要注意体现移民官的粗鲁、傲慢、直白、不满和一点同情的语气、态度和心理，所以增添了"一点儿也不"和"根本"这类程度副词，使移民官的形象更为饱满。同时也要避免过于书面化的用词，所以在翻译时增添了"一窝蜂"这样口语化的词。而对于移民官粗鲁的言语，奥马尔非但没有愤怒，甚至是同意的，他认为自己确实不属于这里，他觉得自己无论身在欧洲还是非洲都没有归属感，西方殖民者掠夺了他的家乡，他来到英国寻求庇护，不得不用西方的逻辑扮演自己的难民身份。

此外，人物也能引起读者共情，让读者与角色产生共鸣，这是小说的独特魅力，例如：

"I feel worn out and raw, livid with sores. Do you know what I mean? You must know that feeling. I was thinking about that this week, how worn out I am after all these years of knowing and not knowing, of doing nothing about it and how it can't be helped. So I was looking forward to coming here, to hear you talk, for both of us to find relief." (Gurnah, 2001: 207)

"我感觉自己已经疲惫不堪、脸色苍白。你能明白我的意思吗？你一定知道那种感觉。这周我在想，在这么多年的浑浑噩噩之后，我是那么的疲惫，又是如此的无能为力。所以我很期待到这儿来，听你说话，让我们俩都能松一口气。"（笔者译）

这段话出现在小说的结尾，奥马尔和马哈茂德同为桑给巴尔人，却在过去的 35 年因为各种家庭原因而相互产生了强烈的敌意，而当他们在英国再次相遇时，这份看似不可瓦解的敌意由于他们在异国他乡对说话和被倾听的渴望而发展成了民族团结下的友谊。小说的最后一章以奥马尔和马哈茂德两人的交谈结尾，他们都接受了对方与自己矛盾的经历，这段文字是马哈茂德向奥马尔的解释。"all these years of knowing and not knowing"若直译为"这些年来我知道和不知道"，则语义不通，此处形容的是马哈茂德多年来心无归属，彷徨的心态，故笔者用形容词"浑浑噩噩"来概括。马哈茂德这番解释虽描述的是 35 年来疲惫不堪的难民生活，但实际是为了反衬现在能与奥马尔结成友谊的欣慰与淡然，所以笔者在译文中增益了"那么的"和"如此的"这类程度副词，将情绪放大，增强读者的共鸣感。另外，译文中翻译"come here"时，增添了儿化音，改译为"到这儿来"，体现了二人之间的亲切感，使画面增显一丝温暖。

三、语言混杂

小说的文化背景是东非沿海文化，此地自古以来就是印度洋文化交汇处（卢敏，2022: 68-79），因此在古尔纳的小说中经常能看见印地语、斯瓦希里语和阿拉伯语等多种语言。语言混杂现象为翻译增添了难点，在面对文学作品时，机器翻译有极大的局限性，例如无法结合文化背景，难以识别作品的感情色彩，多采用直译等，这导致文学类作品的机器翻译质量差强人意，所以为了帮助读者扫清这些阅读障碍，译者需要熟练地掌握不同文化之间的差异，对这些差异形成深层次、系统化的理解，实现在文化差异的视域之下对文学作品中的信息与知识的充分挖掘。文学作品创作过程中的时代背景以及历史环境，应该是作品翻译过程中应当着重考量的一个点。例如：

For centuries, intrepid traders and sailors, most of them barbarous and poor no doubt, made the annual journey to that stretch of coast on the eastern side of the continent, which had cusped so long ago to receive the <u>musim winds</u>. (Gurnah, 2001: 15)

几个世纪以来，无畏的商人和水手，毫无疑问，他们中的大多数人都是野蛮人和穷人，每年都要到大陆东边的那片海岸去，那儿很久以前就被<u>穆西姆季风</u>吹拂，变成尖形

了。(笔者译)

这句话中的"musim"是印尼语,指季节,但是由于本段大篇幅文字语言为英语,所以机器翻译软件都显示"检测出英语",对于"musim"的翻译却各不相同。谷歌翻译将其译为"春风",有道翻译将其译为"穆西姆风";百度翻译将其译为"音乐之风"。但单独翻译"musim"时,三个软件均能检测出其为印尼语,翻译为"季节",这说明机器翻译软件难以处理包含多语言的文本。译者在翻译时采用音译加意译法,译成"穆西姆季风",使读者了解和熟悉当地人对此季风的叫法,体现东非沿海地区语言文化的混杂现象和多样性。

古尔纳的文学语言掺杂了口头文学的要素。在人物的语言中也经常出现本土语言,例如:

He smiled ruefully, saying, Ahsuahil. Ninaweza kidogo kidogo tu. I can do little, little only. Then, surprisingly, he spoke to me in English. (Gurnah, 2001: 21)

他无奈地笑了笑,用斯瓦希里语说道"Ah suahil. Ninaweza kidogo kidogo tu."出人意料的是,他又用英语向我解释道,"啊……我只会说一点点斯瓦希里语,只会一点点。"(笔者译)

本段讲述的是侯赛因到访奥马尔新开的家具店时,听到奥马尔会说斯瓦希里语,于是侯赛因先用斯瓦希里语表达了"我只会说一点点斯瓦希里语",出人意料的是,他用英语再解释了一遍。在那个时期,商人和水手大多是粗鄙之徒,而讲英语的人都是受过教育的人,他们一般不会成为水手和商人。但侯赛因作为一个商人却对奥马尔说英语,这令奥马尔十分震惊,故在翻译过程中需要体现这一点,所以将"surprisingly"译为"出人意料的是"。另外,斯瓦希里语体现了侯赛因对奥马尔的礼貌,且它作为奥马尔的原语言,对他来说尤为亲切,为使读者体会到这份亲切感,应该将"Ah suahil. Ninaweza kidogo tu."以斯瓦希里语的形式保留在译文中。引语的恰当翻译能使小说人物更加形象生动,有利于塑造人物独特性格。

除了混杂的语言,在古尔纳的小说中,《古兰经》《一千零一夜》等阿拉伯神话的引用,并不比来自西方的文学典故少见。例如,初到英国的奥马尔对一切都感到恐惧不安,即使在自己反锁的房间里,他也是坐卧不宁,感到空气中充满了喧嚣和争斗的精灵神怪:

The middle air is the arena for contention, where the clerks and the anteroom afreets and the wordy jinns and flabby serpents writhe and flap and fume as they strain for the counsels of their betters. (Gurnah, 2001: 3)

中层的空气是一个充满争论的场所,那里办事员们、前厅里的妖怪、喋喋不休的精灵、懒洋洋的蛇都为设法寻求他们上级的建议,而扭动着、拍打着翅膀、冒着烟。(笔者译)

此句中"afreets"与"jinns"均是流传在阿拉伯神话中的妖怪和精灵，他们会受到某种有特殊因缘的人召唤而出现，并为其所驱役、使唤。而"serpents"解释为"蛇"，表示精明、奸诈或阴险的人，尤其是诱使别人做坏事的人，在《圣经》中，蛇是上帝耶和华所造的万物之中最狡猾的一种，由于它的引诱才使在伊甸园中的夏娃和亚当偷食了智慧之果，亚当和夏娃被赶出了伊甸园，从此人类有了"原罪"。为使这些形象更生动、更有画面感，且符合中文表达习惯，形容词多用"的"字结构，将"wordy"和"flabby"分别翻译为"喋喋不休的"和"懒洋洋的"。

多种修辞的运用、富有个性的人物语言和混杂的语言文化为小说《海边》增添了深刻而又诗性的言语，而这正是多元文化的碰撞导致文学翻译需要跨越文化差异的障碍。因此，为还原历史真实度，译者应着重考虑文学作品的时代背景和历史环境，更要考虑译文读者的接受能力，尽量还原两种语言读者的阅读体验。在翻译策略上，针对不同的写作技巧做出相应的调整，帮助读者更好地理解古尔纳的作品。

参 考 文 献

Gurnah, Abdulrazak. *By the Sea*［M］. London：Bloomsbury Publishing Plc, 2001.

Delabastita, Dirk. Translating Puns：Possibilities and Restraints［J］. *New Comparison*, 1987 (3)：143-159.

Gutt, Ernst-August. *Transition and Relevance：Cognition and Context*［M］. Oxford：Blackwell, 1991.

艾琳. 言语行为理论与英汉双关翻译［J］. 上海翻译, 2010 (1)：33-36.

卢敏. 古尔纳《天堂》中的商旅叙事［J］. 外国文学研究, 2022 (2)：68-79.

孙会军, 郑庆珠. 译, 还是不译：文学翻译中的反复现象及处理［J］. 中国翻译, 2010 (4)：46-50.

☞ **教师点评：**

该项目主要有以下亮点：

(1)跨学科研究法。翻译活动除了受文本语言的制约外，还要受社会、文化、译者等因素的影响，在非洲英语文学中，此类影响更为突出。该项目运用文学理论、文化理论、心理学理论、解构主义等理论方法，从各个角度和层面对古尔纳作品翻译进行研究。

(2)探讨人工智能时代机器翻译对文学作品翻译的可能性及质量问题。古尔纳作为学者型作家，他的文字非常规范，而貌似无奇。然而实验显示，机器翻译仅能为古尔纳小说提供部分基本达意的译文，而无法解决其中的文化、历史、语言等多元化的人文因素。

(3)钱婧妍的论文《古尔纳小说〈海边〉的语言文化特点与翻译》从修辞性语言、人物语言和语言混杂三方面探讨了古尔纳作品的翻译难点，给出了解决方案和令人满意的译文，显示出良好的中英文语言功底和大胆不懈的学术探索精神。该论文从选题到定稿历时近一年时间，期间在导师的指导下，不断修改完善，克服了很多困难和障碍，因为非洲本土语言文化研究在国内学界属于前沿领域，中文资料极其有限，通过外文资料学习和了解东非复杂的斯瓦希里语、印地语和阿拉伯语等语言及其文化和历史是研究古尔纳作品的必修课。令人欣慰的是钱婧妍的论文充分展示了她对古尔纳作品的理解、欣赏和翻译的能力，为该领域研究又增添了一份有价值的成果。

（点评教师：卢敏）

第四节　教学类大创项目论文成果案例及点评

英语教学类研究项目是英语师范专业学生在申报大学生创新创业训练计划项目时的首选类别，这与专业培养目标有紧密关系，但也造成一定程度的项目申报扎堆现象，竞争相应变得更加激烈，这就要求英语教学类项目一定要体现出创新之处，同时还要具有可实践性和可操作性。近几年，与课程思政、人工智能、自媒体平台、中国故事外传等相关的研究项目脱颖而出，为英语教育类研究项目注入了新的活力。本节选取的教学类大创项目优秀案例是上海师范大学 2018 级英语师范专业江钰蕾同学负责的 2021 年国家级大创项目《"中国故事"英语绘本小学阅读课程设计初探——以上海师范大学爱心学校为例》，该项目已于 2021 年顺利结项，获得"优秀"评价。第一部分项目介绍清晰地呈现了该项目的研究意义、研究内容、研究方法、研究难点、研究成果，第二部分的案例论文则是在结项成果基础上进一步提炼的学术成果，对英语教学类大创项目的进一步提升和学术化具有启示意义。

4.1　项目简介

江钰蕾同学负责的项目《"中国故事"英语绘本小学阅读课程设计初探——以上海师范大学爱心学校为例》获批 2021 年国家级大学生创新创业训练计划。该组成员有王逸儿、马旻嘉、赵梦洁，指导教师是刘霁，项目以"优秀"结项。

该项目以"中国故事"的英语绘本为核心探索小学英语阅读课程设计，选题新颖并具有很强的现实意义。"中国故事"在儿童文学领域的英语讲述话题，从宏观上来说，与国家的中华文化"走出去"战略呼应；从实践层面上来说，将"中国故事"主题的英语绘本引入小学英语阅读课，一方面可以丰富教学的内容与形式，深化多模态教学，另一方面"中国故事"主题的引入可以使外语学习与学生自身所处的文化产生真实的链接和流动，学生在这一过程中对两种语言和文化理解和体会会更加深入，也会为其在未来用英语进行文化交流打下基础。该项目前期资料搜集和梳理内容翔实、条理清晰，研究内容设计层层深入，总体规划合理。成果对向世界讲述"中国故事"的课题、对中小学英语阅读教学研究、对师范生的教学实践都有积极的现实意义和学术价值。

该项目主要研究内容有以下几方面：

(1)调查上海市中小学英语课堂中使用英语绘本的现状。

(2)设计"中国故事"主题英语阅读小学课程。

(3)混合教学模式进行教学实践，线下实地教学，线上 B 站(哔哩哔哩平台)视频及公众号推送。

(4)课程结束后，教学反思，通过调查问卷、访谈和平台反馈等方式获得评价。

本项目主要采用以下几种研究方法：

(1)文献研究法：根据研究目的和课题，通过到图书馆查阅资料，到各知名学术网站，比如，知网等进行文献调查、文献阅读、资料收藏来获得资料，从而全面、正确地了解掌握相关课程开设成果、课程设计流程等学术问题。

(2)问卷调查法：通过设计上海市小学英语绘本阅读情况调查问卷，线上线下发放调查问卷；通过 QQ、微信等网络平台转发并收集一定数量的问卷。

(3)实地考察法：通过走访、观察上海市各区中小学生对绘本阅读及相关课程的了解和他们的看法、建议，以改进和完善本研究。

(4)定性、定量分析法：对所有有效问卷的调查结果以及公众号和 B 站等平台的反馈进行统计分析(Excel 软件)、量表分析，借助分析软件进行统计分析。

本项目的难点是：

(1)调查范围广，在爱心学校内实地发布问卷和收集问卷难度大，收集信息效率较低，调查难度大；

(2)走访各区中小学的过程中，学校数量多，教育资源分布不均匀，英语教学水平良莠不齐。

(3)受疫情影响，走访不便，调查实践受限。

该项目成果如下：

(1)从绘本阅读课程的角度分析探讨，撰写一篇以《英语"中国故事"绘本应用于上海市小学英语阅读课堂教学》为题的论文，主要探讨此课程开设的意义和具体开设方式。

（2）通过前期问卷的数据收集整理，完成一份有关《上海市小学英语绘本阅读课程普及程度》的调研报告。

（3）在 B 站以微课形式发布至少一个英语阅读绘本讲解视频。

（4）创建并运营一个名为"英语绘本选读"的公众号，每月发布一篇推送。在发布推送前先完成教案的编写工作。推送内容包括故事背景解读、重点词汇讲解、中国文化知识拓展、随堂练习以及课后练习，每一部分均配套音频同步讲解。

4.2　论文成果案例及点评

"中国故事"英语绘本小学阅读课程设计初探
——以上海师范大学爱心学校为例
江钰蕾

摘要：为从学习语言的最佳年龄段开始培养中国学生用英语讲中国故事的能力，本研究项目在暑假期间在上海师范大学"爱心学校"借助线上线下混合型教学模式开设了一门小学英语绘本阅读课程。本课程通过多平台呈现和实践，线下课程教学与线上制作视频、公众号发布推送相结合方式，突破了传统英语阅读课"纯文本"模式，实现了"互联网+"教育模式。本课程探索在教学过程中融入中国文化，将文化与英语语言学习相结合，培养学生的跨文化沟通能力和中华文化传播能力，提升学生的英语学科核心素养。

关键词：中国故事；英语绘本；课程设计；跨文化交流

Teaching Plan Design of Reading Picture Books of "Chinese Stories" in English for Primary Schools
——A Case Study of the Love Schools of Shanghai Normal University

Abstract：In order to cultivate Chinese students' ability to tell Chinese stories in English from the optimal age to learn a foreign language, this project developed a primary school picture book reading class at Love Schools taught by undergraduate students at Shanghai Normal University during the summer vacations. It used a blended online and offline teaching model, through multi-platform delivery and practice, breaking away from the traditional pure text model. The class was supported by videos and push notifications on the official account, realizing the "Internet plus" education model. Meanwhile, it explored the integration of Chinese culture in the teaching by implementing English learning with culture and cultivating students' cross-cultural communication skills to enhance students' core competence of the English subject.

Key words：Chinese stories; picture books in English; teaching plan; cross-cultural communication

随着近些年一系列的英语学科教育改革，学生的全面发展越发受重视，英语教师在教授语言知识的同时，还要关注到学生对于文化知识的传承以及跨文化交流能力。2014年教育部颁发的《完善中华优秀传统文化教育指导纲要》指出要将家国情怀、和谐仁爱、品格塑造作为传统文化教育的出发点和落脚点，并且要将这种文化意识落实到每一门学科。2017年中共中央、国务院印发的《关于实施中华优秀传统文化传承发展工程的意见》中再次强调中国优秀传统文化应当贯穿国民教育始终，融入各学科、各领域。《义务教育英语课程标准（2022年版）》指出，小学义务教育结束时学生对学习、探索中外文化有兴趣；能在教师引导下，通过故事介绍、对话、动画等获取中外文化的简单信息；感知与体验文化多样性，能在理解的基础上进行初步的比较；能用简短的句子描述所学的与中外文化有关的具体事物；初步具有观察、识别、比较中外文化的能力；能注意到跨文化沟通与交流中彼此的文化差异；对了解中外文化有兴趣；有将语言学习与做人做事相结合的意识和行动；体现爱国主义情怀和文化自信。为从学习语言的最佳年龄段开始培养中国学生用英语讲中国故事的能力，本研究项目在暑假期间在上海师范大学爱心学校借助线上线下混合型教学模式开设了一门小学英语绘本阅读课程。

一、文献综述

绘本在中国的发展始于20世纪60年代的台湾地区，台湾最先将绘本应用于课堂语文教学中。直到余耀（2007）所著《由图画书爱上阅读》的出版，中国内地才正式提出将绘本应用于教学。2008年，南京的考棚小学开始对绘本教学进行题为"英语绘本在小学各年级英语教学中的实践研究"的课题。在近年来，许多专家对于此课题进行了研究，比如蔡石兴（2018）的论文《"走出去"背景下的绘本外译探究》。虽然我国儿童绘本创作起步较晚，但经过近20年的发展，涌现出王早早的《安的种子》（*An's Seed*，2008）、段立欣编著的《中国神话故事系列绘本》（*Illustrated Famous Chinese Myths Series*，2013）、李健编绘的《白马与神图》（*The Horse and the Mysterious Drawing*，2014）等一批优秀的原创中国故事作品并走向海外。保冬妮、熊亮、赖马等儿童文学家登上中国故事绘本舞台。周翔创作的丰子恺著作《莲花镇的早市》（*Lotus Town's Morning Market*，2013）绘本版获得首届丰子恺儿童图画书奖，该绘本在国际图书市场深受国际社会学习中文的儿童欢迎。

习近平总书记在党的十九大报告中指出，要"推进国际传播能力建设，讲好中国故事，展现真实、立体、全面的中国，提高国家文化软实力"。中国故事的根基是深厚的中华传统文化，这些文化体现了中华民族的精神追求，是中华民族独有的精神标识。中国拥有众多的民间传说、神话、成语故事资源，因此讲述中国故事的英语绘本具有重要意义。从知网文献来看，2018年起英语绘本阅读教学研究开始显著发展，为使我们的项目研究更具时效性和创新性，我们收集了26套108本2018年起出版的中国故事英语绘本。

目前出版的中国故事英语绘本中，讲述民间故事的绘本数量占比最高，其次分别是成语故事和神话故事，诗词类涉及较少。民间故事作为最受欢迎的主题，与儿童的阅读兴趣较为匹配，且具有良好的文化传承和传播功能。

图画书最早起源于 17 世纪夸美纽斯（John Amos Komenský/Comenius）的《世界图解》（*Orbis Sensualium Pictus*，英译名 *The World Sensible Thing Pictured*，1658），创作理念强调直观易懂、以儿童需求和年龄特点为出发点去设计故事情节，编排文字和图画。后传入日本被日本人称为"绘本"，这也是绘本一词的由来。以《桃太郎》《木匠和鬼六》《信号灯眨眼睛》等代表作获得日本近代"绘本之父"之誉的松居直，曾用一个数学式来表现绘本的特征：文+图=有插图的书，文×图=绘本（松居直，2009）。

国外关于绘本的研究主要集中于对绘本本体的研究理论和阅读教学的实践经验，关于绘本阅读在小学教学中的策略探讨较少。就国外的文献来看，外国学者也关注到了在低学龄阶段学生的文化知识的培养中，绘本是一种较好的手段。哈林顿（Harrington，2016）认为绘本可以引起低龄学生的注意力，并且可以帮助老师更加直观地解释一些社会问题。通过实验研究，他提出了绘本可以帮助低龄学生有更强的对文化相似性与差异性的适应能力，展示了绘本阅读对于提升小学阶段学生跨文化意识的重要性。鲍恩和舒特（Bowen and Schutt，2007）也由对于绘本的研究得出其中所蕴含的文化教育对于小学教育至关重要。而在绘本阅读教学方面，克莱伊诺德和帕里斯（Kraayenoord and Paris 1991）发现，生动、有趣味性的绘本可以有效激发学生学习第二外语的兴趣。另外，辛妮切尔等人（Sénéchal，2002）提出，英文绘本中的图画是学生学习外语的有效工具，可以通过为学生创设多元情境，帮助学生全面提高自身的学习能力。

国外相关研究起始较早，研究内容也相对全面，对绘本教学重要性的认识也较深刻。而国内缺乏对于通过绘本阅读加强学生的跨文化交流能力的研究。本项目通过对于小学阶段"中国故事"英语绘本课程设计和实践，从儿童外语学习最佳年龄段开始培养孩子讲好中国故事的能力，逐步引领中国孩子走向世界，成长为跨文化交际的桥梁，让世界更好地了解中国文化。

二、绘本教学相关理论基础

跨文化交际理论对跨文化能力进行了维度划分，定义了跨文化适应的过程和阶段；而文化维度理论展示了衡量文化间差异的框架。这两个理论为小学绘本阅读课程设计中的跨文化交流教学部分提供了理论基础。

2.1 跨文化交际理论

跨文化能力维度分为意识、知识、态度和掌握技能四个维度。拜拉姆（Byram，1997）认为态度维度包括尊重、开放性、好奇心、乐观接受和包容等；知识维度包括社会环境、生活风俗、社交礼仪等对文化产生重要影响的知识文化；技能维度可以划分为跨文化交流技能和认知技能，要求拥有一定的知识理论和实践技能去理解和分析文化之间所存在的差异；批判性文化意识、自我意识、社会语言学意识。

班尼特(Bennett, 1986)等心理学家提出了"跨文化敏感发展模式"。它以建构主义理论为基础，通过实地考察而建立，描述了人们实现跨文化适应的过程，认为跨文化敏感度是一个个体从种族中心阶段到种族联系阶段，在这两个阶段的过渡中会经历六个阶段：否定阶段、防卫阶段、最小化阶段、接受阶段、适应阶段和融合阶段。通过这些阶段，要求我们在情感上和认识上发生改变，从而使行为能力达到跨文化交流的标准。因此，对跨文化内容了解的多少对跨文化交际能力的形成将产生正面积极的影响。跨文化视角下，优化小学英语阅读内容时，跨文化交际理论将是文化知识的重要理论支撑。

2.2　文化维度理论

文化维度理论(Cultural Dimensions Theory)是荷兰心理学家吉尔特·霍夫斯泰德(Geert Hofstede)提出的用来衡量不同国家文化差异的一个框架。他发布了以"文化价值观"为核心的问卷调查，研究对象包含11.6万名来自世界各地40个国家的IBM员工。他认为文化是在一个环境下人们共同拥有的心理程序，能将一群人与其他人区分开来(Hofstede, 1984)。通过研究，他将不同文化间的差异归纳为六个基本的文化价值观维度：权力距离维度、不确定性的规避维度、个人主义/集体主义维度、男性化与女性化维度、长期取向与短期取向维度、自身放纵与约束维度。

文秋芳(2022)提出，在培养学生承认文化多样、差别、不同的基础上，尊重世界文明的多样性、国家发展道路的多样化。培养目标可分为以下六个方面：对世界各种文化的态度、跨文化理论知识和研究方法的学习、对中外文化差异的理解、对不同文化的评判、跨文化交际行为、帮助别人克服文化障碍，实现有效沟通的要求。这为跨文化视角下小学英语阅读校本课程的跨文化内容，提供资料搜集和整合方向，引导从一个或几个角度入手组织文化主题。

三、中国故事绘本教学具体实施

本项目对上海师范大学爱心学校中的香樟爱心学校、斜土爱心学校内379位同学进行了有关小学生绘本阅读现状以及对于"中国故事"英语绘本阅读课程的态度的问卷调查。根据所收集到的问卷结果，对教材内容进行筛选，聚焦中华传统文化的精髓，通过中国文化和英语能力的双核驱动，设计"中国故事"英语绘本小学阅读课程，在爱心学校中进行实践。

3.1　教材选择

在对比了相关中国故事英语绘本后，本项目最终选定从以下两个系列的图书中筛选教材，分别为梅琳达·莉莉·汤普森（Melinda Lilly Thompson）编著的《中国好故事》（*Tales of China*，Thompson，2019）和张慈赟著的《中华优秀传统文化传承系列》（*Ancient Chinese Wisdom*，张慈赟，2020）。这两个系列的绘本用生动的英语讲述中国传统故事，不仅让中国学生学习到中外文化差异，也能使中国文化走出国门，更好地被外国学生理解和接受。在选择教学内容时，本项目根据问卷所得出的学生意愿，选择学生所喜欢的人文历史典故。同时，根据低学龄阶段学生的学情，筛选出难度适中的材料作为教学内容。

3.2 教学设计

本项目英语课程设计线下教学运用自下而上、自上而下的多模态阅读教学模式，从问题和图片入手对学习内容进行预测，再阅读文章，进行相关词汇语法的学习，给予学生与文本互动的机会。与普通阅读教学课堂有所不同的是，教师在教学过程中重视对学生进行中国传统文化的输入，要用开放包容的态度去培养学生的跨文化的社会文化意识和修养，让学生能正确处理文化差异导致的文化冲突以及不同的文化背景造就的不同的价值取向，并通过团队合作、演讲展示、戏剧角色模拟等方式进行输出。由此，鼓励他们团队合作学习，培养阅读能力、交流能力和分享的能力。就评价而言，运用形成性评价和终结性评价相结合的多元化评价方式帮助学生对自己的学习表现进行诊断，并及时发现阅读中出现的问题。

英语教学应该是充满趣味性的，为了提高学生的学习热情，课程设计强调激发学生对英语学习的兴趣，促进学生英语应用水平和中国文化自信，实现中国传统文化在英语教学中的渗透和弘扬。在作业上给同学布置配音练习，以中国故事为活动基本素材，带给他们新的活动体验，同学们绘声绘色的模仿、抑扬顿挫的语音说明英语教学和绘本的结合引起他们极大的兴趣，强化了教学效果。

3.3 教学过程中发现的问题

教学过程中发现每个学生都有闪光点，兴趣爱好也各有不同。但是由于爱心学校中学生的年龄、词汇量的参差不齐制约了教学的开展和课程教材的选取，有的学生年龄虽小但模仿力、记忆力强，但英语应用能力是需要相应的词汇来支撑的。有的学生词汇量达标了，但是胆怯心理阻止了他们开口。教师需挑选贴近学生层级水平的英语材料和语言来呈现内容，课堂中鼓励学生最大限度地参与交际活动，通过积极的语言评价让学生"敢于说"并"乐于说"，允许学生有自己的思维和表达方式，克服口语交流障碍。另外，部分英语教材选自外国作者所著绘本，采用跨文化视角进行编写，其故事内容包含国外对中国的传统印象，与实际中国传统故事有出入，可能导致学生的误解。因此，在教材选择上，教师需要进行适当删减，同时帮助学生发现国内外对中国文化的理解差异，引导学生建立文化自信,用英语讲述中国故事,让中国文化走出国门。

3.4 教学微视频及推文

本项目在线上教学中,以重阳节来历为主题在 B 站(哔哩哔哩平台)以微课形式发布了一个英语阅读绘本讲解视频。同时,创建并运营名为"英语绘本选读"的公众号,共计发布了 7 篇推送。大多根据时节,发布中国传统节日典故,其内容包括神牛下凡、清明节来历、田螺姑娘、端午节来历、中秋节来历和重阳节来历。每篇推送涉及故事背景解读、重点词汇讲解、中国文化知识拓展、课后练习,以及配套音频同步讲解。这些囊括了最能体现中国文化内涵的节日,使学生能深刻体会中华文化的源远流长,为小学英语绘本阅读课程的设计提供思考。

在目前的小学英语阅读课程中,中国传统文化的存在并不明显,缺少跨文化方面的具体呈现,培养英语文化意识方面强于培养中国文化意识。在课程目标上需增加对中国文化意识的培养,重视跨文化学习的意义。从语言知识、文化意识维度确定更具有针对性的小学英语阅读课程,优化跨文化内容教材。增加中国传统文化阅读活动包括组织文化相关绘本研读、表演模仿文化差异等方式,通过这些不同的方式来引导学生进行思考。从课程要素几个方面入手,优化小学阅读课程,让学生在英语课本之外,获得更多的交流技巧和文化不同知识。通过文化差异来体会语言魅力,减少英语学习过程中,应对不同文化内容而造成的文化理解障碍。同时,重视教师培训,完善教师自身的跨文化知识储备。

本项目通过运用线上线下混合教学方式,设计并实践了小学生中国文化英语阅读课程,让讲述中国故事的英语绘本进入小学英语课堂。在教学内容上,采用以"中国故事"为主题的绘本教材,以实现语言知识的快速积累,增长英语语言技能。在教学形式上,运用多模态进行英语教学,调动学生的多种感官参与教学互动,引领学生高效拓展英语知识。教师在多层次英语教学中系统引入和加强中国文化教育,增加学生在英语课堂中中国文化的英语表达,激发与培养学生运用英语进行"跨文化交流和传播中华文化"的意识和能力,帮助少年儿童从语言学习的角度增进对中国传统文化及其独有价值的了解,增强文化自信,用自己的声音向世界讲述中国故事。

参 考 文 献

Bennett, Michael J. A Developmental Approach to Training for Intercultural Sensitivity [J]. *International Journal of Intercultural Relations*, 1986 (2): 179-196.

Bowen, Dorothy N. and Schutt, M. Addressing Sensitive Issues Through Picture Books [J]. *Curriculum and Instruction Faculty and Staff Scholarship*, 2007 (1): 4-7.

Byram, Michael. *Teaching and Assessing Intercultural Communicative Competence* [M]. Clevedon：Multilingual Matters, 1997.

Harrington, Judith M. "We're All Kids!" Picture Books and Cultural Awareness [J]. *Social Studies*, 2016 (6)：244-256.

Hofstede, Greet and Bond, Michael H. Hofstede's Culture Dimensions [J]. *Journal of Cross-cultural Psychology*, 1984 (4)：417-433.

Komenský, Jan A. *Orbis Sensualium Pictus* [M]. Okres Levoča：Breuer, 1658.

Kraayenoord, C. and Paris, Scott G. Story Construction from A Picture Book：An Assessment Activity for Young Learners [J]. *Early Children Research Quarterly*, 1991 (1)：41-61.

Thompson, Melinda Lilly. *Tales of China* [M]. Shanghai：East China Normal University Press, 2019.

Sénéchal, M., Cornell, Edward H., and Broda, Lorri S. Age-related Differences in the Organization of Parent-Infant Interactions during Picture-Book Reading [J]. *Journal of Educational Psychology*, 2002 (4)：334-339.

蔡石兴. "走出去"背景下的绘本外译探究 [J]. 上海翻译, 2018 (1)：89-94.

松居直. 我的图画书论 [M]. 郭雯霞, 徐小洁译. 上海：上海人民美术出版社, 2009.

文秋芳. 对"跨文化能力"和"跨文化交际"课程的思考：课程思政视角 [J]. 外语电化教学, 2022 (2)：9-14+113.

余耀. 由图画书爱上阅读 [M]. 北京：北京师范大学出版社, 2007.

张慈赟. 中华优秀传统文化传承系列(*Ancient Chinese Wisdom*) [M]. 上海：上海译文出版社, 2020.

中华人民共和国教育部. 义务教育英语课程标准(2022 版) [Z]. 北京：北京师范大学出版社, 2022.

☞ **教师点评：**

江钰蕾的论文《"中国故事"英语绘本小学阅读课程设计初探——以上海师范大学爱心学校为例》是在结项论文的基础上，经过一年多的沉淀后，再次经过近10次的反复修改、打磨后的成果。在论文修改过程中，江钰蕾同学表现出优秀的学术素质，面对论文指导老师不断提出的修改意见，她都能非常礼貌地在第一时间回应老师，虚心接受并透彻领悟修改意见，最终交出一篇条理清晰、符合学术规范，有一定理论深度，又有与时俱进的、鲜活的教学实践例证和较深刻反思的论文，这是这篇论文能入选为优秀案例的主要原因。

　　该论文在修改过程中经历了几个非常重要的环节。第一，从近 2 万字的结项报告和原有的一篇综述性论文中梳理出一条清晰的论文结构思路，删除大量重复内容，确定把教学实践作为论文的核心，充分展示该项目的创新之处，遇到的实际问题、解决方案，以及对未来教学发展的建议。第二，重新梳理原先蜻蜓点水般的一大堆理论，选择具有真正指导意义的跨文化交际理论和文化维度理论为重点阐述的理论，梳理清楚这两个理论的发展脉络和互补关系，及其与"中国故事"英语绘本教学的紧密关联性。第三，从 61 条参考文献中析出真正具有参考价值的一手资料，弄清同类文献中的先后关系，遴选出高质量、原创性的文献，而正是在再次遴选文献的过程中，发现很多原创性文献都被遗漏或忽略了，需要重新检索和补充。这个过程也再次暴露出一些不正确的中英语术语、逻辑问题和语言表达等问题。因此，优秀论文一定是在不断查证、纠错、修改之后趋于完善的。

　　论文修改过程对所有学生都具有启示意义。上述问题是很多学生在论文写作过程中的通病，暴露了论文写作和文献搜集与阅读过程中的浮躁心理，有时不经意间就触碰了学术研究的大忌，表现出对原创作者的极不尊重。因此，在此提醒后学者在学术道路上一定要切记的三点：克服浮躁心理、尊重原创作者、注重学术上承下传的关系。

（点评教师：卢敏）

第七章　学生成长档案板块

本章的学生成长档案概念源自美国教育界在 20 世纪 90 年代提出的"档案袋评价法"（Portfolio Assessment）。21 世纪以来，学生成长档案（袋）一词在我国教育领域广泛使用，该术语指一种新兴的质性评价方式，源自 20 世纪 90 年代美国教育领域普遍采用的档案袋评价法。英文"portfolio"一词的本义是"文件夹、公文包"，该词对美术、摄影、艺术设计者而言，是指求职、求学时用于证明资历的作品集，他们把自己最满意的作品收集在一起，交给展商、出版社、公司或大学等学术机构，争取展出、出版或被公司、大学等学术机构录用。该词的这一含义对美国教育界提出档案袋评价法有重要启示意义。

第一节　学生成长档案概论

20 世纪 80 年代在美国教育领域，档案袋评价法是对常模参照的标准化考试的一种反拨或补充。80 年代常模参照的以多项选择题为主的标准化考试日益增多，随之而来的是教育界对此评价方式日益增多的批评。反对者认为多项选择题考试所测评的知识范围是有限的，是在鼓励死读书（drill and kill）的课程设置。他们提出另一种评价方式（alternative assessment），即档案袋评价法。该方法不仅用于激励、跟踪学生成长，也用于教师成长。美国斯坦福大学的詹姆斯·巴顿（James Barton）和安吉洛·柯林斯（Angelo Collins）在文集《成长记录袋评价：教育工作手者手册》（*Portfolio Assessment：A Handbook for Educators*，1997）中汇聚了在教师教育中使用各种档案袋进行评价的探索和尝试，评价对象既包括学生，也包括教师，方便实用，得到快速推广。

档案袋作为一种评价工具在全美的大中小学发挥了广泛的作用，并对世界诸多国家和地区的教育领域产生了影响。2005 年中国轻工业出版社推出了巴顿（Barton，J.）和柯林斯（Collins，A.）主编的《成长记录袋评价：教育工作手者手册》和马丁-克里普的《捕捉实践的智慧——教师专业档案袋》的中文译本，档案袋评价法开始在我国大中小学被积极推广并尝试使用。但是"档案袋"一词的使用在我国产生了一定认知混乱，一些研究者把档案袋评价法与学生的学业档案和教师的人事档案混为一谈，国内出版的一些相关研究论著题目的英语翻译也出现了明显的问题和偏差。

确切地说，英文中的"Portfolio Assessment"和"Personnel Files / Records / Papers / Archives"（人事档案）是完全不同的两个概念。而中国的"档案"概念具有比英美国家更加严格明确的法律定义。2020 年修订的《中华人民共和国档案法》将档案定义为："过去和现在的机关、团体、企业事业单位和其他组织以及个人从事经济、政治、文化、社会、生态文明、军事、外事、科技等方面活动直接形成的对国家和社会具有保存价值的各种文字、图表、声像等不同形式的历史记录"。而档案袋评价法是描述学生学习成长过程的重要信息和资料的汇集，是一种发展性的评价方式，目的是促进学生在特定学科领域及一般能力等方面的不断进步，是一个动态的、立体的、充盈的学生发展图。档案袋评价法包含着自我评价的成分，是让学生有意识地根据预先制定的标准把自己的代表性成果挑选汇集起来，以展示自己的学习和进步的状况（巴顿、科林斯，2005）。

中国知网相关文献显示，档案袋评价法在中小学、特殊教育和职业技术教育领域的应用比在大学教育中更为广泛，甚至不少学校已经开始尝试建立学生电子成长档案（倪闵景，2013：27），并且提出档案育人的理念（于中华，2019：159-160）。很多中小学老师为每位学生建了自己所教科目的学习成长档案袋，如语文、数学、英语、音乐、美术、体育、科学实践活动等。曹林男的论文展示了苏州高新区中小学综合实践活动个人情况和小组情况两个学生成长档案袋的评价表（曹林男，2011：22-23），评价表设计思路清晰合理，具有较强的推广价值。此外还有学校为学生建立了德育、品德成长档案袋，综合素质评价档案袋，心理发展档案袋，以及集体性质的班级成长档案袋。

档案袋评价法在 2021 年"双减"政策实施以来，具有更重要的评价意义。倪闵景在《教师评价能力的提升是教育评价改革的关键》中指出，教师评价能力包含四个方面：要有正确的教育价值观；要理解评价是为了教育增值；要知道教育评价是科学，更是艺术；要掌握一定的教育评价方法。"写学生评语就是典型的定性评价，好的评语不仅仅是对于学生学习情况的鉴定，更能为学生后续的发展提供脚手架和指引。"（倪闵景，2021：72）学生成长档案袋中老师、家长的评语以及学生对自己的评语都是具有脚手架意义的定性评价。

大学生成长档案袋评价法的使用不像中小学那样普及，因为对于高校大学生来说，他们的学业档案已经属于国家档案管理范围。为了更好地反映大学生在校期间的情况，一些高校档案管理者提出更细化和丰富的高校学生成长档案概念。冯晓莉认为，"高校学生成长档案指大学生在校期间，在学习、生活和参与各种社会实践活动过程中所表现出来的，能够反映其学习态度、思想品德、专业技能、创新意识、特长爱好、诚信度、身心健康状况等方面的成长痕迹的原始素材，其中包括学生自行提供的有价值的凭证及材料，通过学校的教学、行政职能部门和管理者累积记载所形成的具有保存价值的文字、图表、声像等不同形式载体的历史记录，经档案部门的收集、整理、分类、立卷，最终形成一份内容翔实、客观、全面的学生档案"。(冯晓莉，2012：83)由此可见，高校学生成长档案的提出是受档案袋评价法的影响，注重学生成长动态中原始素材的收集，具有多元化社会需要的参考价值和功能拓展，是对"学生类"档案内容的补充与完善。

对于高校师范生来说，学习教师职业发展成长档案相关理论，建立自己的教师职业发展成长档案是理论结合实际的最佳方式。欧美国家的教育研究者积累了许多挖掘教师实践智慧的策略，如教学日志(teaching journal)、成长史分析(analysis of personal history)、行动研究、传记研究(autobiography)、叙事研究(narrative study)、课堂观察、教师专业发展的分层评价(multi-level professional development evaluation)(马丁-克里普，2005)。这些策略都可以运用到教师职业发展成长档案的建立和评价过程中。胡庆芳在《教师成长档案袋发展的国际背景与实践操作》中列举了国内外的教师成长档案袋样例(2005：14-18)，对我们设计本章"学生成长档案"有一定启发。

自2017年教育部实施师范类专业认证以来，《中学教育专业认证标准(第二级)》明确规定，培养目标的内涵要"反映师范生毕业后5年左右在社会和专业领域的发展预期"(教育部，2017)，而培养目标的设定要在对各利益相关方进行广泛的调研的基础上经过合理性论证方可。上海师范大学英语师范专业在对毕业生进行跟踪调查的过程中设计了"学生成长档案"，由"师范学子成长时间轴"和反思性命题散文《师范学子成长道路上的荆棘与鲜花》两部分构成。"师范学子成长时间轴"以学生考入本专业时间为起点，以在校学习期间和毕业从教后取得典型成绩和成果的时间节点为纵轴，清晰地展示他们教师职业发展的路径。时间轴展示的是成功的结果，而反思性命题散文《师范学子成长道路上的荆棘与鲜花》则对时间轴上显示的成绩获得的过程做了细致的描述，其中更多的是遭遇困难、克服困难、发现问题、发现自我，是师范生成长的心路历程。

在此我们选择了具有代表性的7位优秀毕业生的成长档案案例，有毕业20年以上的，毕业10年以上的，还有刚刚踏上工作岗位的。他们在学历、职称、教学和教学管理方面都不断提升，取得了令母校骄傲的成绩，是我们师范学子学习的榜样。他们在成长道路上遇到的荆棘与鲜花对后学者坚定从教信念、强化教师身份认同有重要启示意义。

第二节　毕业20年以上学生成长档案案例

姜振骅2000年考入上海师范大学英语师范专业，2004年毕业后在华东师范大学第一附属中学担任英语教师工作，如今已是中学正高级教师，并担任教务处主任。在22年的教师职业发展过程中，姜振骅获得了很多教学大奖和荣誉，教师专业职称不断提升，教学管理岗位也不断提升，但这一切都不是从天上落下来的，而是他对教育的热爱、探索和钻研的结果。通过姜振骅的成长时间轴和他撰写的《师范学子成长道路上的荆棘与鲜花》一文，我们能清晰地看到英语师范学子的成长离不开明确的教师职业价值观。姜振骅提出的做"四有好老师"的三个"专"——"专心于育""专注于学""专业于教"，对每位师范学子都具有重要启示意义。

2.1　师范学子成长时间轴

姓名	姜振骅	性别	男	政治面貌	中共党员

2000.7　考入上海师范大学 外国语学院 英语(师范)专业 本科生

2004.8　入职华东师范大学第一附属中学 英语教师

2009.12　上海市中小学中青年教师教学评选活动一等奖

2012.9　上海市虹口区园丁奖

2012.11　第八届全国高中英语课堂教学展评一等奖

2013.11　Growing Up 一课被评为学科德育精品课程

2016.9　全国部分省市"聚焦课堂"普通高中课堂教学研讨一等奖

2017.4　所带班级获上海市先进班级

2017.9　第二届上海基础教育青年教师爱岗敬业教学技能竞赛一等奖

2017.9　上海市教学能手称号

2019.9　上海市园丁奖

2020　出版专著《一课一世界：新课标视野下的高中英语课堂教学实践研究》(桂林：广西师范大学出版社，2020)

2020.9　上海市特级教师

2020.12　正高级教师

2021.5　2016—2020 年度　上海市虹口区"五一"劳动奖章

2.2　师范学子成长道路上的荆棘与鲜花

每个人都有自己的梦想，因为它是一股前进的动力，它是一种努力的方向。早在孩童时代，我就早早在自己的心底编织着一个美妙高远的梦，那就是将来长大当一名光荣的人民教师。正是带着这个梦想，我报考了上海师范大学——这所培养人类灵魂工程师的高等学府，并于 2000 年顺利进入师大攻读英语(师范)专业。大学四年的学习与经历让我对教师这个行业有了更加清晰的认识，对"学高为师、身正为范"有了更为具象的理解。从大一开始，在辅导员的鼓励下，我走入了学院辩协，通过丰富多彩的学生活动，我在校园找到了属于自己的定义和归属。从辩协社员到辩协主席，再到后来的校长助理，这一路走来，无数的动人时刻和无数专业的导师都成为助推我日后发展的强大力量。当然，大学四年不仅让我有了丰富的学生活动和多重管理职责，我的学习成绩也较为优异，多次获得一、二等奖学金。作为班级班长，我带领同学们一同策划英语学习活动和班级之间的学术交流分享，受到导师们的好评。毕业那年，我还获得了优秀毕业生的光荣称号。回首大学四年的经历，它让我找到了明确的发展方向，也同时给予我巨大的勇气和力量，促使我坚定信念，不忘园丁梦。

大学毕业后，我进入华东师范大学第一附属中学工作，现任学校教务处主任，学部长，同时兼任高一年级英语教学工作。

在工作中，我始终以新时代"四有好教师"的标准要求自己，我努力做到三个专：第一，"专心于育"，从育人的高度理解学科教学，用生命润泽生命；第二，"专注于学"，用研究的方式学习，用学习的方式研究，为了学生的发展，我不断提升专业素养；第三，"专业于教"，从认真教学生到用心带团队，用自己的成长带动他人的成长。

在 2017 年，我获评上海市教学能手称号，2019 年度，我获得了上海市园丁奖的殊荣，2016—2020 年度虹口区"五一"劳动奖章，2020 年获上海市特级教师称号，同年获评正高级教师。这些既是对我工作的肯定，也时刻激励着我要不断努力，追求卓越。

我是在课堂中历练成长起来的。我聚焦课堂，始终思考什么样的英语课堂是有利于学生发展的。在课堂中我坚持用平等对话和用心倾听的方式与学生开展交流，引导学生关注主题意义。此外，我善于根据学生的反馈提出新的问题，不断追问，步步深入，激发学生自主探究，深入思考。经过多年的课堂实践、打磨、反思，它们逐步凝练成了我的课堂教学主张：以学生为中心的智慧灵动的英语课堂。

我认为英语课堂的智慧和灵动主要可以体现在三个方面，关注学生需求(即 learner-FOCUSED)，开展多方互动(即 learner-CONNECTED)，以及鼓励学生深度参与(即 learner-ENGAGED)。在先后 30 多次区级以上的公开课中，我的授课方式受到了全国各地学生的喜爱。学生们变得自信、独立、敢于表达，在英语辩论赛、课本剧比赛、社团展演中都有不俗的表现。

我的教学能力也同时得到了专业的肯定，我先后在第八届全国高中英语课堂教学展评，第二届上海基础教育青年教师爱岗敬业教学技能竞赛、上海市中青年教师教学评比中获得了一等奖。教学评比和公开展示不仅锤炼了我的教学能力，也促使我进一步探索如何为学生创设更为优质的英语课堂。

在教育信息化 2.0 的背景下，我认为课堂的智慧灵动离不开信息技术。对此，我开设个人微信公众号，尝试通过信息平台与学生交流学习。现有四个学习栏目：新闻速读(我通过音频的方式，读英语新闻、讲解英语新闻，挖掘其中的热点和文化知识)、图说八道(通过图文并茂的方式，介绍一些英语谚语、地道的表达方式和有趣的英语单词)、微微一课(通过微视频的方式推送相关语法专题知识讲解)、微型题库(这是对前面三个板块内容的小测试，帮助学生巩固所学内容）。目前一共完成了 28 期推送，制作了 26 个专题，订阅人数达到 1500 多人。

为了更好地满足学生的发展需求，我还通过课题研究不断提升自己的专业素养。我先后参与了词汇、写作、阅读等方面的课题研究和相关书籍的编写。在第四期攻关计划学习期间，我参与基地单元教学的课题研究，并在此基础上形成了自己的子课题——语篇单元说明文专题教学的研究，研究成果撰写成文被中国人民大学书报中心转载。在研究的同时，我注重积累、梳理与总结，结合自己的教学实践完成了个人专著《一课一世界：新课标视野下的高中英语课堂教学实践研究》，希望能借此与更多的一线教师分享我所实践的课堂，我所理解的课堂。我深刻地体会到，当我的课题研究涉及面越广，我的思考与实践也就越全面了，我的英语教学也会随之得以完善。我不仅努力上好每一节课，还希望自己能上好每一种类型的课，因为我知道，只有做强自己，我的学生才会更加受益。

我的导师曾给我提出：做起来、写下来和说出来三个行动要求。从 2010 年到现在，我跟随导师先后 13 次到 11 个城市通过不同形式与各地教师分享上海英语教学的做法和经验。作为上海市高中英语学科中心组成员，学科带头人，种子计划领衔人，我也自己带领团队，助推教师专业发展。团队伙伴们近年来也取得了令人满意的成绩，获得市区级别教育教学奖项 12 人次，开设公开课 20 多节，他们也分别确立自己的研究方向。

从 2020 年至今，我还广泛深入地参与新教材的推广工作和教师培训任务，在过程中我边学别做，边做边总结，目的就是让自己尽快吃透新教材，从而能在教研组、在区层面、在市级范围内更好地发挥辐射作用，带领教师们从立德树人的高度正确理解教材、用好教材。

在 2020 年，由于新冠疫情的爆发，全市中小学的学生们纷纷开展了居家线上学习。在此期间，我主动投入到第一批空中课堂在线资源的建设中去。期间我担负了多重职责：中心组成员、授课教师、学校保障工作负责人。从 2020 年 2 月 5 日加入中心组到 6 月 8 日，所有的视频课修改归档完毕，我参与了整个过程，除了自己承担 8 个课时的教学任务以外，还协调统筹其他 5 个单元 40 个课时的教学设计、现场录制和后期修改工作。我还负责了拍摄期间的防疫、后勤等配套工作，为授课教师提供安全、暖心的工作氛围，使 20 天近 120 个小时的现场拍摄得以顺利完成。

近期，我领衔的教师培训课程也已上线，希望能借助课程领导力带领广大一线教师拉动自我增长的引擎，紧贴虹口教育发展的新节奏。相信在"成人成事"理念的指引下，我会在更大的平台、用更好的方式，带领更多的伙伴携手进步、共同成长。

于漪老先生有句名言："一辈子做教师，一辈子学做教师。"教师这个职业寄托着她一生的追求与热爱。于我而言，在教师专业发展的道路上，在成人成事的目标引领下，我会坚持用"专心于育，专注于学，专业于教"的态度不断勉励自己，一如既往，且学且行，行愿无尽。

（华东师大一附中教务处副主任、副学部长姜振骅）

第三节　毕业 10 年以上学生成长档案案例

　　李腾蛟 2007 年考入上海师范大学英语专业，2011 年毕业入职闵行区蔷薇小学英语担任教师。他对教师职业的选择不同于一般师范专业的学生，师范毕业直接当老师，他是在尝试了很多诱人的职业之后，最终选择了教师职业。他曾做过上海世博会某馆的副馆长、创业开办过翻译有限公司、被录入四大会计事务所、入职过全球百强的 IT 公司，并且他在这些领域都表现出色，因此他对教师职业的选择是经过比较后的选择，是理性思考的结果。而一旦进入教师职业，他便全身心投入，首先清晰地认识到补好教育学相关学科知识的重要性，然后到香港大学教育学院攻读教育管理专业硕士学位，进而到上海师范大学教育学院攻读比较教育专业博士学位。学历上的提升对教学的反哺作用在李腾蛟身上表现得非常明显，他的教育理念和教学实践是紧密联系的，他在教学和教学管理方面的成长令人刮目相看。他的成长道路对师范生进一步加强教师职业认同有重要启示意义。

3.1　师范学子成长时间轴

姓名	李腾蛟　性别　男　政治面貌　中共党员
2007.9	考入上海师范大学外国语学院英语专业 本科生
2010.5	入选上海世博会 马来西亚馆 副馆长
2011.7	入职上海闵行区蔷薇小学英语教师
2012.5	中国教育发展基金会戴尔"互联创未来"项目 全国一等奖
2012.11	上海市中小学英语教师个人才艺比赛 上海市二等奖
2014.9	考入香港大学 教育学院 教育管理专业 硕士研究生
2015.9	入职上海中医药大学附属闵行蔷薇小学 教导主任
2015.10	获上海市闵行区"骨干后备"称号
2016.10	获上海市闵行区"希望之星"称号
2016.11	上海英语课堂教学与教师发展观摩研讨活动 上海市特等奖
2017.1	获评一级教师职称（讲师） 破格
2017.9	考入上海师范大学 教育学院 比较教育专业 博士研究生
2017.12	教育部"一师一优课、一课一名师" 部级"优课"
2018.8	入职上海师范大学附属闵行第三小学 党支部副书记

2018.11　上海市闵行区"学科带头人"称号

2020.11　上海市闵行区第四届青年教师教学技能竞赛 一等奖"教学能手"称号

2020.12　上海市闵行区中小幼中青年教师教学评选活动 一等奖

2021.5　第四届上海基础教育青年教师教学竞赛 小学语数外类 二等奖

2021.11　上海市中小幼中青年教师教学评选活动 二等奖

2022.1　获评高级教师职称(副教授)

3.2　师范学子成长道路上的荆棘与鲜花

初出师大的校园,我,一个略显稚嫩的大学毕业生,虽对如何为人师表有着些许彷徨,但对于未来却有着无限的憧憬。希望教育这片沃土,给予我滋养,让我破土而出,展露新芽,向阳而生。

一次冥冥之中的选择

2011年,我从上海师范大学外国语学院英语专业毕业,继承一家两代人的衣钵,选择了教师这份职业。

机缘巧合的情况下,我对英语课堂的认识,始于在学校参与的"数字化学习方式变革项目"。在闵行区"电子书包"项目的大力推动下,加上我所在的蔷薇小学又是闵行区数字化特色学校,所以,如同一张白纸的我的第一堂英语公开课,就是一堂使用"电子书包"的英语课。这也让我第一次认识到数字化环境转变对于英语课堂的教与学的重要性,更加积极地参与到数字化英语课堂的实践研究中去。我在工作第一年就拿到了中央电教馆举办的"一对一数字化课例"的全国一等奖,这背后是团队的无私帮助与支持。

这一年,我破格进入了上海师资培训中心举办的上海市优秀青年教师培训班。我承担的大大小小的各类公开课不下十次,让我印象最深的是第一次的市级公开课展示活动,那是一节四年级的英语课。那节课后,尽管是借班,但初次相识的学生们因为我精彩的课堂很快便与我打成一片。我也第一次意识到,其实我早已爱上教师"三尺讲台育桃李"这份职业了。

其实坦白来说,教师从未成为我的职业首选。在高考填报志愿的时候,师范类专业那一页始终没有翻开过。做过上海世博会某馆的副馆长、创业开办过翻译有限公司、被录入四大会计事务所、入职过全球百强的IT公司的我,怎么都不会想到,最终选择了教师这个平凡而又不平凡的职业。

一些冥冥之中的注定,其实是自己做出的选择。

一次突如其来的出名

蔷薇小学,其实一直像蔷薇花朵,在角落里悄悄地绽放。直到2013年,它却吸引了国际教育界的目光。《世界是平的》作者、《纽约时报》专栏作家托马斯·弗里德曼随团来沪考察时，到访蔷薇小学。在蔷薇小学的所见所闻，令弗里德曼激动不已，他说他找到了上海获得 PISA 成绩的秘密，随即在《纽约时报》上发表了文章《上海的秘密》。弗里德曼说，"上海的小学办得好"。

2013 年，10 月 21 日，一个稀松平常的日子，校长在校门口迎接外国教育专家，我陪同在旁做翻译。外国教育专家一行如约来到学校，因为学校坐落在普通的居民小区，大巴无法进入，所以一大群外宾熙熙攘攘地走进了校园，还引起了居民们的围观。没想到，刚来到教学楼前，其中一位精神矍铄的长者便拒绝了校长汇报工作的安排，拿出了笔记本电脑，席地而坐，直接进行了提问环节，这可让我这个临时翻译有点猝不及防。这不按常理的出牌方式让我对这位长者有了些许好奇。在他们一行离开时，我向他们打听才知道，他就是大名鼎鼎的托马斯·弗里德曼，《世界是平的》作者。但说来惭愧，这本书倒是以前拜读过，但作者在面前却不认识。

弗里德曼一行在简单和校长交流后，便径直走进课堂推门坐下，听起了英语课、数学课、音乐课。听完课后，便意犹未尽地进行了教师访谈。当他们了解到我是才入职两年的新教师时，他们便产生了兴趣。令我诧异的是，当我告诉他们，我和上海的教师一样，工作分配是"七三比"：每周有 70% 的时间用在课堂和教学上，30% 的时间用于培训、发展教学技能，他们发出了一片惊叹声。弗里德曼先生还再三跟我确认，因为在他看来，上海教师的培训时间，比一所典型的美国学校要高得多。

本以为这一次到访就此画上了句号，谁曾想到，一周后，《纽约时报》专栏上刊登了《上海的秘密》。一石激起千层浪，蔷薇小学声名鹊起，彻底火了一把，上了好几次头条。我也突如其来地出名了一次。

一次上下求索的求学

其实当初在择业之时，未曾考虑过教师这个职业，有很大一部分的原因就在于：因为毫无教学经历，对教师这份职业的认识难免有失偏颇。我害怕自己选择了教师，成为一只井底之蛙，只会坐井观天。当我真正走进课堂，全身心地投入到教学中去，我才发现这里面别有洞天。

就普通的一堂英语课而言，首先要有目标导向意识。通过分析教材单元，确定单元学习内容、水平与基本课型，从而制定单元教学目标。课堂活动如何推进，每个环节需要反复推敲。课堂的精准指导，需要字斟句酌。教学媒体的支持，需要花工夫去搜寻适切的资源。随着自己专业的不断发展，教学水平的水涨船高，我也愈发认识到自己在教学能力上的局限。

当我忐忑地走进校长室跟沈校长提出，我想出国进修硕士的想法时，校长非但没有为难我，还给予了我极大的鼓励。她勉励我好好准备，学校的大门始终为我敞开。短短的两句话，让我悬着的心放了下来，更让我觉得自己当初选择的没错。

因为对于教师工作的热爱，我选择进修的还是教育专业。在完成了雅思考试、推荐信等一系列必备条件后，我申请了香港大学和香港中文大学这两所大学。选择香港而非欧美进修的原因，是香港对中西方文化的兼容并包，而且这两所大学的教育学院又在全球前二十。接下来，就是漫长的等待过程，这滋味可不好受。终于三个月后，香港中文大学发来了面试通知，完成面试之后随即收到了录取通知。可就在此时，香港大学也发来了面试通知，在经过一番权衡之后，最终选择在香港大学进修。

在港大求学期间，外籍教授、高比例国际学生，全英语授课、弹性选课，更灵活多样的功课形式、更具国际视野的课程内容还有丰富的学术资源、自由的讨论空气，这些都成了我一段非常宝贵的经历。开阔的国际视野、不一样的社会环境，赴港求学的背后其实也隐藏着上下求索的决心。我的新年，是在山顶看完维港烟花后，回到图书馆彻夜度过的；我的开题，是在全院三百多人的讲台上，经过唇枪舌剑般的论证中通过的；我的论文，是在无数次挑灯夜战中，洋洋洒洒的修改无数稿中完成的。

一份重装出发的勇气

现在的我又多了一个身份，带教导师。在辐射引领校内的英语教师的同时，还承担了部分区域见习教师规范化的培训。看着富有朝气的年轻教师们，在他们身上，我常常看到自己的影子，也提醒着自己不忘初心。

我感恩，我遇到了一个好师父晓苗。还记得，刚工作的第一年，师父就提出，希望我把教师当作事业而非职业。她手把手地悉心带教，毫无保留地倾囊相授，使我如雨后春笋般快速成长。夜深了，学校的保安已经困得睁不开眼了，晓苗还在跟我一字一句推敲着每一个教学细节。周末，晓苗的家成了我们的备课场所，为此，她还特意将老公和女儿"赶出"家门。我希望，我也一如我的师父那样，尽我所能地帮助每一位年轻教师成长。

凡是过往，皆为序章。在我辐射引领的过程中，我也发现自己的不足。这几年做的课题和论文并不多，光上好课是不够的；要通过自己的教学研究论文的发表，让我的教育教学经验教训、智慧思考，给更多老师们以启迪借鉴。所以这一次，我决定重装出发，报考上海师范大学比较教育学博士生。

我记得，笔试考完的那一天，面对厚厚的复习资料，我发了一条朋友圈，就两个字，无憾。对于非教育系出身的我，需要自学读完大部分教育系本科书目。其实那一刻，结果已经不那么重要了，只要我真的努力过了，那就足够了。可能是老天眷顾吧，我考得还不错，经过几轮面试之后，终于被录取为博士生。

还好，我还有重装出发的勇气。

在人生的道路上，本来就是鲜花与荆棘共存，艳阳和风雨交织。无论你是谁，无论你在经历什么样的过程，都要学会坚持：你一定会最终遇到坚强的自己。

（上海师范大学附属闵行第三小学　李腾蛟）

第四节　毕业 5 年以内学生成长档案案例

张沈惊 2015 年考入上海师范大学英语师范专业(提前批录取),2016 年入选世承班,2019 年毕业,入职上海市朱家角中学,任高中英语教师。如今已经送走了她的第一届高中毕业生,开始了新一轮的高一英语教学工作。本科毕业生能进入上海市重点高中任教是凤毛麟角的事,张沈惊的成功和她本科阶段出色的表现密不可分,也受惠于上海市青浦区对上海师范大学世承学子的高度认可和优先录用政策。在校期间,她不仅学业成绩优秀,而且担任班级干部,积极参加各种活动,充分锻炼和培养了自己各方面的能力。她两次参加海外见实习活动,走上美国中学的讲台和英国大学的戏剧课堂舞台。她在大学生创新创业训练计划中脱颖而出。她在成长的道路上也遇到过痛苦和烦恼,但是她选择用正确的方法解决这些问题。走上工作岗位后,她以真情和真心走进学生的心灵世界,收获了学生的信任,也收获了自己的成长。

4.1　师范学子成长时间轴

姓名　　张沈惊　　　性别　　　女　　政治面貌　　共青团员

2015.9　考入上海师范大学外国语学院英语(师范)专业,提前批录取

2015.11　上海师范大学外国语学院"我爱记单词"大赛决赛二等奖

2016.3　上海师范大学大学生创新创业训练计划项目"语言生态探究——中小学口语中上海话现状调查研究"立项(项目负责人)

2016.4　上海师范大学外国语学院第十届爱尔兰月最佳表现奖

2016.9　入选世承班

2016.9　上海师范大学外国语学院第七届"魅力团支书"风采大赛二等奖

2016.11　2015—2016 学年上海师范大学一等专业奖学金

2016.11　上海师范大学 2016 年度"世承学子"专业奖学金一等奖

2016.11　论文《从"水门汀"说起——上海话的演化过程》发表在《文教资料》2016 年第 32 期

2017.2　赴美国北卡罗来纳州立大学格林斯堡分校海外实习

2017.3　上海大学生创新创业训练计划项目"上海中小学生沪语使用情况和教学调查及对策研究"立项(项目组成员)

2017.3　普通话水平测试二级甲等

2017.4　英语专业四级优秀

2017.5   2016 年度上海市教育发展基金会精锐教育奖学金

2017.5   2016—2017 学年上海师范大学"优秀团员标兵"

2017.6   2017 上海师范大学师范生教学技能竞赛三等奖

2017.9   2017 年国家级大学生创新创业训练计划项目"上海中小学生沪语使用情况和教学调查及对策研究"(项目组成员)

2017.11   2016—2017 学年上海师范大学专业奖学金一等奖

2017.11   上海师范大学 2017 年度"世承学子"专业奖学金一等奖

2018.5   2017 年度上海市教育发展基金会精锐教育奖学金

2018.5   2018 年上海师范大学师范生技能大赛教学技能竞赛一等奖

2018.5   第 12 届上海师范大学外国语学院爱尔兰月之"爱尔兰诗歌朗诵会"三等奖

2018.6   上海市青少年"明日科技之星"评选三等奖

2018.6   第一届上海市师范生教学技能竞赛二等奖

2018.7   赴英国利物浦约翰摩尔大学海外交流

2018.9   在上海市朱家角中学实习

2018.9   全国计算机等级考试二级 MS Office 高级应用良好

2018.10   第十一届全国大学生创新创业年会学术交流

2018.11   2017—2018 学年度国家奖学金

2018.11   上海师范大学 2018 年度"世承学子"专业奖学金一等奖

2018.11   2017—2018 学年上海师范大学专业奖学金一等奖

2019.1   上海师范大学 2019 届教育实习优秀实习生

2019.3   英语专业八级良好

2019.5   2019 年全国大学生英语竞赛 B 类三等奖

2019.6   2019 届校优秀本科毕业论文(设计)A Survey Analysis of Evolution and Inheritance of Shanghai Dialect from the Eco-linguistic Perspective

2019.6   本科毕业 2019 届上海市优秀毕业生

2019.7   获得高级中学教师资格(英语)

2019.7   入职上海市朱家角中学

2022.7   带教的第一届高中生毕业并参加高考

4.2 师范学子成长道路上的荆棘与鲜花

送走了自己的第一届学生,翻出旧时照片,才发现时间过得真快。转眼间,我已毕业三年有余。

从 2015 年到 2022 年,我的身份从师范生变为了高中老师、班主任,但不变的是这一路上我对教育事业的满腔热情和不懈追求。

成为一名老师是我从小的梦想，因此高考时，上海师范大学的英语师范专业是我的第一志愿。很荣幸，能够如愿被录取，迈出了真正意义上成为老师的第一步。我深知，理论是实践的重要保障，而实践是检验理论学习成果的不二选择。因此，在大学期间，我积极参与各级各类教育实习和师范生教学技能比赛，以求日后更好地适应教师职业。

三易其稿，只为更精彩地呈现

犹记得大三那年准备上海市师范生教学技能竞赛的场景。那时的我已经有了两次校级教学技能竞赛的经验铺垫，对于市级比赛也是志在必得。

拿到五份教学材料之后，我便紧锣密鼓地准备了起来。不到三天，我就把五份自认为"高质量"的教案和课件交给了吕晓红老师，也自信地"召集"了几位同学来"试听"。可就在试听结束之后，吕老师打来了语音电话，要求我将五份材料全部重新修改。当时距离比赛还有两周的时间，且吕老师隔天有答疑时间，因此，我与她约定在办公室，对照纸质版的初稿，一份一份进行修改。这是第一次大改。

在"一对一"指导结束之后，我回到宿舍，对五份教案和课件进行了"大刀阔斧"的删改。

周末，学院特别邀请了几位中学老师作为校外指导老师，对整体课堂流程以及教案进行评价。拿着精心准备的二稿，我走上了讲台。还没讲几句话，老师就打断了我："你的教案很有问题。一节课怎么能完成这么多的教学目标？"五份我觉得无可挑剔的教案被全部否决。虽然我还是完成了五次完整的"说课"，但是我深感"无力"。回家的路上，我的脑海中一遍遍地"回放"几位老师的点评。距离比赛还有不到一周的时间，我不仅要全部推翻自己的教学设计，还要抽时间找一些同学"排练"，以便更好地控时。这些我都做得到吗？我陷入了深深的自我怀疑。

到家后不久，吕老师又打来了语音电话。电话那头的她并未提及"说课"或是教学设计相关的话题，而是宽慰我："上好一节公开课需要不断地反复打磨教学设计，而你一次就用两周的时间准备了五份不同的教学设计，已经很不容易了。老师知道，也能感受到你的焦虑和沮丧，但我们还有时间，你带上今天记的笔记，我们一份份改，不着急！"在约定的时间，我和吕老师再一次对五份教学设计进行了修改。这一次吕老师以学生的身份对五篇课文进行了解读，预设了在理解上可能出现的问题，再从老师的角度重新审视原先的设计，帮助我进行调整。这是第二次修改。

周四下午，我在徐汇校区有外事接待任务。吕老师发来消息，让我再修改阅读课的课前导入环节和一节写作课的"写后活动"。读完消息的我陷入了茫然。匆匆完成接待任务之后，我回到宿舍，面对课文和屏幕上的教学设计，却不知从何处下手。我让自己冷静下来，我决定找几位同学一起进行修改。在修改的过程中，同学们讨论并评析道："阅读课的导入虽然是根据标题预测文章内容，想法很好，可是标题太短了，如果直接让学生预测，他们可能也不知道从哪些方面预测，容易刚开始就收不住。写作课的活动除了完善前一环节中的写作内容之外，还可以设计邀请学生在大屏上展示同学的作品并点评。这样就可以体现学生的参与了。"

我把他们的想法记录了下来，并与吕老师再次进行了讨论。虽说现在只是教学设计阶段，但设计的目的就是为了实施。在与吕老师交流后，我开始了第三次，也是最后一次修改。

周五上传材料、周六上场比赛。最终，我超越了同组华师大的选手，获得了二等奖的名次。

如今的我也已完成了一次区级公开课的展示。在磨课时，我总是会想起那次市级比赛的"备战过程"。看到文件夹内以"1.0""2.0""3.0"命名的文件时，我不禁感慨：没有这些积累，就不会有最终精彩的呈现。一切的辛苦和付出，都是值得的！

"三顾茅庐"，只为更深刻地唤醒

回到母校工作，我的身份不仅是学科老师，也是一名班主任。这就意味着，我不仅要教好英语，更要走进同学们的内心，帮助他们度过这关键的三年。

她叫小慧，性格开朗，也很聪明，唯独对英语学习提不起兴趣。高一时，她的成绩在班中处于中等位置，而到了高二第二学期，她的成绩一落千丈，究其原因，因为英语在班中处于低位，而在平时的学习过程中，她对英语也不是特别重视，无论是默写还是回家作业，质量都下降得厉害。到了高三，她在低分的"泥潭"中越陷越深，而在课堂上，她的状态也是有些"萎靡不振"。我很担忧，因为这不该是她的水平，她可以更上一层楼。我多次找过她谈话，但每次都收效甚微，她点头认可我的建议，但在行动中又无法切实做好。

我联系了她的父母，想问问到底是什么原因造成了这样的情况。她的母亲说："都是手机和追星。"在交谈的最后，她的母亲又说："其实以前的她并不像现在这样。小学时候，她一直是班级的前三名，到初中成绩也一直是班级中上水平，也不去外面额外上课。不知道为什么，到了高中，越来越退步。"我听出了她的无奈，决定找小慧再聊聊。

我找了一间空教室，趁着自习课的时间和她交谈。刚坐下，小慧依然有些抗拒，因为这是我这学期第三次找她了。她有些不耐烦，眼神不时飘向窗外。

我一改往日谈话的开场白，说道："现在，请允许我以'姐姐'的身份与你聊两句。"她抬起了头，似乎我的"身份转变"让她暂时放下了一丝"戒备"。我先和她一起回顾从小学到初中的学习经历，希望她能从中找回一些自信，因为从与她母亲的交谈中，我判断，她并不是能力不够，而是没有信心。刚开始，小慧轻描淡写地说："那是因为小学、初中学的比较简单，所以学得好。到了高中，一切都变得好难，我没准备好。"然而，从她的学习状态和学习成绩走势来看，她并不是没有准备好，而是因为在高中失败的次数太多，以至于让她忘记了"成功的喜悦"是一种什么样的感觉。我们一起梳理了高中以来的英语学习经历，发现是一次月考的"沉重打击"让她开始一蹶不振的，而那次月考过后，我也曾与她一起分析了试卷上的错题。那时的她"接收"了我的学习指导，但是并未完全"接受"，因为在短期内，她的英语并没有大幅提升，她认为"坚持是没有意义的"。

在这一次的谈话中，我再次针对小慧的英语学习现状提出了建议，而这次的建议并不是让小慧"单独行动"，而是我们两个一起合作。我降低了对小慧的默写要求，但对她的课外题作出了新的要求。小慧的默写可以比班上其他同学多错几个，但每天都得完成一篇语篇练习，并完成答疑。

也许是因为英语一考迫在眉睫，也许是因为心中想要学好英语的"火星"再次被点燃，这次小慧真的"动起来了"。而在给小慧答疑的过程中，我也一改"一言堂"的讲解方式，让小慧自己来分析解题思路或错误原因，让她有更多思考的时间，将知识真正化为己用。

我和小慧约定，英语一考的分数要比一模考的分数高 15～20 分才行。这看似是个"不可能完成"的任务，但是我想，聪明的小慧可以完成，因为在最近的一次练习中，她的成绩已经有了小幅的提升。春考放榜，小慧的成绩真的进步了 15 分。我由衷地为她感到高兴。

"三易其稿""三顾茅庐"，这些都只是七年时光的一小部分缩影。四年扎实的基本功学习，让我在讲台上能尽情发挥。三年的带班经历，让我学会"放下身段"，从学生的角度看问题。我的教师之旅才刚刚起步，未来一定会有许多困难在等着我。但我始终坚信：唯有披荆斩棘、永不言弃，才能成就更多的学生，成就更好的自己！这是我对"教师梦"的解读，也是我一直以来的追求。

（上海市朱家角中学 张沈惊）

第五节 本硕贯通学生 1 成长档案案例

余汇杰 2015 年考入上海师范大学英语专业，2016 年入选世承班，2018 年入选上海师范大学本硕贯通计划，2019 年本科毕业后直接进入本校学科教学（英语）专业攻读硕士学位，2021 年硕士毕业，入职上海市南洋模范初级中学。余汇杰在高考之时，还没有想清楚是否要当老师，但是在上海师范大学一年的学习经历让她对教师职业有了清晰的认识，世承班的选拔给了她转入师范专业的机会，从此她抓住一个个教师职业发展的机会和挑战：美国教育见实习、师范生教学技能竞赛、延安支教、本硕贯通选拔等，并取得了一系列优异成绩。余汇杰的成功在于她对专业知识的学习、应用以及在教育教学管理中及时总结出"体验—总结—沟通—反思"的有效工作闭环。这是她能够脱颖而出的秘笈，值得每位师范生学习。日常教学管理非常琐碎，若缺乏有效工作闭环，老师会被琐碎的工作拖垮，穷于应付，劳而无功，进而丧失对教师职业的兴趣和信念。因此，建立自己的有效工作闭环极其重要。

5.1　师范学子成长时间轴

姓名　　余汇杰　　　性别　　　女　　　政治面貌　　　共青团员

2015.9　考入上海师范大学外国语学院英语专业

2015.11　"外研社杯"全国英语写作大赛初赛一等奖

2016.5　2015—2016 学年上海师范大学优秀团员

2016.6　入选世承班

2016.11　"世承学子"专业奖学金一等奖

2016.12　2015—2016 学年上海师范大学优秀学生

2017.2　海外见习项目：上海师范大学赴美国北卡罗来纳大学格林斯堡分校教育见习

2017.5　上海师范大学外语综合能力大赛英语演讲比赛一等奖

2017.6　2017 年上海师范大学师范生教学技能竞赛二等奖

2017.11　"世承学子"专业奖学金二等奖

2017.12　获得高级口译证书

2018.7　参加上海师范大学三下乡活动，前往延安支教

2018.9　在上海市静安区教育学院附属学校实习

2018.11　"外研社杯"全国英语演讲大赛省级复赛(上海赛区)一等奖

2019.3　"世承学子"专业奖学金二等奖

2019.3　通过英语专业八级

2019.6　校级优秀毕业论文《The Application of Immersion Teaching Method in the Middle Schools in Shanghai》

2019.6　本科毕业，获上海师范大学优秀毕业生荣誉

2019.7　获得高中英语教师资格证书

2019.9　上海师范大学本硕贯通，学科教学(英语)硕士研究生

2020.9　在上海市实验学校实习

2020.12　被评为上海师范大学优秀学生

2021.5　获得全国大学生英语竞赛 A 类二等奖

2021.6　硕士毕业，获上海师范大学优秀毕业生荣誉

2021.7　入职上海市南洋模范初级中学

5.2　师范学子成长道路上的荆棘与鲜花

巴金曾经在自己的随想录中这样写道："我们生在这个世界上，并不是作为一件奢侈品来点缀太平，我们是作为一个劳动者来辛勤地工作，在荆棘中开辟一条平坦的路。"七年前，高中毕业刚踏入师大校园的我，对于未来还带着些许迷茫，不知道自己适不适合成为一名人民教师，年少时许下的心愿是否有梦想成真的那一刻。七年后，热情不曾褪去，迷茫已经消减，我坚定了自己成为一名优秀英语教师的决心，在英语教育的工作岗位上发光发热。

对于师范生而言，教育实习能够检验我们的知识，让我们有机会将理论运用到实践中去，同时也让我们对"教师"这一职业有更深入的了解，帮助我们尽快适应从"学生"到"教师"的角色转变。我非常幸运，在本科和研究生阶段，都在上海的两所名校——上海市静安区教育学院附属学校和上海市实验学校进行教育实习。在实习的过程中，我快速成长，在带教师傅言传身教下，提前做好了做好一名人民教师这一职业的准备。但是我的实习经历并非一帆风顺，其中也经历了起起伏伏。

令我感触最深的莫过于，在研究生实习期间，担任上海市实验学校(下文简称上实)实习小组组长一职。在实习之初，基地学校提议选派一名成员作为整个实习小组的队长。作为团队大部分成员的学姐，且曾经历过大四实习的我主动请缨，担任实习小组组长一职。担任这一职务的我，其实内心怀揣忐忑，不知道该如何维系好这16人小队。大家来自上师大不同的学院，而大部分的组员是本科生，我们对彼此完全不熟悉。给这份工作带来更大挑战的是，组员被分散在不同的年级、不同的班级和不同的带教老师。大家的课表都截然不同，几乎找不到16人共同的空闲时间。因此，第一周我是在忙乱中度过的。上师大校园非常大，完成一次所有组员的考评，往往需要30分钟，甚至更长的时间。那一周，我几乎每天都处于一个神经高度紧张的状态，时刻关注着组员的动向。第一次，我从未如此期待周末的到来，渴望着结束这无比漫长的一周。周五的晚上，我一个人躺在床上，脑中不断闪现这一周发生的所有事，思考有无可以调整之处。我发现不能继续这样如"无头苍蝇"一般蛮干，我需要做一个改变。

于是实习的第二周我召开了第一次组员会议。结合第一周的情况，我和大家商讨、约定了组内公约。1)每日打卡计划。每天组员上下班都需要在群里打卡，方便组长统计大家的出席情况。2)每周例会计划。每周五午餐前召开集体例会，大家相互交流实习心得、分享经验，共同解决实习过程中遇到的难题。实习中获取的话题有：我什么时候可以站在台前上课？我能不能跨学科听课？我有机会参与班级管理吗？大家的分享，让我意识到，作为一名组长，不仅要处理好个人的教学问题，还要做好实习生和基地校的沟通交流。我将组员的需求一一记录，每天与实习的负责人对接，转达大家的想法。在沟通的过程中，我深刻体会到学校为了培养新时代青年教师所付出的努力，不仅给大家实习配备了最资深的教师，还鼓励实习生全方位地参与到日常课堂管理中，为实习搭建了展示能力的平台。

由此，我的组长工作也正式走上了正轨。组长的工作虽是琐碎的，但又是无比重要的，它帮助我全方位地了解了组员的工作情况，并学会根据问题及时协调、调整。随着时间的推移，我和我组员的配合越发默契，组员们也越发自信，逐渐开始适应在台前授课，也真正开始感受教师这份职业的无穷魅力。

除此之外，我还一面鼓励组员积极与带教老师沟通，勇于接受挑战，敢于挑战自我，一面不断充实自己，提升个人综合实力。到现在我依然清楚地记得，夜深人静时，我一个人坐在书桌前，对照优秀教师的教案和教学视频，反复琢磨展示课的课件和活动细节。在思维火花碰撞的过程中，我对文本产生了更深入、更全面的解读，也让我更有信心上好每一堂课了。

这段实习经历只是我在上师大求学路上的一个缩影。在上师大外国语学院的这六年，陪伴我成长的不仅仅有鲜花和掌声，还有前行路上的无数荆棘。相比于璀璨的人间烟火，前行路上的泥泞沼泽更令我印象深刻。记得每次综合英语课前的通宵复习，生怕自己在课中"突击检查"中束手无策；记得在教资考试面试前，几个同学"抢占"5教的教室，组团模拟考场，相互抽题、演练；也还记得访学归来，在美国回中国的飞机，为了能赶上大家的上课进度，强忍困意，在飞机上赶写论文……每一次成长的背后都必然需要付出无数的努力和汗水。回首过去，我感谢这一段段经历，让我在真正步入职场后，不至于手足无措。在上师大遇到的这些挫折就宛如通往山顶之路上的荆棘，只有挥舞自己手中的镰刀披荆斩棘，才能观赏到峰顶的美景。在上师大的这段经历，也教会我不仅要言教，还要身教；不仅要立己，还要立人。虽然已经离开上师大校园，但无论在哪里，我都会记得作为一名师大人的美好品德：厚德、博学、求是、笃行。

（上海市南洋模范初级中学　余汇杰）

第六节　本硕贯通学生2成长档案案例

徐子凯2016年考入上海师范大学英语师范专业（提前批录取），2017年入选世承班，2019年入选上海师范大学本硕贯通计划，2020年本科毕业后直接进入学科教学（英语）专业攻读硕士学位，2022年硕士毕业，入职上海市实验学校。该校实行小学、初中、高中十年一贯制弹性学制，其中小学4年，初中3年，高中3年，具有鲜明的实验特色，在上海市独树一帜，国内外知名。徐子凯认为师范生应具有三个品质：谦虚（Be humble）、勤奋（Be hardworking）、好学（Be willing to learn）。这三个品质在他身上有突出的体现，这也是他的任课教师、比赛的评委、海内外实习学校的指导老师及校领导对他一致称赞的地方。这三个品质是他优秀学业成绩的最好背书，是"靠谱"的尖子生，而不是令人担忧的"精致的利己主义者"。在上海这座繁华的国际化大都市里，谦虚、勤奋、好学其实是最真实的底色，也是上海师范大学英语师范学子普遍具有的品质和成功的背书。

6.1　师范学子成长时间轴

姓名	徐子凯	性别	男	政治面貌	共青团员

2016.9　　考入上海师范大学外国语学院英语(师范)专业，提前批录取

2017.9　　入选上海师范大学外国语学院世承班

2017.10　　上海师范大学暑期社会实践 优秀团队(负责人)

2017.11　　上海师范大学专业奖学金 三等奖
　　　　　　2017年度上海师范大学世承学子专业奖学金 二等奖

2018.4　　高等学校英语专业考试四级 优秀

2018.9-10　　海外见习项目：上海师范大学赴美国塞基诺大学教育见习

2019.3　　2018年度上海师范大学世承学子专业奖学金 二等奖

2019.5　　中小学教师资格考试：英语(高级中学)
　　　　　　上海师范大学师范生教学技能竞赛 英语组 二等奖

2019.6　　第二届上海市师范生教学技能竞赛 英语组 优胜奖
　　　　　　国家翻译专业资格(CATTI) 三级笔译证书

2019.9-11　　上海市实验学校初中部实习，并获2020届上海师范大学教育实习优秀实习生

2019.10　　上海师范生教学基本功大赛 英语组 一等奖

2019.11　　上海师范大学专业奖学金 二等奖

2019.12　　上海师范大学优秀学生
　　　　　　首届长三角师范生教学基本功大赛 英语组 二等奖

2020.5　　2019—2020学年上海师范大学优秀团员

2020.6　　2019年度上海师范大学世承学子专业奖学金 二等奖
　　　　　　上海师范大学胡敏励志奖学金 一等奖
　　　　　　本科毕业

2020.10　　上海师范大学本硕贯通：学科教学(英语)专业硕士研究生

2021.4　　高等学校英语专业考试八级 良好
　　　　　　上海师范大学第八届研究生"学术演讲比赛"优秀奖

2021.9-11　　上海师范大学研究生高端实习项目：上海市实验学校高中部实习

2021.11　　　上海师范大学学生科研项目结项(团队成员)

　　　　　　上海师范大学外国语学院研究生学业奖学金 三等奖

2021.12　　　上海师范大学优秀学生

2022.6　　　 硕士毕业，获校优秀毕业生

2022.9　　　 入职上海市实验学校

6.2　师范学子成长道路上的荆棘与鲜花

"光阴似箭，岁月如梭。"时逢毕业季，此刻我恋恋不舍地迈出校门，满怀憧憬地走向社会。上海师大培养了我，我要用自己的所学来回馈社会，以不辜负师大这六年来对我的培养。

回首在师大本、硕学习这六年的点滴，我感慨万千。还记得入学伊始，心中充满了对大学生活的欢欣和向往。充实、有趣的大学生活迎面而来，但同时课业学习的压力也一起接踵而至。作为一名师范生，我始终记得老师的叮咛和嘱托：要以一名教师的标准严格要求自己，学习上要孜孜不倦，用心钻研，要尽全力提高自身的专业本领。

学习的道路充满了挑战，我深知作为英语师范专业的学生，我需要对英语这门语言有更深刻的认识和理解。当第一次进入全英文的授课环境，当第一次翻开厚厚的专业课教材，我突然感受到了自己的不足。因为，与以往的学习经历不同的是，我从没有如此大量地接触过英文材料。那一刻，我如同一叶小舟突然地漂进了大海，那种手足无措和挫败感一下子笼罩了我。此刻，我想起了老师的教导，"最好的诀窍就是耐心、细心、多读和多练"。慢慢地，我平静了下来。我默默下定决心要好好地下工夫，所谓水滴石穿，功到自然成，诚如老师叮咛嘱咐的那样。

每天的课一结束，我就会到学院的图书馆自习。很多个日子里，我在这里翻阅着词汇书、字典，反复背诵、默写；有时会挑选一本馆藏的原版小说阅读，一方面是满足自己对文学的渴求，另一方面也是检验一下自己的英语水平，就这样保持着这一良好的学习习惯。等到第一学期结束时，我惊喜地发现，我已不再像开学初时惧怕那片"英文海洋"了，那叶小舟慢慢地变得坚固了起来。在接下来的学习中，老师上课时偶有提及的生词，我也能迅速地识别，并给予回应，这涓滴成流的进步让我体会到了学习的成就和满足。然而，学习的道路并非总是一帆风顺。当那次查询期末考试语法课成绩 C+ 赫然出现在屏幕上时，那一刻我的心情一下子跌到了谷底。为什么，努力了还是 C+，努力是白费了嘛！那么还是放弃吧！灰心丧气的我一次次地质问自己，这时，心中一个声音响起：别忘了对自己的承诺，激流勇进，努力，成为更好的自己！是的，入学时，我曾暗下决心，要成为一个出色的人。于是，被信念鼓舞的我，积极总结学习经验，拓展学习方法。在词汇上取得突破后，我决定利用词汇量掌握的优势，开始更广泛地涉猎外文原著，借助对英语母语写作时

常表达的句式做出整理，并对应课本提及的语法规则，尝试仿写类似的句式，有意识地加大难度进行强化。如此一番训练后，慢慢地我发现自己的语法水平有了明显的提高。

进入大三阶段时，此时的我，将自己的注意力更多地投向了教学层面。与入学时一样，我再次遇到了挑战。"纸上得来终觉浅，绝知此事要躬行。"即使已经接受了系统的学习，然而，真正的授课绝非简单地等同、局限于课本。记得模拟备课之初，我只是稚嫩地模仿老师授课的样子，可一下子的卡壳常常会让自己陷入沉默，然后头脑一片空白以至于忘记了教学流程。于是，我反思这一失败，逐渐领悟了授课的过程是形与神的统一，是内容与形式的结合。再下来，我再一次鼓劲自己，重新从准备课件开始，撰写、背诵授课稿，再到模拟操练。不积跬步无以至千里，我倾注了大量的时间与精力，经常在电脑前一坐就是一下午，有时甚至是一整天。记得备战教师资格考试的那段时日，我常攥着快翻烂的教案，在空旷的教室，抑或宿舍，或是家中反复地演练。到正式考试的那天，我无比沉着，有条不紊地完成了教案的撰写、模拟授课以及临场答辩，整个过程一气呵成。当自己从容地走出考场时，我对自己说，这次没有问题。

取得教师资格证的我，应该是个新手教师了。专业课的训练以及平时洒下的汗水没有白费，虽然依然会不可避免地感到紧张，但我对自己能比较流畅地完成整节课的授课能力没有怀疑。怀着自信，我报名参加了学校组织的教学技能比赛，在老师的指导和带领下取得了二等奖，并晋级了市级比赛。然而，学习和比赛的道路并不只有鲜花和掌声，在接下来的一场比赛中，我没有取得理想的成绩。我开始反思，结合指导老师给出的建议，我认真审视了自己存在的问题——文本解读能力尚有不足。

为了修补这块短板，我开始认真地学习大量的教学案例，平时有教研机会，也一定积极参与。时间在学习中流逝飞快，转眼就到了 2019 年下半年，这时大四的我开始了实习生活，在实习学校，我遇到了优秀的老师和同学们，这里无疑是一片锻炼教学实战能力的沃土。我抓住每一次学习机会，向师长们请教并交流心得，在完成实习教学任务的同时，常常主动请缨，希望带教老师给我更多的教学机会。功夫不负有心人，在带教老师的悉心指导下，通过一次次的授课历练，我得到了全方面的成长，也在老师们的肯定中收获了信心。实习过半时，我收到了学校的竞赛通知。卷土重来的我，再次参加比赛，这次的我在老师的带领下获得了上海市教学比赛的一等奖，在接下来的长三角地区比赛中取得了二等奖。老师的心血和自己的努力没有白费，带着满满的欣喜和收获，与此同时，我也顺利地完成了本科阶段的学习，并以优异的成绩毕业，如愿顺利直研，就这样我踏上了研究生学习的新征途。

在研究生期间，我更加明确了自己的目标，即抓紧两年的学习时间，在理论知识方面查漏补缺，并在教学能力上进一步提高。在研一的专业课学习后，我报名了学校的高端实习项目，来到了自己向往和心仪的学校。在实习的过程中我勤奋努力，表现出色，收获了老师和领导的一致好评。临近毕业时，我参加了所在实习学校的招聘并且顺利通过考试，最终获得任教的机会。

今天，回顾在师大这六年来的学习生活，除了感谢学校的领导和老师对我的悉心教导外，也感谢自己对自己学生生涯的无悔付出。在对待专业学习方面，我总结了三点师范生应该具备的品质，即，1）Be humble. 2）Be hardworking. 3）Be willing to learn。

第一，永远保持谦逊。谦受益，满招损。天外有天，人外有人，绝不可被一时的成功冲昏头脑。只有谦虚好学才是持续进步的秘诀。第二，保持勤奋。即使是天赋出众的人，一旦懈怠，也会沦为"仲永"式的人。何况，我们大多数是平凡人，要提升自己没有捷径，业精于勤荒于嬉，只有付出汗水，才能有所收获。第三，永远怀着一颗好学的心。我们生活在一个日新月异的世界，生活中充满了机遇与挑战。想要跟上时代的步伐，就必须具有终身学习的意识。求知若渴、勇于创新才会使我们保持竞争力。

在师大的六年，是充实的、难忘的六年。在这六年里，我遇见了博学友善的老师们，感谢他们谆谆的教导，悉心的栽培，正因为有了他们的辛勤付出，才能有我如今取得的成绩。在今后的工作学习中，我将以他们为榜样，将知识传授给学生。在师大的六年里，我还遇见了一群友爱的、优秀的同学，感谢他们，因为这么多志同道合的朋友，让我看到了更宽广的世界，成长为更好的自己。我想，今天，我实现了那个少年时对自己许下的承诺——努力学习，成为更好的自己！

（上海市实验学校 徐子凯）

第七节　海外留学学生成长档案案例

顾梦馨2016年考入上海师范大学英语师范专业（提前批录取），2017年入选世承班。2020年本科毕业后，在英国布里斯托大学攻读对外英语教育学科硕士学位；2021年底硕士毕业，获一等荣誉学位；2022年入职上海市南洋初级中学。顾梦馨是理科考入英语师范专业的，表现出与绝大多数文科考入英语师范专业学生的不同：理性思维能力较强。但是理性思维能力在没有发展成熟，没有找到恰当的表达方式之前，反而显得抽象而空洞，无法与妙笔生花的文科生相比，这是顾梦馨在本科低年级阶段遭遇较多困难和失败的主要原因。但是非常令人欣慰的是，她总是不断地总结教训，不断地提升理性思维能力，到高年级阶段和攻读硕士学位阶段就爆发出强大的研究能力。对于初入职的教师来说，提出"融教于研"的思想就已经超过了很多教师的思想境界和学术追求，而这恰恰是卓越教师必须具备的基本素质之一。顾梦馨的理性思维以及对教学的反思是建立在踏实的中国西部顶岗支教的实践和英国留学的学术训练基础之上的，既接地气，又体现出相当的理论深度。

7.1　师范学子成长时间轴

姓名　　顾梦馨　　　性别　　　女　　　政治面貌　　　中共党员

2016.9　考入上海师范大学外国语学院英语(师范)专业，提前批录取

2017.2　开办寒假爱心学校

2017.6　入选世承班

2017.10　上海市平和双语学校见习

2017.11　校级专业奖学金二等奖(连续三年)

2017.11　"世承学子"奖学金一等奖(连续两年)

2018.1　校级优秀学生(连续两年)

2018.5　校级优秀共青团员

2018.5　上海师范大学师范生技能比赛演讲比赛优胜奖

2018.9　2018级英语师范(3)班班导生，获校级优秀导生

2018.10　上海师范大学附属松江外国语学校见习

2019.5　取得英语学科初级中学教师资格证

2019.9　校级"领航计划"科研项目《"00后"语言类本科生心理解压适配途径研究》
　　　　结项

2019.9　贵州省安龙县第一中学定岗支教，任队长

2019.10　中国教师教育发展基金会"叶圣陶奖学金"

2020.4　校教育实习优秀实习生

2020.6　校优秀本科毕业论文《图式理论在中国西部高中英语词汇教学中的应用——
　　　　以贵州省安龙县第一中学为例》

2020.6　本科毕业，上海市优秀毕业生

2020.10　海外升学，就读英国布里斯托大学，对外英语教育学科

2021.7　剑桥英语CELTA课程项目志愿者

2021.12　硕士毕业，获一等荣誉学位

2022.2　上海市徐汇实验小学代课教师

2022.8　入职上海市南洋初级中学

7.2　师范学子成长道路上的荆棘与鲜花

2016年夏，我以理科第一的成绩考入上海师范大学外国语学院，在父母朋辈的欢喜中就读曾经梦寐以求的英语师范专业。第一次走进偌大的奉贤校区，在海思路上漫步时，我认为"海思"这两个字选得很妙：在海湾的风中静静思考成为一名教师的意义。后来的三年

里，每当抱着书走在海思路上，我常常会想起成为一名师范生时怀揣的对教师职业的美好理想。那时候对于"师范"两个字的理解好像特别简单，就是将来要做一名好老师。站在十八九岁的天空下，我在追逐理想的道路上频频赶路，途中鲜花遍地，却也长满荆棘。

　　成为师范生之后不久，我就遇到了一个难题。那是我开始意识到新时代背景下对于教师英语教学能力的高要求和我固有的教学理念之间存在的差距。第一个差距是我对于英语教学内容的把握不够准确。在我的记忆里，尤其小学、初中的英语课堂中仍旧存在中文讲授偏多并且重在做题的情况。带着这种理念，我轻易地给英语教学打上了"重语法、重记忆"的标签。拿着高考英语接近140分的成绩单走进大学课堂，我信心满满。但面对英语语音与语调、英语精读与泛读，乃至直面英语教法课时，我慢慢了解到教英语远不止教语法、教学生做题这么简单。在了解到英语课程的基本构成后，我又把重点放在教知识和技能上。为了扎实自己的学科知识，我苦练听说，同时又通过广泛阅读扩大词汇和积累地道表达，希望能够充实我的课堂学习。但"学生学习这些英语知识究竟能干什么？"是我一直在思考却没有答案的问题。对具体知识的偏重让我忽略了在义务教育阶段对于英语课程育人价值和文化价值的挖掘。归根结底是我对于英语的本质和英语课程的教育目的的理解不到位。

　　第二个差距是我对教学方法的理解过于片面。我看重教学形式却忽略教学实际，认为一节好的英语课必须是"活动丰富的、富有趣味性的、学生参与度高的"。为了达到这样的教学目标，我把在教法课上学到的一些比较新颖的活动或任务搬到不同的课型上进行实践。在校外见习听课，我的听课笔记上记录的大多是教学形式，而对于教师在每个环节使用不同教学法的原因和对整堂课的设计框架的理解远远不够。我还记得班导师在看完我们第一次的见习报告后对我们这群"门外汉"说，"现在你们好像是听一个热闹，等你们慢慢对教学法有更深的了解后就能真正理解老师们设计这些课堂活动的意图了"。后来我才意识到好的课堂实践建立在一个完整的理念体系之下。否则一知半解、照葫芦画瓢，整堂课的设计就会缺乏逻辑性和有效性。一堂课看似丰富有趣，实际上任务和任务之间缺乏内在的连贯性，对于学生的学习和能力的提升缺少层层递进的联系。

　　英语课"教什么"和"怎么教"这两个问题让我一度陷入思考，也因为受到偏颇观念的影响，我的教学实践屡屡受挫。大三教育学课上的无生试讲，精心的准备和流利的教学演示，我自认为是一次比较成功的模拟展示。教授却评价"好似表演、没有能够预判到学生在这个阶段会遇到的实际问题"。在贵州安龙一中进行教学实践时，虽然先前已预判高一的学生基础比较薄弱，为了展现精心的课堂设计，我坚持使用一些趣味性足的、以"说"为主的教学活动。课后收到学生的问卷回答"课堂新颖有余而用处有限"。结果第一次月考中，大部分学生成绩不太理想。痛定思痛，在一次次失败的实践中和对英语课程性质的摸索中我对于英语教学观念逐渐产生了新的认识。针对教学形式，通过实践经验的累积，我开始摒弃英语课的表演性质，把具体知识落到学生实处。每堂课后我都会反思自己的教学设计是否真正达成了本堂课的教学目标，并对目标不匹配的任务进行删减和修改。在高中实习时，两个平行班的授课更有助于我对课堂任务的有效性进行参照性评价；对于学生普遍存在的问题，我遵循从易到难的原则，在综合性任务前加入了一些基础训练，为学生搭好学习"支架"。对于教学内容要把握新课程标准的具体要求，英语课程首先要达成育人功能，在三大主题背景下帮助学生认识自我、融入社会、保护生态。同时，在英语母语环境中生活的经历，也让我对英语的工具性本质和对英语作为一门国际语言的大环境有了深入理解，由此我对提升学生文化意识的重要性有了新的认识。英语是沟通各国文化的桥梁，因此对优秀文化的学习和我国文化的向外输出是学生通过英语学习需要去做的事情。当然，以上仍是现阶段我对于教学内容和教学方法的理解和尝试。个人观念是具有发展性的，所以不要惧怕失败，实践经验的积累能够帮助我们不断重塑自己的理解。

我遇到的第二个难题是教研能力的不足。在大学初期，我把重心放在扎实学科知识、练习教姿教态等方面，并没有意识到科研能力的重要性。但是教师奋斗在教学工作一线，不能做到教研结合就会缺乏对自己的教学实践进行深度的反思，如果不能做到成果固化就难以引领下一次课堂实践的进步。为了锻炼教师"研究者"的新角色，院校其实为师范学子提供了许多机会。而我因为科研能力的不足，在各类项目中屡屡受挫。第一次参加大创，因为缺乏科研意识，我草草查阅了文献资料后就递交了立项申请书。而后因为研究题目太过空泛，没有足够的实践资料支持以失败告终。第二次参与"互联网+"项目，利用信息化技术进行课件制作。因为对代码的研究不够深入导致课堂展示的效果不佳未能进入复赛。接连两次的失败让我意识到提升自己研究能力的迫切性。第三次参与学校创办的"领航计划"创新科研项目竞赛。在前两次失败的经验下，我与同学成立了三人的研究小组进行分工协作。通过咨询导师、查阅文献、考察研究实际并结合问卷调研及一对一访谈的调研方法，我们分析了"00后"语言类本科生在学习语言时的心理状态并提出建议。虽然本次研究在科学性上仍存在不足，但从中我学会了如何使用基本的调研方法进行研究及如何使用SPSS进行数据分析。第四次是我来到安龙一中进行教学实践并进行毕业论文设计。有了前一次收集数据的经验，这一次我更加注重问卷设计的前后一致性、问题设置的有效性以及对学生课堂材料的整理。但在论文撰写的过程中我也遇到了新的难题：对文献的综述缺乏逻辑性和关联性。理论框架的搭建是支撑论文科学性的核心，但因为缺乏足够的科研思维锻炼，在对前人文献的整理描述上层次不清晰并缺乏批判性思维。在导师的不吝指导下，我重新增补权威文献并多次对行文逻辑重新梳理，直至达到文章脉络清晰、行文逻辑通畅。带着这一份宝贵的教研经验来到英国求学，面对一万五千字的学位论文时，我首先在文献综述部分下足了功夫。我花费两个月时间对该选题相关的百余篇论文进行了泛读并做了笔记，再筛选出与选题最相关的基础性论文和最新论文进行总结和反思。在导师的指点下，我使用 Thematic Analysis 作为质性研究的基本数据分析方法对我的访谈内容进行分析。通过归纳和对比受访教师们想法之间的异同并深挖其产生的原因，我幸运地得到了导师打出的一等成绩。从第一次的失败尝试到毕业论文的成功收尾，时间一晃已过了三年。在此期间，我从失败的经验中不断学习如何使用教学方法、如何撰写文献综述、如何进行数据分析，一步一步更加熟练地将英语教育与科学研究相结合。

　　没有人的成功是一蹴而就的，失败的经验就是抵达成功对岸的一叶扁舟。在我作为一名师范学子求学的日子里，我对英语教学的思考以及对融教于研的摸索让我不断成长。穿过一片荆棘林，在 2022 年夏，我终于手捧鲜花，站上三尺讲台。

（上海市南洋初级中学　顾梦馨）

参 考 文 献

巴顿, 科林斯. 成长记录袋评价: 教育工作手者手册 [M]. 新课程与教育评价改革译丛组. 中国轻工业出版社, 2005.

比尔·约翰逊. 学生表现评定手册——场地设计和前景指南 [M]. 李雁冰 主译. 上海: 华东师范大学出版社, 2001.

布卢姆等. 教育评价 [M]. 邱渊, 王钢 等译. 上海: 华东师范大学出版社, 1987.

蔡华. 我国教育实习目标设置的现代转向——由理论应用到经验反思 [J]. 山西财经大学学报, 2012 (4): 108.

曹林男. 运用“成长档案袋”革新评价之法——谈综合实践活动课程的学生评价 [J]. 江苏教育研究, 2011 (6): 22-23.

常桐善 等. SERU 在中国: 聚焦大学本科生学习与发展 [M]. 南京: 南京大学出版社, 2022.

常俊跃, 孙有中. 对外语专业《国标》本科毕业论文多样化要求的认识与思考 [J]. 中国大学教学, 2022 (5): 33-37.

陈孔国. 师德养成读本 [M]. 长沙: 湖南大学出版社, 2010.

陈荔. 构建本科毕业论文(设计)质量管理体系 [J]. 湖北第二师范学院学报, 2016 (10): 94-95.

方明编. 陶行知教育名篇 [C]. 北京: 教育科学出版社, 2005.

冯晓莉. 建立高校学生成长档案的策略研究 [J]. 黑龙江档案, 2012 (4): 83.

黄炳煌. 师范院校教育实习之探讨 [J]. 台湾教育, 1995 (372): 7-18.

黄国文, 葛达西, 张美芳. 英语学术论文写作 (第 3 版) [M]. 重庆: 重庆大学出版社, 2014.

黄政杰, 张芬芬. 学为良师——在教育实习中成长 [M]. 台北: 师大书苑, 2001.

胡庆芳. 教师成长档案袋发展的国际背景与实践操作 [J]. 上海教育科研, 2005 (11): 14-18.

蒋德勤. 论高校创新创业教育质量评价体系建设 [J]. 创新与创业教育, 2015 (6): 1-4.

蒋成香. 专业认证视域下高师院校课程目标达成度评价体系的构建与实践 [J]. 上海教育

评估研究，2022（1）：30-35。

蒋洪新，谢敏敏. 关于起草《高等学校英语专业教学大纲(新版)》的几点思考［J］. 外国语言与文化，2017（1）：1-10.

教育部高等学校教学指导委员会. 普通高等学校本科专业类教学质量国家标准：外国语言文学类教学质量国家标准［S］. 北京：高等教育出版社，2018.

教育部高等学校外语语言文学类专业教学指导委员会，英语专业教学指导分委员会. 普通高等学校本科外国语言文学类专业教学指南——英语类专业教学指南［Z］. 上海：上海外语教育出版社，2020.

顾明远主编. 教育大辞典［Z］. 上海：上海教育出版社，1990.

国务院办公厅. 关于深化高等学校创新创业教育改革的实施意见［EB/OL］. http://www.gov.cn/zhengce/ content/2015-05/13/content_9740.htm.［2015-05-4］

国务院办公厅. 关于进一步支持大学生创新创业的指导意见［EB/OL］. http://www.gov.cn/zhengce/content/ 2021-10/12/content_5642037.htm？ trs＝1.［2021-10-12］

林成华. 重塑创新创业教育理念［N］. 光明日报，2019-10-29(14 版).

林一钢. 中国大陆学生教师实习期间教师知识发展的个案研究［M］. 上海：学林出版社，2009.

林晓妍. 欧洲浪漫与非洲现实：格尔纳的《我母亲在非洲住过农场》［A］. 中国英语教师教育研究［C］. 卢敏主编. 武汉：武汉大学出版社，2019：383-392.

卢敏. 中国英语教师教育研究［C］. 武汉：武汉大学出版社，2019.

卢敏，周煜超. 古尔纳《多蒂》："中国公主布杜尔"的文化深意［J/OL］. 中国作家网. http://www.chinawriter.com.cn/n1/2021/1112/c404092-32280522.html.［2021-11-12］

卢敏，周菁妍. 诺奖得主古尔纳的处女作〈离别的记忆〉：故乡总在记忆中［J/OL］. 中国作家网. http://www.chinawriter.com.cn/n1/2021/1026/c404092-32264187.html.［2021-10-26］

马丁-克里普. 捕捉实践的智慧——教师专业档案袋［M］. 夏惠贤 杨超 等译. 北京：中国轻工业出版社，2005.

倪闽景. 不仅仅是学生电子成长档案建设［J］. 上海教育，2013（30）：27.

倪闽景. 教师评价能力的提升是教育评价改革的关键［J］. 教育家，2021（4）：72.

倪闽景. 学习的进化［M］. 上海：上海科技教育出版社，2022.

全国人民代表大会. 中华人民共和国档案法［EB/OL］. http://www.npc.gov.cn/npc/c30834/ 202006/14a5f4f6452a420a97ccf 2d3217f6292.shtml.［2020-06-20］

饶见维，吴家莹 等. 师范学院教育实习的理论模式［R］. 八十学年度师范学院教育学术论文发表会，1991.

桑国元. 职前教师教育实践的范式变迁与模式革新 [J]. 教师教育研究, 2011 (4): 16-21.

上海中小学课程教材改革委员会办公室. 上海市中小学英语课程标准 [S]. 上海: 上海教育出版社, 2004.

宋学东. 新时代核心素养理念下的初中英语教学研究 [C]. 上海: 华东师范大学出版社, 2021.

宋跃芬, 潘文华, 田起香, 张卫国. 国内创新创业教育评价研究现状及主题述评 [J]. 黑龙江高教研究, 2020 (6): 126-131.

童玙霖, 卢敏. 诺奖得主古尔纳最新小说《重生》: 在爱中重生 [J/OL]. 中国作家网, http://www.chinawriter.com.cn/n1/2021/1019/c404092-32257928.html. [2021-10-19]

王蔷. 英语教学法教程 [M]. 北京: 高等教育出版社, 2006.

王蔷, 周密, 蒋京丽, 闫赤兵. 基于大观念的英语学科教学设计探析 [J]. 课程教材教法, 2020 (11): 99-108.

王文静. 关于我国高师教育实习的理性思考 [J]. 高等师范教育研究, 2001 (5): 65-69.

王晓娜. 师范类专业认证背景下英语课程目标达成度评价体系的构建与实践——以"中学英语学科实践能力训练"课程为例 [J]. 英语教师, 2020 (9): 8-10.

王兴军. 国家标准指导下的英语类专业本科毕业论文质量管理 [J]. 成都师范学院学报, 2020 (1): 20-25.

王占仁. 中国创业教育的演进历程与发展趋势研究 [J]. 华东师范大学学报(教育科学版), 2016 (2): 30-38, 113.

威廉·维尔斯马, 斯蒂芬·于尔斯. 教育研究方法导论 [M]. 袁振国 译. 北京: 教育科学出版社, 2010.

魏书生. 班主任工作漫谈 [M]. 北京: 文化艺术出版社, 2011.

吴智泉. 美国高等院校学生学习成果评价研究 [M]. 北京: 知识产权出版社, 2019.

习近平. 决胜全面建成小康社会夺取新时代中国特色社会主义伟大胜利——在中国共产党第十九次全国代表大会上的报告十九大报告全文 [R]. http://www.gov.cn/zhuanti/2017-10/27/content_5234876.htm. [2017-10-27]

谢国忠. 教育研习: 一种新的教师职前教育课程形态 [J]. 常州工学院学报 (社科版), 2007 (3): 109-112.

杨启亮. 体验智慧: 教师专业化成长的一种境界 [J]. 江西教育科研, 2003 (10): 3-6.

杨秀玉. 教育实习: 理论研究与对英国实践的反思 [D]. 东北师范大学, 2010.

杨志成, 齐成龙. 实践育人: 让学到的东西落到行动上 [N]. 学习时报, 2021-12-17: 06.

叶纪林. 教育研习浅论 [J]. 甘肃政法成人教育学院学报, 2007 (6): 152-154.

叶澜. 中国教师新百科: 中学教育卷 [Z]. 北京: 中国大百科全书出版社, 2002.

于中华. 大数据时代建立学生电子成长档案探究与实践［J］. 办公室业务, 2019（4）: 159-160.

张念宏主编. 中国教育百科全书［Z］. 海洋出版社, 1991.

赵建华, 陈宝旺. 基于师范类专业认证的教育实习改革探析［J］. 广东第二师范学院学报, 2019（02）: 1-5.

中共中央, 国务院印发《关于加强和改进新形势下高校思想政治工作的意见》［EB/OL］. http://www.gov.cn/xinwen/2017-02-27/content_5182502.htm.［2017-02-27］

中共中央办公厅, 国务院办公厅印发《关于进一步减轻义务教育阶段学生作业负担和校外培训负担的意见》［EB/OL］. http://www.gov.cn/zhengce/2021-07-24/content_5627132. htm.［2021-07-24］

中华人民共和国教育部. 教育部关于大力推进高等学校创新创业教育和大学生自主创业工作的意见［EB/OL］. http://www.moe.gov.cn/srcsite/A08/s5672/201005/t20100513_120174.html.［2010-05-13］

中华人民共和国教育部. 教育部关于大力推进教师教育课程改革的意见［EB/OL］. http://www.moe.gov.cn/srcsite/A10/s6991/201110/t20111008_145604.html? from = timeline&isappinstalled=0.［2011-10-08］

中华人民共和国教育部. 教育部 财政部关于"十二五"期间实施"高等学校本科教学质量与教学改革工程"的意见［EB/OL］. http://www.moe.gov.cn/srcsite/A08/s7056/201107/t20110701_125202.html.［2011-07-01］

中华人民共和国教育部. 教育部关于批准实施"十二五"期间"高等学校本科教学质量与教学改革工程" 2012 年建设项目的通知［OL］. http://www.moe.gov.cn/srcsite/A08/s5664/moe_1623/s3845/201201/t20120120_130542.html.［2012-01-20］

中华人民共和国教育部. 教育部关于做好"本科教学工程"国家级大学生创新创业训练计划实施工作的通知［EB/OL］. http://www.moe.gov.cn/srcsite/A08/s7056/201202/t20120222_166881.html.［2012-02-22］

中华人民共和国教育部. 教育部关于加强师范生教育实践的意见［EB/OL］. http://www.moe.gov.cn/srcsite/A10/s7011/201604/t20160407_237042.html.［2016-03-21］

中华人民共和国教育部. 关于印发《普通高等学校师范类专业认证实施办法(暂行)》的通知［EB/OL］. http://www.moe.gov.cn/srcsite/A10/s7011/201711/t20171106_318535.html.［2017-10-26］

中华人民共和国教育部, 财政部, 人力资源社会保障部, 中央编办. 教育部直属师范大学师范生公费教育实施办法［EB/OL］. http://www.moe.gov.cn/jyb_xxgk/moe_1777/moe_1778/201808/t20180810_345023.html.［2018-07-30］

中华人民共和国教育部. 普通高中英语课程标准（2020 年修订）［S］. 北京：人民教育出版社，2020.

中华人民共和国教育部. 教育部关于印发《本科毕业论文（设计）抽检办法（试行）的通知》［EB/OL］. http://www.moe.gov.cn/srcsite/A11/s7057/202101/t20210107_509019.html. ［2021-01-04］

中华人民共和国教育部. 义务教育英语课程标准（2022 年版）［EB/OL］. http://www.moe.gov.cn/srcsite/ A26/s8001/ 202204/t20220420_619921.html.［2022-04-08］

钟启泉. 新课程背景下学科教学的若干认识问题［J］. 教育发展研究，2008（Z4）：15-16.

Barton, James. and Angelo Collins. *Portfolio Assessment：A Handbook for Educators*［M］. Menlo Park, Calif.：Innovative Learning Publications，1997.

Cochran, Kathryn F, DeRuiter, James A. King, Richard A. Pedagogical Content Knowing：An Integrative Model for Teacher Preparation［J］*Journal of Teacher Education*，1993（4）：263-272.

Cook, Vivian. *Second Language Learning and Language Teaching*［M］. Beijing：Foreign Language Teaching and Research Press & Edward Arnold（Publishers）Limited，2000.

Edgerton, Russell. *The Teaching Portfolio：Capturing the Scholarship in Teaching*［M］. Washington, D. C.：American Association for Higher Education，2002.

Goodrich, Heidi. Understanding Rubrics［J］. *Educational Leadership*，1997(4)：14-17.

Martin-Kniep, Giselle O. *Capturing the Wisdom of Practice：Professional Portfolio for Educators*［M］. Alexandria, Virginia：Association for Supervision & Curriculum Development. 1999.

Moskal. Barbara M. Scoring Rubrics：What, When and How?［J］. *Practical Assessment Research & Evaluation*，2000（3）：71-81.

Scrivener, Jim. *Learning Teaching*［M］. Shanghai：Shanghai Foreign Language Education Press，2002.

Shulman, Lee S. Those Who Understand Knowledge Grow Thin Teaching［J］. *Educational Researcher*，1986（2）：4-14.

Thornbury, Scott. *How to Teach Vocabulary*［M］. Essex：Pearson Education，2003.

Thornbury, Scott. *How to Teach Grammar*［M］. Essex：Pearson Education，2003.

Woodward, Tessa. *Designing Sequences of Work for the Language Classroom*［M］. Cambridge：Cambridge University Press，2009.